suhrkamp taschenbuch
wissenschaft 1803

Im Weltrecht ist eine explosionsartige Vervielfältigung unabhängiger global agierender Gerichte zu beobachten. Untersuchungen kommen auf die beeindruckende Zahl von 125 internationalen Gerichtsinstitutionen, die Letztentscheidung über globale Konflikte beanspruchen. In sozialtheoretischer und internationalrechtlicher Perspektive gehen die Autoren der Frage nach, wie die Regime-Kollisionen, die durch das chaotische Nebeneinander von globalen Normkomplexen und Konfliktlösungsinstanzen ausgelöst werden, zu erklären sind und wie in Politik und Recht mit ihnen umzugehen ist.

Andreas Fischer-Lescano ist wissenschaftlicher Mitarbeiter am Institut für Wirtschaftsrecht, Universität Frankfurt, und Forschungsgruppenmitglied an der Hessischen Stiftung Friedens- und Konfliktforschung.
Gunther Teubner ist Professor für Privatrecht und Rechtssoziologie in Frankfurt und Centennial Visiting Professor an der London School of Economics. Im Suhrkamp Verlag ist von ihm erschienen: *Recht als autopoietisches System* (1989).

Andreas Fischer-Lescano
Gunther Teubner

Regime-Kollisionen

Zur Fragmentierung des globalen Rechts

Suhrkamp

Bibliografische Information Der Deutschen Bibliothek
Die Deutsche Bibliothek verzeichnet diese Publikation
in der Deutschen Nationalbibliografie
⟨http://dnb.ddb.de⟩

suhrkamp taschenbuch wissenschaft 1803
Erste Auflage 2006

Umschlag nach Entwürfen
von Willy Fleckhaus und Rolf Staudt
Druck: Nomos Verlagsgesellschaft, Baden-Baden
Printed in Germany
ISBN 3-518-29403-2

1 2 3 4 5 6 – 11 10 09 08 07 06

Inhalt

1. Das Problem: Neuartige Kollisionen 7

2. Kontextualisierung: Rationalitätenkonflikte in der polyzentrischen Weltgesellschaft 10

3. Eigenrationalitätsmaximierung: Autonome Regimes ... 25

4. Interlegalität: Kollisionen regulatorischer Regimes 34

5. Konfliktsteigerung: Autonome Privatregimes 41

6. Zentrum / Peripherie: Heterarchie der Regimes 48

7. Konstitutionalisierung: Autokonstitutionelle Regimes .. 53

8. Regime-Vernetzung: Ein neues Kollisionsrecht? 57

9. Internationale Konflikte versus Interregimekonflikte ... 66
Erstes Beispiel: Transnationales Copyright 66

10. Policy-Konflikte versus Rationalitätenkollisionen 72
Zweites Beispiel: Patentschutz auf Medikamente 73

11. Ius Cogens versus Ordre Public Transnational 99
Drittes Beispiel: Lex Constructionis 101

12. Stare Decisis versus Default Deference 111
Viertes Beispiel: Transnationales Strafrecht 111

13. Recht der Normenkollisionen versus Metarecht der Rationalitätenkollisionen 127
Fünftes Beispiel: Lex Financiaria 133

14. Globale Homogenität versus konfliktuelle Weltgesellschaft 158
Sechstes Beispiel: Transnationales Cybercrime 159

15. Fazit: Das Selbstverständnis eines neuen Kollisionsrechts 170

Abkürzungsverzeichnis 172
Literaturverzeichnis 176
Danksagung 217
Sachregister 218
Namenregister 224

1. Das Problem: Neuartige Kollisionen

In den Sozialwissenschaften sind theoriegeleitete Prognosen künftiger Ereignisse eher selten. Noch seltener pflegen die vorausgesagten Ereignisse einzutreffen. Eine bemerkenswerte Ausnahme bildet Niklas Luhmanns Prognose über die Zukunft des globalen Rechts aus dem Jahre 1971. Als Luhmann damals den Begriff der Weltgesellschaft sozialtheoretisch fundierte, wagte er die »spekulative Hypothese«, das globale Recht werde eine radikale Fragmentierung durchmachen, deren Bruchlinien nicht territorial, sondern gesellschaftssektoriell verliefen. Grund sei ein »Führungswechsel« von normativen Erwartungstypen (Politik, Moral, Recht) hin zu kognitiven Erwartungstypen (Wirtschaft, Wissenschaft, Technologie), der sich im Wandel von nationalstaatlich organisierten Gesellschaften zur Weltgesellschaft hin vollziehe: »Das hieße, daß auf der Ebene der Weltgesellschaft nicht mehr Normen (in Gestalt von Werten, Vorschriften, Zwecken) die Vorauswahl des zu Erkennenden steuern, sondern daß umgekehrt das Problem lernender Anpassung den strukturellen Primat gewinnt und *die strukturellen Bedingungen der Lernfähigkeit aller Teilsysteme in Normierungen abgestützt werden müssen.*«[1]

Daran anschließende systemtheoretische Analysen gingen der Frage nach, welche Konsequenzen sich für das Recht ergeben, wenn es im Vollzug dieses Führungswechsels seine Normen darauf einstellt, die Bedingungen der lernenden Anpassung in den einzelnen gesellschaftlichen Teilsystemen abzustützen. Die komplementäre Voraussage lautete: Wenn sich das Recht der Weltgesellschaft in solche sektoriellen Abhängigkeiten verstricke, werde sich ein gänzlich neues Kollisionsrecht, ein »intersystemisches Kollisionsrecht« herausbilden, dessen Kollisionen nicht wie im internationalen Privatrecht von Nationen, sondern von globalen Gesellschaftssektoren ausgingen. Dann müsste die Rechtsdogmatik selbst ihren Problemhorizont, ihren Argumentationshaushalt und ihren Begründungsstil auf eine neue gesellschaftliche Lage einstellen: auf weltweite

1 Luhmann (1971), 1 ff., 26; wiederabgedruckt in: ders. (1986), 51 ff., 63 (Hervorhebung durch die Verf.).

Dauerkonflikte zwischen unterschiedlichen gesellschaftlichen Rationalitäten.[2]

Ein Vierteljahrhundert später ist in der Tat eine geradezu explosionsartige Vervielfältigung voneinander unabhängiger global agierender und zugleich sektoriell begrenzter Gerichte, Quasi-Gerichte und anderer Konfliktlösungsinstanzen zu beobachten.[3] Das »Project on International Courts and Tribunals« identifiziert die beeindruckende Zahl von 125 internationalen Institutionen, in denen unabhängige Spruchkörper verfahrensabschließende Rechtsentscheidungen treffen.[4] Zur internationalen Gerichtsbarkeit zählen neben dem Internationalen Gerichtshof (IGH) in Den Haag unter anderem der internationale Seegerichtshof, verschiedene Reparationstribunale, internationale Strafgerichtshöfe, hybrid international-nationale Tribunale, Handels- und Investitionsgerichtsinstanzen, regionale Menschenrechtsgerichtshöfe und spezielle Konventionsorgane sowie weitere regionale Gerichtshöfe, wie etwa der Europäische Gerichtshof (EuGH), das Schiedsgericht der *European Fair Trade Association* (EFTA), der Benelux-Gerichtshof.[5] Spätestens mit der Installierung des *Appellate Body* der *World Trade Organisation* (WTO), des Jugoslawientribunals (ICTY), des Ruandatribunals (ICTR) und des ständigen Internationalen Strafgerichtshofs (ICC) wurde der schon länger untergründig wirkende Trend deutlich sichtbar und löste eine engagierte Debatte über die Risiken der Proliferation von Gerichten und der Fragmentierung des internationalen Rechts aus. Wie mit dieser von völkerrechtlichen Traditiona-

2 Teubner (1989), 123, 130 ff.; zum Begriff eines intersystemischen Kollisionsrechts am Beispiel privatrechtlicher Generalklauseln siehe Teubner (1980), 32 ff., 43 ff.

3 Abi-Saab (1999), 919 ff., 923; Typisierungen bei Buergenthal (2001), 267 ff.; Dokumentation von Kollisionsfällen bei Alford (2003), 675 ff.; Oellers-Frahm (2001), 67 ff.

4 Das »Project on International Courts and Tribunals« (PICT) wurde 1997 durch das Center on International Cooperation (CIC), New York University, und die Foundation for International Environmental Law and Development (FIELD) gegründet. Seit 2002 ist das PICT ein gemeinsames Projekt des CIC und des Centre for International Courts and Tribunals, University College London, siehe: ‹www.pict-pcti.org›.

5 Eine gute Dokumentation hat das PICT (Fn. 4) erarbeitet; für den Bereich der Menschenrechte siehe ferner die instruktive Darstellung von Shelton (1999), 57 ff. und 137 ff.; siehe auch: Lutz (2003), 19 ff.; zu Gerichten, deren Installation auf Vereinbarungen zwischen UN und einzelnen Nationalstaaten zurückgeht, siehe Dickinson (2003), 295 ff.

listen als pathologisch empfundenen »relativité normative«,[6] mit widersprüchlichen Einzelfallentscheidungen, Normenkollisionen, dogmatischen Inkonsistenzen, Konflikten zwischen unterschiedlichen Rechtsprinzipien, die durch das chaotische Nebeneinander von global agierenden Konfliktlösungsinstanzen ausgelöst werden, umzugehen ist, beschäftigt zunehmend Gerichtsentscheidungen,[7] akademische Kontroversen,[8] Expertenkomitees[9] und IGH-Präsidenten.[10] Die offene Frage heißt: Reichen die herkömmlichen nationalstaatlich geprägten Denkformen, mit Rechtskollisionen umzugehen, aus oder bedarf es einer Neuausrichtung des Kollisionsrechts im weitesten Sinne?

6 So die frühe Kritik von Weil (1982), 5 ff.; siehe auch die Diagnose von Jenks (1953), 401 ff.

7 Zur Frage der staatlichen Zurechnung sind loci classici: ICTY, The Prosecutor v. Dusko Tadic, Judgment, Case No. IT-94-1-A, A.Ch., 15.7.1999, Ziff. 115-145; IGH, Case Concerning Military and Paramilitary Activities in and Against Nicaragua (Nicaragua v. United States of America), Merits, ICJ Rep. 1986, 14 ff., Ziff. 109-116.

8 Siehe z. B. Pauwelyn (2004), 903 ff.; Hafner (2004), 849 ff.; Nicolaidis und Tong (2004), 1349 ff.; Koskenniemi und Leino (2002), 553 ff.; Dupuy (2002), 1 ff.; Shahabuddeen (2002), 633 ff.; ferner Abi-Saab (1999), 919 ff.; Charney (1999), 697 ff.; Dupuy (1999), 791 ff.; Petersmann (1999), 753 ff.; Romano (1999), 709 ff.; Treves (1999), 809 ff.; siehe ferner: Charney (1998), 101 ff.

9 Siehe Koskenniemi (2003), 1 ff.; ferner die Berichte der Studiengruppe der International Law Commission (ILC) zur Fragmentierung des Völkerrechts (A/CN.4/L.628, 237 ff.) und (A/CN.4/L.644, 267 ff.); siehe auch den Bericht der ILC, 57. Sitzung, Juni-August 2005, GA, Official Records, 60. Sitzung, Supplement 10 (A/60/10), Ziff. 439-493; jeweils abrufbar über: ⟨http://www.un.org/law/ilc/index.htm⟩.

10 Stephen M. Schwebel, Ansprache vor der Plenarversammlung der Generalversammlung der UN, 26. Oktober 1999, ⟨http://www.icj-cij.org⟩; siehe schon Guillaume (1995), 861 ff.

2. Kontextualisierung: Rationalitätenkonflikte in der polyzentrischen Weltgesellschaft

Allerdings ist hier ein eigentümlicher juridischer Reduktionismus zu beobachten, der das Verständnis der Normenkonflikte verflacht und deren Lösungsperspektiven beschränkt. Juristen registrieren im Prinzip nur die verwirrende Vielfalt von autonomen, politisch gesetzten Bereichsrechten, »self-contained regimes« und hochspezialisierten Tribunalen. Sie sehen die Einheit des internationalen Rechts deshalb gefährdet, weil im Weltrecht eine begrifflich-dogmatische Konsistenz, eine klare Normenhierarchie und eine durchsetzungskräftige Gerichtshierarchie, wie sie die Nationalstaaten herausgebildet haben, fehlten. Als Ursachen werden sieben Problembereiche identifiziert: Mangel zentralisierter Organe, Spezialisierung, Unterschiede in den Normstrukturen, Parallelregulierungen, konkurrierende Regulierungen, Ausweitung des Völkerrechts, unterschiedliche Regimes sekundärer Normen.[1] Juristen sehen damit nur rechtsinterne Fragmentierungsphänomene und deren rechtsinterne Ursachen. Entsprechend streben sie dann auch rechtsinterne Lösungen des Problems an: die Etablierung von Gerichtshierarchien und einer Stufenordnung von Rechtsnormen auf der Weltebene, die das Ideal nationalstaatlicher Rechtshierarchien zwar nicht erreichen, aber sich ihm zumindest annähern.[2]

Ein Vorschlag besagt, dass sobald ein neues internationales Tribunal eingerichtet wird, der Internationale Gerichtshof als Instanzgericht eingesetzt werden soll.[3] Oder es soll wenigstens bei drohenden Jurisdiktionskonflikten der IGH angerufen werden können, dessen Gutachten (»advisory opinions«) die Einheit des Völkerrechts wahrten.[4] Diese Idee, nationalstaatliche Erfahrungen des institutionellen »Stufenbaus des Rechts« auf die globale Ebene zu übertragen, wird vor allem von Seiten des IGH immer wieder ins Spiel gebracht. In der völkerrechtlichen Literatur finden die verfah-

1 Hafner (2000), 326 ff. Die Studie Hafners war die Initialzündung zur Gründung der Arbeitsgruppe der ILC.

2 Exemplarisch Pauwelyn (2003), 388; instruktive Kritik hierzu bei Pulkowski (2005), 153 ff.

3 Siehe die Darstellung bei Oellers-Frahm (2001), 67 ff.

4 Hafner (2000), 326 ff.; Dupuy (1999), 791 ff.; Guillaume (1995), 861 f.

renstechnischen Zentralisierungsvorstellungen zurückhaltende Unterstützung. So hat etwa Oellers-Frahm darauf hingewiesen, dass es grundsätzlich wünschenswert sei, den IGH für die Vereinheitlichung des Völkerrechts zu stärken, dass man allerdings im Hinblick auf die durch die Nationalstaaten eingerichteten internationalen Gerichtsinstanzen differenzieren müsse. Für Gerichte, die innerhalb des Rechtsrahmens der Vereinten Nationen (UN), und solche, die außerhalb der UN errichtet wurden, stellten sich die Bedingungen einer völkerrechtlich normierten Vorlagepflicht unterschiedlich dar. Verfahrensrechtliche Voraussetzung sei indes in beiden Fallgruppen, dass im Statut der jeweilig vorlageberechtigten Gerichtsinstitution die Bedingungen der Möglichkeit einer Vorlage an den IGH normiert würden. Dies bedürfe wiederum der Zustimmung der Unterzeichnerstaaten. Trotz dieser Schwierigkeiten in der konkreten Ausgestaltung sei aber die Idee einer verfahrensrechtlichen Abstützung gerichtlicher Interdependenzen grundsätzlich zu befürworten, denn der IGH könne im Rahmen der authentischen Auslegung von Fragen des Völkergewohnheitsrechts und einzelner völkerrechtlicher Verträge durch die Identifikation, Interpretation und Anwendung grundlegender Prinzipien des Völkerrechts zur konsistenten Weiterentwicklung dieses universellen Rechts beitragen.[5]

Das resultiert in dem Gedanken, eine Zentralisierung der Völkerrechtsordnung dadurch herzustellen, dass jeweils bereichsspezifische Subordinationsverhältnisse implementiert werden; mit anderen Worten, dass zum Beispiel im Bereich der Menschenrechte, des Völkerstrafrechts oder des Wirtschaftsvölkerrechts je eine Gerichtsinstitution (sei es eines der Komitees nach den Menschenrechtspakten, der Appellate Body der WTO, der ICC, sei es aber auch ein eigens durch die Generalversammlung der UN geschaffenes Komitee) an die Spitze der Institutionenhierarchie gestellt würde.[6] Auch nationale Gerichte sollten dann, wenn völkerrechtliche Fragen den Streitgegenstand formten, zur Vorlage an diese Bereichsgerichte berechtigt sein. In der Form folgt dieser Vorschlag der Logik der Vorlageverpflichtung der deutschen Untergerichte zum Bundesverfassungsgericht, d. h. Artikel 100, Absatz 2 des Grundgesetzes, der vorsieht: »Ist in einem Rechtsstreite zweifelhaft, ob eine Regel des Völkerrechtes Bestandteil des Bundesrechtes ist und ob sie un-

5 Oellers-Frahm (2001), 99.
6 Oellers-Frahm (2001), 99.

mittelbar Rechte und Pflichten für den Einzelnen erzeugt (Artikel 25), so hat das Gericht die Entscheidung des Bundesverfassungsgerichtes einzuholen.« Anders aber als die grundgesetzliche Lösung, bei der in diesen Fällen eine bereichsübergreifende und universelle Zuständigkeit eines einzigen Gerichtes, des Bundesverfassungsgerichtes, begründet wurde, institutionalisiert der Vorschlag einer bereichsspezifischen Hierarchiebildung zunächst einmal selbst die völkerrechtliche Fragmentierung. Die Überwindung der Rechtsbereichsgrenzen erfolgte dann erst in einem zweiten Schritt. Denn die »Bereichsobergerichte« könnten, so der Vorschlag, dann mit dem IGH dergestalt vernetzt werden, dass sie streitige Fragen unmittelbar oder mittelbar über einen speziell einzurichtenden Spruchkörper dem IGH zur Entscheidung vorlegen könnten. Der dahinter stehende Gedanke ist, den IGH nicht mit Anfragen zahlreicher hochspezialisierter Spruchkörper zu belasten, sondern stattdessen nur »gefilterte« Anfragen zu ermöglichen. Für eine solche Hierarchisierung böten sich Rechtsbereiche wie Umweltrecht, Telekommunikationsrecht und Weltraumrecht an.[7]

Noch weiter geht die Idee, ein Zertifizierungsverfahren für neue Konventionen vorzuschreiben. Auf diese Weise, so der von Gerhard Hafner artikulierte Gedanke, könnte die institutionelle Hierarchie, d. h. die anvisierte Zentralposition des Internationalen Gerichtshofs im System der internationalen Gerichtsbarkeit durch eine Homogenisierung substantieller Normen ergänzt werden. Hafner, dessen Bericht über »Risks Ensuing from Fragmentation of International Law« die Gründung der Arbeitsgruppe der *International Law Commission* (ILC) zur Fragmentierung einleitete, hat darum vorgeschlagen, dass die Kommission das Problembewusstsein der Nationalstaaten für Fragen der Fragmentierung schärfen solle. Da die Staaten die primären Urheber internationaler Regulierungstätigkeit seien, solle die Kommission nach dem Vorbild der von der ILC in der Frage der Staatenvorbehalte zu internationalen Konventionen vorgelegten Empfehlungen Richtlinien für Staatenvertreter erarbeiten, um mögliche Kompatibilisierungsstrategien aufzuzeigen. Um die Gefahr von normativen Inkommensurabilitäten durch neu zu schaffende Konventionen zu minimieren, schlägt Hafner vor, mögliche Normwidersprüche bereits im Rahmen der Verhandlung von

7 Oellers-Frahm (2001), 99 f.

Konventionen durch die Staaten zu antizipieren und die jeweiligen Vertragsentwürfe sodann von der ILC auf normative Kohärenzfähigkeit prüfen zu lassen:[8] »Die ILC könnte beauftragt werden, eine allgemeine ›Check-Liste‹ auszuarbeiten, die den Staaten helfen könnte, Normkonflikte, negative Auswirkungen für Individuen und überlappende Kompetenzen hinsichtlich bestehender Subsysteme, die vom neuen Regime betroffen werden, zu vermeiden. Im Zuge der Bewertung von laufenden Vertragsverhandlungen könnte die ILC Nichtgefährdungszertifikate ausstellen, die anzeigen, wenn das Erschaffen eines bestimmten neuen Subsystems keine negativen Auswirkungen auf bestehende Regime hat.«[9]

Dass diese Hierarchisierungsvorschläge, abgesehen von ihren minimalen Verwirklichungschancen, das Problem der Normenkollisionen verharmlosen, wird schon in einer politikbezogenen Sicht deutlich, die die Rechtsnormen nur als Oberflächenphänomene beschreibt und zu den tiefer gelegenen politischen Problemen vorzustoßen sucht.[10]

So sind in einer sozialkonstruktivistischen Interpretation der internationalen Beziehungen die Fragmentierungsprobleme des Völkerrechts als die typischen Begleiterscheinungen einer weltpolitischen Transitionsphase anzusehen. Im Recht der UN, der EU oder der WTO drücke sich die Internationalisierung politischer Autoritätsformen aus, in denen die Interessensettings der Akteure je neu konfiguriert würden. Der aktuelle Zustand der internationalen Ordnung sei hierbei nur eine Momentaufnahme in einem globalen »Kampf um Anerkennung« auf der Mikroebene und einer »Kultur der Anarchie« auf der Makroebene. Aus der Dynamik dieser Kon-

8 Hafner (2000), 335 f.

9 Hafner (2000), 339; Übersetzungen fremdsprachlicher Zitate sind, sofern sie nicht aus in deutscher Sprache vorliegenden Werken stammen, Übersetzungen der Verfasser.

10 In diesem Sinne auch Stefan Oeter: »Das forcierte Streben nach formaler ›Einheitsbildung‹, das die Fragmentierungsdebatte in guten Teilen prägt, ist aber nicht weniger Ausdruck einer – wenn auch ganz anderen – ›Orthodoxie‹. Die kritiklose Übertragung des Paradigmas der ›Einheit der Rechtsordnung‹ auf das Völkerrecht steht in Gefahr, die Völkerrechtsordnung nach dem Modell des modernen Anstaltsstaates formen zu wollen. Dem Völkerrecht fehlt aber der zentrale Rechtssetzer – und er muss ihm fehlen, solange die Probleme der angemessenen Repräsentation der von rechtlichen Strukturentscheidungen betroffenen Bevölkerungen im Entscheidungsprozess nicht zu lösen sind.« (Oeter [2005], These 14).

flikte beziehe die politische Entwicklung ihre maßgeblichen Impulse und die Transitionsphase sei erst überwunden, wenn »die Subjekteigenschaft aller Individuen und Gruppen anerkannt und von einem globalen Weberianischen Staat geschützt wird«.[11] Das Kernproblem jeder anderen Modellierung, die nicht dem Weberschen Anstaltsstaat entspreche, sei die politische Instabilität, die von nicht autorisierten Gewaltmaßnahmen von Großmächten ausgehe.

Solche Forderungen nach weltpolitischer Einheit, wie sie auch von Otfried Höffe aus einer moralphilosophischen Perspektive erhoben werden,[12] stellen den Analysen eines »clash of civilizations«,[13] einer Differenz von Amerika und Alteuropa[14] und eines Kampfes egoistischer nutzenmaximierender Staaten[15] die Perspektive einer kosmopolitischen Weltrechtsordnung entgegen, die auf einem weltpolitischen Zentrum aufbaut, wenngleich ihre Vertreter sodann in einem zweiten Schritt die Dezentralität des zu schaffenden Weltstaates bzw. der Weltrepublik betonen. Ihre Gedankenexperimente einer zu schaffenden Weltordnung gehen aus von einer hierarchischen Strukturierung des politischen Systems, in dem das Mehrebenensystem einer obersten politischen Autorität und einer Vielzahl von regionalen und bereichspolitischen Spezialadministrationen und Partialkollektivitäten zu institutionalisieren sei.[16] Dieser universell politische Blick, zumal wenn er die maßgebliche Differenz als eine zwischen Weltstaat und Staatenwelt beschreibt,[17] sieht die relevanten globalen Widersprüche in Machtasymmetrien, die sich im Recht, insbesondere im Recht der kollektiven Sicherheit, der Menschenrechte und der Weltwirtschaftsordnung, niederschlagen.[18]

Zunehmend werden von den Vertretern dieses politischen Primats die gegenwärtige Machtkonstellation und das ihr entspre-

11 Wendt (2003), 491 ff., 506.

12 Höffe (2002), 118 ff.; Merle und Gosepath (2002), 7 ff.

13 Huntington (1993), 22 ff.

14 Kagan (2002), 1195 ff.

15 Krasner (1993), 139 ff.; ders. (1983), 1 ff.; zur Weiterentwicklung von Krasners Grundannahmen: Müller (1993a), 26 ff.; Hurell (1993), 49 ff.; vgl. ferner: Hasenclever, Mayer und Rittberger (2000), 3 ff.

16 Insbesondere Beck (2004), 187; Lutz-Bachmann (1999), 199 ff.; siehe auch Habermas (1995), 293 ff.

17 Lutz-Bachmann (2002), 32 ff.

18 So schreibt z. B. Krasner: »Differences in interests and power, and the absence of any final decisive authority, make it impossible for international law to provide the

chende fragmentarische Rechtssystem als »hegemoniales Recht« der »pax americana« beschrieben.[19] In den einschlägigen Untersuchungen wird dabei in der Regel darauf abgestellt, dass trotz der Diskussion über transatlantische Differenzen eine hybride, netzwerkartige Form der Koordination nationaler Politiken zu einer europäisch-amerikanisch gesteuerten »liberalen Revolution im Völkerrecht« geführt habe.[20] Die Öffnung von dogmatischen Begriffen des Völkerrechts – wie Demokratie, Menschenrechte, Pflicht zur Vorsorge, Prinzip der Unverletzlichkeit von Zivilisten – und die Rechtfertigungsstrategien für militärische Interventionen werden in diesem Zusammenhang genauso genannt wie zahlreiche Versuche der US-amerikanischen, aber auch der europäischen Politik, das völkerrechtliche Gewaltverbot aufzuweichen, die WTO insbesondere für die Interessen der Industrienationen zu instrumentalisieren und das Kyoto-Protokoll zur Zementierung unterschiedlicher Standards im Bereich des Umweltschutzes zu interpretieren.[21] Immer wieder taucht in diesen Debatten der Name Carl Schmitt auf. So führt Nico Krisch den Denker des Ausnahmezustandes als Kronzeugen seiner Hegemoniethese an,[22] hatte Schmitt doch bereits 1932, als er den amerikanischen Imperialismus des 19. Jahrhunderts beschrieb, auf etwas abgestellt, das auch aktuelle Grundintuitionen anspricht. Die Elastizität, so schrieb Schmitt damals, die Fähigkeit, mit weiten Begriffen zu operieren und die Völker der Erde zu zwingen, sie zu respektieren, sei ein Phänomen von weltgeschichtlicher Bedeutung. Bei den entscheidenden politischen Begriffen komme es eben darauf an, wer sie interpretiert, definiert und anwendet. Es sei eine der wichtigsten Erscheinungen im rechtlichen und geistigen Leben der Menschheit, dass derjenige, der wahre Macht hat, auch von sich aus Begriffe und Worte wie »Frieden«, »Abrüstung«, »Intervention«, »öffentliche Ordnung und Sicherheit« bestimmen könne: »Caesar dominus et supra grammaticam: der Kaiser ist Herr auch über die Grammatik.«[23]

kind of predictability and coherence to which some of its devotees aspire« (Krasner [2004], 1075 ff., 1101; siehe auch Wendt [1992], 391 ff.).

19 Byers (2003), 1 ff.; Vagts (2001), 843 ff.

20 Slaughter (1995), 503 ff.; dies. (2004a), 27 ff.; siehe die Kritik von Alvarez (2001), 183 ff.

21 Paulus (2004b), 691 ff.; siehe schon Vagts (2001), 843 ff.

22 Krisch (2004), 267 ff.

23 Schmitt (1994a), 184 ff., 202.

Der politische Begriff des Rechts, der politische Dezisionismus Schmitts und die immer gegenwärtige Warnung vor einem falsch verstandenen »Normativismus und Formalismus« sind aber letztlich nur paradigmatische Formulierungen für eine Zeit, in der einzelne Nationalstaaten über das Definitionsmonopol völkerrechtlicher Begriffe verfügen konnten. Die Realität des post-westfälischen Völkerrechts trifft dies nicht, was man bereits an der völkergewohnheitsrechtlich geltenden Regel des Gewaltverbots (Artikel 2, Absatz 4 UN-Charta) sehen kann. Denn auch wenn es zahlreiche nationalstaatliche »Angriffe auf die Verteidigung« gegeben hat,[24] kann nicht davon die Rede sein, dass dieser Versuch der Korrumpierung bereits geglückt wäre.[25] So stellt auch Lothar Brock zutreffend heraus, dass der etatistischen Manipulation und Korrumpierung des Völkerrechts Grenzen gesetzt seien, die in der Natur des Völkerrechts als Recht liegen. Denn wer sich auf die Sprache des Völkerrechts einlasse, unterwerfe sich damit bereits den Regeln, die mit dem Sprechen in Kategorien des Rechts einhergehen.[26]

Daraus folgt insbesondere, dass der vorgebliche politische Realismus, der den Denkkategorien des »national interest«, der nationalen politisch-militärischen Machtinteressen, mithin dem Differenzierungszustand des weltpolitischen Systems aus dem Jahr 1648 verhaftet bliebe, sich als ein Idealismus der Macht erwiese, wenn er die Eigendynamiken seiner gesellschaftlichen Umwelten nicht zur Kenntnis nähme, die die Gestaltungsmöglichkeiten nationalstaatlicher Politik massiv beschneiden.[27] Das Gleiche gilt für Analysen, die eine durch die USA gesteuerte globale Rechtshegemonie ausmachen. Der Anschein, die post-westfälische Weltgesellschaft hätte ein Machtzentrum, das »dominus et supra grammaticam« über die Begriffswelt des Rechts sein könnte, trügt. Kein politischer Prozess

24 Fischer-Lescano (2004a), 33 ff.

25 Siehe auch Bruno Simmas »consideration of Rechtspolitik«, die ihn fordern lässt, »the courage of restating, and thus reconfirming, more fully fundamental principles of the law of the United Nations as well as customary international law (principles that in my view are of the nature of jus cogens) on the use of force, or rather the prohibition on armed force, in a context and at a time when such a reconfirmation is called for with the greatest urgency« (IGH, Oil Platforms Case [Iran v. USA], Urteil vom 6.11.2003, ICJ Rep. 2003, Richter Bruno Simma, Vorwort und Ziff. 6).

26 Brock (2004), 8.

27 Schütz (1997), 257 ff.

kann einen bestimmten rechtlichen Output im Weltrecht determinieren. Denn das globale Recht hat sich im Zuge des weltgesellschaftlichen, funktionalen Ausdifferenzierungsprozesses zunehmend autonom gesetzt und verwaltet in transnationalen Netzwerken ein Recht, das die Theoretiker des politischen Primats vorschnell als unverbindliches Utopia ad acta legen. Roger Alford hat darum zutreffend darauf hingewiesen, dass das Gerede vom völkerrechtlichen »soft law«, das kein Recht im eigentlichen Sinne sei, da auf völkerrechtlicher Ebene keine Durchsetzungsmechanismen existierten, an den Realitäten des Weltrechts vorbeigehe; nicht nur weil regelmäßig die dezentralen Implementierungsmechanismen durch nationale Gerichte völlig außer Acht gelassen werden, sondern auch weil mittlerweile in einer Vielzahl von Fällen internationale Spruchkörper mit der Entscheidung über Recht und Unrecht betraut worden sind. Es sei ein nicht von der Hand zu weisendes soziales Faktum, dass Entscheidungen internationaler Gerichtshöfe in steigendem Maße anerkannt und erzwungen werden, offensiv und defensiv, direkt und indirekt.[28]

Insbesondere nationalstaatliche Determinierungsversuche sind hierbei Gegenskripts ausgesetzt,[29] die nicht zentral steuerbar sind. In diesen Skripts werden an den Grenzen des Rechts normative Erwartungen produziert. Wie in den übrigen Bereichsrechten von Weltwirtschaftsrecht, Umweltrecht, Technik etc. ist dies bereits im Friedensvölkerrecht zu beobachten. Hier setzt die globale Zivilgesellschaft eigenes Recht, weltgesellschaftliches Gewohnheitsrecht, das nicht mit Völkergewohnheitsrecht zu verwechseln ist. Die politikwissenschaftliche Diskussion konzentriert sich derzeit auf die Wirkung zivilgesellschaftlicher Akteure in den Bereichen der Menschenrechts- und Umweltpolitik, die dort eine breitere Öffentlichkeit erreichen, indem Nichtregierungsorganisationen an Prozessen der Rechtsetzung beteiligt werden.[30] Das Zustandekommen von Konventionen wie dem ICC-Statut, im Bereich des Minen- und Kleinwaffenverbots kann entsprechend interpretiert werden.[31] Ei-

28 Alford (2003), 675 ff., 791 f.

29 Zum Begriff kommunikativer Skripts als »Schematismen der Zeit«, Luhmann (2000a), 155 ff.

30 List und Zangl (2003), 361 ff.

31 Deitelhoff (2003), 16 ff.

nen Schritt weiter gehen Untersuchungen, die die Skandalisierungsprozesse als Teil eines genetischen Rechtspluralismus der Weltgesellschaft begreifen und insistieren, dass man es hier mit der Logik der Gewohnheitsrechtsbildung folgenden Rechtsetzungsprozessen einer globalen lex humana zu tun hat.[32] Michael Hardts und Antonio Negris Auffassung einer globalen Multitude, die sich in das globale Empire »kreativ einschreibt«, setzt an dieser Stelle an.[33] Aber auch hier gilt, dass es illusorisch wäre, die polyzentrische Situation des Weltrechts einzig darauf zurückzuführen, dass anstelle der westfälischen Staatenwelt und der heterogenen »national interests« nunmehr eine dichotomische Konfrontation von Multitude und Empire vorherrschte. Sowohl Multitude als auch Empire sind letztlich nur Kollektivformeln für die Einheit heterogener Felder. Denn insbesondere die Semantik des Empires verweist auf einen hybriden Bereich nationalstaatlich vernetzter, supranationaler und organisationaler Politikzentren. Es sind diese politischen Regimes, die die klassische Regimeforschung in die Formel, »Prinzipien, Normen, Regeln und Verfahren zur Entscheidungsfindung, um die herum die Erwartungen von Akteuren in einem gegebenen Sachgebiet konvergieren«, gebracht hatte.[34]

Schon die Semantik von »Regime« zeigt hierbei, dass die politikwissenschaftliche Regimetheorie einem Phänomen nachgeht, das eine genuin rechtliche Komponente hat. Als »Regime« werden seit dem 19. Jahrhundert völkerrechtliche Regelungsgegenstände bezeichnet, die eine transnationale Komponente haben, d.h. beispielsweise grenzüberschreitende Umweltfragen und Gewässernutzung.[35] John Ruggie und Ernst Haas führten den Begriff 1975 in die politikwissenschaftliche Debatte ein.[36] Vor dem Hintergrund der politischen Praxis auf internationaler Ebene zeichnen politikwissenschaftliche Regimetheoretiker seither ein Bild internationaler Insti-

32 Fischer-Lescano (2003a), 717 ff.; Thürer (2003), 314 ff.; Schircks (2002), 37 ff.

33 Hardt und Negri (2000), 271 ff.

34 Krasner (1983), 1 ff.; siehe auch Keohane und Nye (1977), 19.

35 Garnier (1839), 36 ff.; siehe auch die Trail-Smelter-Entscheidung aus dem Jahr 1938, in der die Regelung grenznachbarlicher Umweltschutzfragen als »Regime« bezeichnet wurde, American Journal of International Law 1939, 182 f. und 1941, 684 ff.

36 Ruggie und Haas (1975), I f.; der Sonderband der Zeitschrift International Organization beinhaltete insbesondere einen Beitrag von Haas (1975a), 827 ff., und von Ruggie (1975), 557 ff.; siehe auch Haas (1975b), 147 ff.

tutionen bzw. Regimes, das die Chancen der Kooperation im Kontext internationalen Regierens weitaus weniger pessimistisch zeigt als im politikwissenschaftlichen Realismus und der klassischen English School.[37] Insbesondere die Arbeiten der Tübinger Regimeforschung haben dabei das Problembewusstsein dafür geschärft, dass ein monokausaler Zugang durch eine Pluralität von Perspektiven – zu nennen wären macht-, interessen- und wissensbasierte Ansätze – zu ersetzen ist.[38] Während der Macht- und Interessenfokus hierbei in der Regel im rationalistischen Paradigma verbleibt und Regime als Set regulativer Normen konzipiert, die mehr oder weniger starke Auswirkungen auf die rationalen Kosten-Nutzen-Kalküle egoistischer Akteure zeitigen, nehmen wissensbasierte Theorien an, dass Normen auf die Identität der Akteure wirken.[39]

In der Perspektive der politikwissenschaftlichen Regimetheorien, die den zutreffenden Gedanken artikulieren, dass das politische System der Weltgesellschaft keineswegs durch homogene Blöcke konstituiert wird, sind darum nicht mangelnde Gerichtshierarchien für die Fragmentierung verantwortlich zu machen. Die neue globale Unordnung entspreche auch nicht der anarchischen Staatengesellschaft, die noch die klassische English School vor Augen hatte, als sie deren Konstitutionsbedingungen der mangelnden Kooperationsmechanismen zwischen atomisierten Staaten beschrieben hatte. Die neue Weltunordnung beruhe darauf, dass sich disparate internationale und regionale Regimes, Institutionen und Jurisdiktionen gebildet hätten, deren Proliferation in der fragmentierten Natur von »global governance« begründet liege. Die adäquate Weltbeschreibung sei daher keine Alternative zwischen Hierarchie und Anarchie, sondern Heterarchie; nicht zwischen Apologie und Utopie,[40] sondern Heterotopie.[41] Die den Normenkollisionen zugrun-

37 Überblick zu neueren Regimetheorien: Simmons und Martin (2002), 192 ff., 193 f.; siehe auch: Hasenclever, Mayer und Rittberger (2000), 3 ff.; Evans und Wilson (1992), 330 ff.; Müller (1993b), 361 ff.; Klotz (1995), 13 ff.

38 Hasenclever, Mayer und Rittberger (2000), 3 ff.; siehe auch Albert (2002), 292 ff., und Little (2001), 299 ff.

39 Zu dieser Unterscheidung regulativer und konstitutiver Normen, siehe z. B. Checkel (1998), 324 ff., 327 f.; außerdem: Kratochwil und Ruggie (1986), 753 ff.

40 Siehe die klassische Formulierung von Koskenniemi (1989), 6 ff., in Anspielung auf die bei Carr (1939), 12 ff., systematisch behandelten Differenzen zwischen Realisten und Idealisten.

41 Kanwar (2004), 47 ff., 43 f.; zur »anarchical society« siehe als locus classicus den Be-

de liegenden Konflikte sind in dieser Sicht mit gegensätzlichen »policies« zu identifizieren.[42] Und diese Policy-Kollisionen als Hintergrund der Rechtskollisionen herauszuarbeiten, ist auch das maßgebliche Anliegen neuerer interdisziplinärer Ansätze in der US-amerikanischen Völkerrechtslehre, wie sie insbesondere von Anne-Marie Slaughter vertreten werden. In diesem Sinne sehen beispielsweise Anne-Marie Slaughter, Andrew Tulumello und Stephen Wood die primäre Aufgabe von Völkerrechtlern darin, »(1) internationale Politikprobleme zu erkennen und Lösungen für sie zu formulieren; (2) die Funktion einzelner Völkerrechtsinstitutionen zu erklären und (3) die völkerrechtlichen Institutionen generell zu rekonzeptualisieren«.[43]

Während Slaughter et al. hierbei im Grunde genommen das Recht den postmodernen politischen Netzwerken unterordnen,[44] verweisen kritische Analysen darauf, dass eine solche, quasi politikservile Rolle des Rechts, den dialektischen Prozess von Partikularität und Universalität unterschätze. Die unterschiedlichen unabhängigen internationalen Organisationen und regulatorischen Regimes verfolgten auf globaler Ebene vielmehr unterschiedliche Strategien der Transformation von Spezial- zu Universalinteressen und bedienten sich globaler, hegemonialer Machtstrukturen.[45] Die Rechtsform werde missbraucht, um den jeweils partikularen Interessenverfolgungsstrategien den Anschein der Universalität zu geben. Dabei spreche jede Institution ihre eigene professionelle Sprache und suche sie in ein globales Esperanto zu universalisieren, um ihre partikularen Interessen als natürliche Interessen aller zu maskieren.[46] In dieser politischen Perspektive widerspiegeln Rechtsnormenkollisionen die Strategien von neuen Kollektivakteuren in den internationalen Beziehungen, die machtgestützte »special interests« verfolgen und ohne Rücksicht auf ein übergreifendes Allgemeininteresse dras-

gründer der English School, Bull (1995), 22 ff.; zur Heterotopie siehe: Willke (2003), 13 ff.; zu Apologie und Utopie Koskenniemi (1989), 6.

42 Die Lösung könne dann nur durch politischen Kompromiss gefunden werden, so z. B. Neumann (2002), 64.

43 Slaughter, Tulumello und Wood (1998), 367 ff., 373.

44 Abbott, Keohane, Moravcsik, Slaughter und Snidal (2000a), 401 ff.; siehe auch Slaughter und Burke-White (2003), 1 ff.; kritisch: Fischer-Lescano (2005a), 335 ff.

45 Siehe die engagierte Kritik von Allott (2003), 309 ff.

46 Koskenniemi und Leino (2002), 578.

tische »policy-conflicts« auslösen. Weder mit rechtsdogmatischen Formeln der Einheit des Rechts noch mit dem rechtstheoretischen Ideal einer Normenhierarchie noch mit der Institutionalisierung von Gerichtshierarchien sei solchen Konflikten beizukommen. Solche Lösungsversuche spiegelten nur ihrerseits die Interessenorientierung und professionellen Präferenzen von Juristen wider. Nur eine konsequente Politisierung der Rechtsnormenkollisionen, »politics of fragmentation«, über den Aufbau von Gegenmachtinstitutionen, über offen ausgetragene Macht- und Identitätskonflikte und Verhandlungsprozesse zwischen den relevanten Kollektivakteuren – darunter auch den diversen Konfliktlösungsinstanzen – erscheint als Umgang mit den Policy-Konflikten aussichtsreich.[47] Diese, insbesondere von Martti Koskenniemi wiederholt und engagiert vorgebrachte Kritik am völkerrechtlichen Einheitsdenken artikuliert zu Recht, dass die Suche nach der Einheit des Völkerrechts, nach einer vertexteten Repräsentation dieser Einheit oder gar nach universellen Werten als Basis einer universellen Völkergemeinschaft einer Reise ins hic sunt leones der Weltgesellschaft gleicht.[48] Heterogenität, Interessenpluralismus und Machtasymmetrien bestimmen gerade dort die politische Landschaft, wo die Mitglieder des »invisible college of international lawyers«,[49] die avantgardistischen Humanisten und idealistischen Rechtsdogmatiker der epistemischen Völkerrechtslehrergemeinschaft der Fehlvorstellung erliegen, dass die vom Recht in Bezug genommenen Werte und Prinzipien tatsächlich auf eine außerrechtliche Realität verweisen könnten; als sei die Konstatierung von »core values« durch den IGH nicht nur eine rechtliche Digitalisierung komplexer Umweltverhältnisse, als seien universelle Menschenrechte, ius cogens und erga omnes Prinzipien und die Charta der Vereinten Nationen tatsächlich das, was die Welt in ihrem Innersten zusammenhielte, was eine Kompatibilisierung des Dissenses ermöglichte.[50] Stattdessen insistiert Koskenniemi, dass der Fixpunkt der normativen Projektionen akademischer Rechtslehrer den Kontakt zur gesellschaftlichen Umwelt des Rechts verloren habe und jedes Verständnis politischer Realitäten vermissen

47 Ebd.

48 Koskenniemi (1997), 566 ff.; Koskenniemi und Leino (2002), 578.

49 Schachter (1977), 217 ff.

50 Siehe insbesondere die Arbeit von Paulus (2001), 250 ff.; Kritik an der German School darum bei Klabbers (2003), 201 ff.

lasse. Das deduktive Rechtsdenken, das vor allem deutsche Völkerrechtsprofessoren in den Kursen der Hague Academy of International Law so nachhaltig praktizieren und sie und ihre Schüler veranlasst habe, die UN-Charta als konstitutionelles Dokument der Weltgesellschaft zu klassifizieren,[51] neige dazu, die strukturellen Probleme zu verharmlosen und sie lediglich als »Rechtslücken« zu reformulieren. Diese juristischen Selbstbeschreibungen seien aber angesichts der fundamentalen Interessengegensätze in der Weltgesellschaft gänzlich inadäquat.[52] In dieser politischen Sicht soll das Fragmentierungsproblem des Völkerrechts nicht auf die rechtstechnische Schwierigkeit des Umgangs mit in unterschiedlichen Verfahren generierten Normen reduziert zu lesen sein, sondern als Set hegemonialer Manöver, in denen neue Institutionen ihre Spezialinteressen als Universalinteressen ausgeben.[53] Diplomatische Immunität gegen Staatenverantwortlichkeit, Menschenrechte gegen Wirtschaftsrechte seien letztlich nur Kurzformeln für antagonistische Kämpfe in der Weltgesellschaft.[54] In dieser Sicht ist die Wahl keine zwischen archaischer Politik und modernem Recht, sondern die Frage eines politischen Kampfes um Partikularinteressen.

Koskenniemis politische Beobachtung von heterogenen Interessen und Machtkonflikten sind richtig und in ihrer Dramatik nicht zu unterschätzen.[55] Zwar sucht er zugleich recht subtil die postmoderne Beunruhigung zu relativieren. Doch dürfte diese Relativierung die innerrechtliche Konsistenzproblematik, die aus der Fragmentierung für Legitimität, Glaubwürdigkeit und Effektivität des Rechts entsteht, unterschätzen. Ähnliches gilt auch für postmoderne Theorien, die zwar ganz zu Recht die Fragmentierung im gesellschaftsweiten Kontext sehen.[56]

Denn diese Analysen setzen mit ihrer Fundierung der Normenkollisionen nicht tief genug an. Sie nehmen ihrerseits eine folgenreiche, diesmal politikzentrierte Reduktion des Fragmentierungsproblems vor. Eine solche politische Weltsicht unterschätzt syste-

51 Exemplarisch: Fassbender (1998), 529 ff.

52 Koskenniemi und Leino (2002), 559.

53 Koskenniemi (2004a), 241 ff., 243.

54 Koskenniemi (2004b), 197 ff.

55 Koskenniemi und Leino (2002), 578; ILC Report, 18.7.2003, A/CN.4/L.644, Ziff. 2.

56 Dazu Santos (1987), 279 ff.; Fitzpatrick (1984), 115 ff.

matisch zweierlei: den Eigensinn des Rechts selbst, wie den anderer gesellschaftlicher Sinnwelten. Der rechtszentrierte wie der politikzentrierte Ansatz bieten nur eindimensionale Erklärungen der Kollisionen und suchen ebenso eindimensionale Lösungen entweder auf der rechtlichen oder auf der politischen Metaebene.[57]

Reduktionistisch sind aber auch Erklärungen, die die Fragmentierung des Weltrechts auf ökonomische oder kulturelle Phänomene zurückzuführen suchen. Immerhin sehen neuere ökonomische Erklärungen die Normenkollisionen nicht mehr als bloße irrationale Abweichungen von ökonomischer Effizienz an, sondern versuchen sie mit evolutionstheoretischen Annahmen der Pfadabhängigkeit zu erklären.[58] Doch bleiben sie trotz aller interdisziplinärer Öffnungen letztlich der eindimensionalen Logik wirtschaftlicher Rationalität verhaftet, mit der sie Normenkollisionen nur als Konflikte zwischen Individualinteressen verstehen können. Ähnlich einseitig führt Berman mit einer kulturalistischen Interpretation die Rechtsfragmentierung auf eine Vielfalt von imaginierten Gemeinschaften zurück,[59] die sich unterhalb und oberhalb der Nationalstaaten gebildet haben. Eine solche kulturelle Tieferlegung der Fragmentierung des Rechts erbringt zwar die wichtige Einsicht in die Kontingenzen konstruierter Kollektivitätsräume,[60] weil sie sich darauf konzentriert, die Wege und Strategien des Ein- und Ausschlusses bei der Konstruktion von Gemeinschaften offen zu legen und weil sie den Prozess der Gemeinschaftsformation nicht als ontologisches Problem behandelt, sondern Zuschreibungs- und Labellingtechniken adressiert.[61] Sie reduziert aber ihrerseits die soziale Welt auf ein Ensemble von imaginierten Gemeinschaften und ihren Identitätsproblemen.

Unsere These heißt gegenüber solchen reduktionistischen Interpretationen: Der globale Rechtspluralismus ist nicht einfach Folge eines politischen Pluralismus, eines politischen »neuen Mittelal-

57 Eine ähnliche Kritik an rechtlichen und politischen (und ökonomischen Reduktionen) äußert Berman (2002), 311 ff., 371, der dann allerdings seinerseits mit einer kulturellen Reduktion aufwartet.

58 Dazu etwa Roe (1995), 641 ff.

59 Anspielend auf Anderson (1991), 37 ff.

60 Siehe auch Nassehi (2002), 38 ff., 52 ff.

61 Berman (2002), 463 ff.

ters«[62] von vielfältigen *dominia* und *iurisdictiones*, sondern Ausdruck tiefer liegender gesellschaftlicher Widersprüche, die von miteinander kollidierenden Sektoren der Weltgesellschaft produziert werden. Bei der Fragmentierung des Weltrechts handelt es sich weder einfach um Rechtsnormenkollisionen noch um soziale Konflikte, die monokausal zu erklären sind. Vielmehr sind hier Widersprüche zwischen gesellschaftsweit institutionalisierten Rationalitäten am Werke, die das Recht mit Sicherheit nicht lösen kann, die ihm aber einen neuartigen Umgang mit seinen Normenkollisionen abverlangen.

Die These soll in drei Argumenten entfaltet werden:

1. Die Fragmentierung des globalen Rechts ist viel radikaler, als es eine reduktionistische Einheitssicht, sei sie juristisch, politisch, ökonomisch oder kulturell, begreifen kann. Die Rechtsfragmentierung ist nur ein Epiphänomen der tiefer gehenden vieldimensionalen Fragmentierung der Weltgesellschaft selbst.
2. Hoffnungen auf eine normative Rechtseinheit im Weltmaßstab sind daher von vornherein vergeblich. Eine Metaebene zur Auflösung der gesellschaftlichen Kollisionen ist weder im Weltrecht noch in der Weltgesellschaft in Sicht. Eher noch ist in Zukunft eine Steigerung der Rechtszersplitterung als Folge gesellschaftlicher Konflikte zu erwarten.
3. Die Rechtsfragmentierung selbst ist nicht überwindbar. Erreichbar ist bestenfalls eine schwache normative Kompatibilität. Dies jedoch nur dann, wenn es gelingt, in einem neuartigen Kollisionsrecht eine eigentümliche Netzwerklogik zu verwirklichen, die zu einer losen Kopplung der kollidierenden Einheiten und damit zu je punktuellen und je vorläufigen Konfliktlösungen beiträgt.

62 Siehe Umberto Ecos Text von 1977: Eco (2003), 13 ff.; dazu: Schmierer (1996), 189 ff.

3. Eigenrationalitätsmaximierung: Autonome Regimes

Wie die globale Rechtszersplitterung von der Fragmentierung der Weltgesellschaft abhängt, lässt sich näher präzisieren, wenn man auf verschiedene sozialtheoretische Erklärungsansätze der Rechtsglobalisierung zurückgreift. Hier haben vielfältige theoretische Ansätze, die institutionalistische Theorie der »global culture« der Stanford School, postmoderne Konzepte des globalen Rechtspluralismus, die Theorie der »global sites of governance«, diskursanalytische Interpretationen der Globalität von Recht und Politik, Versionen einer »globalen Zivilgesellschaft« und besonders systemtheoretische Konzepte einer funktional differenzierten Weltgesellschaft, das Verständnis einer polyzentrischen Globalisierung profiliert, das die Rechtsfragmentierung in einem neuen Licht erscheinen lässt.[1] Dies verlangt aber, von einer ganzen Reihe populärer gesellschafts- und rechtstheoretischer Annahmen Abschied zu nehmen und sie durch eher ungewohnte Vorstellungen zu ersetzen. Manches davon ist schon andernorts ausführlich begründet worden, so dass hier nur die Ergebnisse festgehalten werden sollen.[2] Detaillierter dagegen ist hier darauf einzugehen, welche rechtspolitischen und rechtsdogmatischen Konsequenzen dies Umdenken gerade für die Fragmentierung des globalen Rechts hat.

Aufzugeben ist zuerst die verbreitete Annahme, die globale Rechtsfragmentierung sei primär auf die Internationalisierung der Wirtschaft zurückzuführen. Mit der Herausbildung unterschiedlicher Weltmärkte habe die nationalstaatliche Wirtschaftssteuerung nicht mithalten können; stattdessen habe sich eine Vielfalt miteinander konkurrierender globaler Regulierungsregimes mit je eigenen

1 »Global culture«: Meyer, Boli, Thomas und Ramirez (1997), 144 ff.; Diskursanalyse: Schütz (1997); globaler Rechtspluralismus: Santos (2002), 163 ff.; »sites of governance«: Snyder (1999), 4 ff., 7; zur globalen Zivilgesellschaft: Günther und Randeria (2001), 7 ff.; Brunkhorst (2000), 274 ff.; Shaw (1998), 221 ff.; Held (1995), 181 ff.; ders. (2003), 160 ff., 167 ff.; zur Weltgesellschaft: Willke (2003), 13 ff.; Albert (2002), 203 ff.; Stichweh (2000), 48 ff.; Luhmann (1998), 345 ff., 373 ff.

2 Fischer-Lescano (2005b), 129 ff.; Teubner (2003a), 1 ff.; Teubner (2000a), 437 ff.; Teubner (1996a), 255 ff.

Rechtsinstanzen herausgebildet.[3] Die Alternative zu einer solchen wirtschaftszentrierten Globalisierung heißt polyzentrische Globalisierung.[4] Treibende Dynamik ist die sich beschleunigende Differenzierung der Gesellschaft in autonome gesellschaftliche Teilsysteme, die heute jeweils ihre territorialen Grenzen überspringen und sich weltweit konstituieren. Nicht nur die Wirtschaft folgt dieser Dynamik, sondern auch Wissenschaft, Kultur, Technik, Gesundheit, Militär, Transport, Tourismus, Sport, aber auch – wenngleich mit deutlicher Verzögerung – Politik, Recht und Sozialfürsorge sind auf je eigenen Entwicklungspfaden heute zu eigenständigen Weltsystemen geworden.

Worauf es im jetzigen Zusammenhang ankommt, sind die Außenbeziehungen dieser autonomen »global villages«, also ihre Beziehungen zueinander und ihre Beziehungen zu ihren Umwelten. Anders als in divisionalen Konzepten, die Gesellschaft als Beziehung von Teilen zum Ganzen denken, bedeutet das, die primäre Bedeutung der Binnendifferenzierung der Gesellschaft als ein Produkt der Auseinandersetzung von verselbständigten Kommunikationsnetzwerken mit ihren Umwelten zu sehen und die Verselbständigung von Kommunikationsnetzwerken als radikale Exklusion auch der Menschen aus der Gesellschaft zu analysieren.[5] Die Systemtheorie nimmt hier aus der sozialtheoretischen Tradition Theoreme gesellschaftlicher Entfremdung in zeitgemäßer Fassung wieder auf. An diesem Ort bestehen heimliche Kontakte zu offiziellen Feindtheorien, zu Foucaults Analysen der Disziplinarmacht, Agambens Kritik der gesellschaftlichen Exklusion, Lyotards Theorie der geschlossenen Diskurse und Derridas Denken über Gerechtigkeit, auch wenn diese Kontakte offiziell von allen Seiten dementiert werden.[6] Diese Umstellung des divisionalen zu einem ökologischen Denken transformiert die Beschreibung gesellschaftlicher Problemlagen. Nicht in der Beziehung »Teil-Ganzes«, sondern im Verhältnis »System-Umwelt« liegen die Inkommensurabilitäten begründet, wobei nach dem oben gesagten zu den jeweiligen Systemumwelten neben sozialen und natürlichen Systemen auch Menschen zu rechnen sind. Die Gleichzeitigkeit von Funktionssystemen und ihren sozialen,

3 In diese Richtung argumentiert etwa Dahrendorf (1998), 31 ff.

4 Held (1995), 62; weitere Nachweise in Fn. 1 in diesem Kapitel.

5 Luhmann (1984), 346 ff.; Luhmann (1983), 1 ff.

6 Siehe besonders Schütz (2000), 107 ff.

menschlichen und natürlichen Umwelten führt dazu, dass diese Verhältnisse sich alles andere als harmonisch gestalten.[7] Wenn irgendwo, dann ist hier die Formel des »clash of civilisations« angemessen. Unter den Bedingungen einer voll entwickelten funktionalen Differenzierung können die Beziehungen zwischen den wichtigsten Teilsystemen der Weltgesellschaft nicht mehr als prästabilisierte Harmonie von gesellschaftlichen Sphären innerhalb einer gesellschaftlichen Ordnung dargestellt werden. Sichtbar werden vor allem »Rückstände, Engpässe und wechselnde Belastungen im Verhältnis der Funktionssysteme zueinander.«[8] Durch ihre operative Schließung erzeugen die globalen Funktionssysteme eigene Freiheitsgrade für eine extreme Steigerung ihrer je eigenen Rationalität, die sie ohne Rücksicht auf andere Sozialsysteme, aber auch ohne Rücksicht auf ihre natürlichen und humanen Umwelten ausschöpfen. Sie tun dies, so lange es geht, also so lange ihre Umwelten dies noch tolerieren.[9]

Für das destruktive Potential einer schon damals globalisierten wirtschaftlichen Rationalität ist dies seit den Pionieranalysen von Karl Marx immer wieder belegt worden.[10] Max Weber hat mit Hilfe des Konzepts des modernen Polytheismus dieses Gefährdungspotential nicht nur der Wirtschaft, sondern auch anderer Lebensbereiche nachgewiesen und daraus resultierende bedrohliche Rationalitätenkonflikte analysiert.[11] Heute spricht man eher von Diskurskollisionen.[12] Inzwischen sind die gesellschaftlichen, humanen und ökologischen Risiken anderer hochspezialisierter Globalsysteme, etwa der Wissenschaft und der Technologie, auch einer breiteren Öffentlichkeit sichtbar geworden.[13] Und es wird, insbesondere wenn man den Blick auf die Länder des Südens lenkt, deutlich, dass das eigentliche Risikopotential weniger von der internationalen Politik ausgeht, sondern dass vielmehr wirtschaftliche, wissenschaftliche und technologische Handlungsbereiche den »clash of rationalities« mit seinen destruktiven Tendenzen auslösen: »Über öko-

7 Ausführlich zur ökologischen Gerechtigkeitskonzeption: Teubner (2005), 547 ff.
8 Luhmann (1995b), 14.
9 Willke (2003), 179 ff.; Luhmann (1997a), 133.
10 Am beeindruckendsten Polanyi (1995), 270 ff.
11 Weber (1968), 605 ff.; dazu Schluchter (1988), 299 ff., 302.
12 Lyotard (1989), 9 ff.
13 Einflussreich Beck (1991), 117 ff.; ders. (1986), 25 ff.

logische Konsequenzen sind die Funktionssysteme (vor allem Wirtschaft, Wissenschaft und Medizin) nicht positiv, sondern negativ integriert. Wissenschaftliche Entdeckungen, die atomare und biochemische Kampfmittel, aber auch risikoreiche Technologien ermöglichen, stellen die Politik vor kaum lösbare Probleme. Die rechtsstaatlich arbeitende Justiz legitimiert und behindert die Polizei. Anspruchsvolle und langwierige Ausbildung mag in der Arbeitslosenstatistik positiv zu Buche schlagen, kann aber durch den Arbeitsmarkt nur noch begrenzt honoriert werden. Die Eigendynamik internationaler Finanzmärkte konterkariert die Wirtschaftspolitik in ihren Planungsvorhaben und läßt es kaum noch zu, liberale und sozialistische Politikprogramme zu unterscheiden. Damit entfällt die Möglichkeit, dem Wähler unterschiedlich gestylte Parteien zur Wahl anzubieten, bisher eine wesentliche Voraussetzung für Demokratie. Wenn zudem Reformen immer schwieriger werden, müssen die Massenmedien der Politik mit täglich neuen Skandalen auf die Beine helfen.«[14]

Der tiefere Grund der Selbstsabotage des gesellschaftlichen Fortschritts, so die Zentralthese Niklas Luhmanns, ist die *Eigenrationalitätsmaximierung* verschiedener weltweit agierender Funktionssysteme, die ein enormes Gefährdungspotential für Menschen, Natur und Gesellschaft mit sich bringt.[15] Die Probleme der Weltgesellschaft, Umweltverschmutzung, eklatante Unterversorgungen, Diskrepanzen in Lebens- und Entwicklungschancen, haben demzufolge eine Tiefenlage, deren Analyse bei der Modernisierung selbst, also bei der funktionalen Ausdifferenzierung und den systemischen Eigendynamiken ansetzen muss. Entsprechend ist es unangemessen, Folgeprobleme der Weltfinanzmärkte, der Hedge-Fonds und der Devisenspekulationen, des Patentschutzes auf Impfstoffe, des Drogenhandels, der Kinderprostitution, des reproduktiven Klonens und generell der Biotechnologie durch den Hinweis auf nur politische Konflikte in der Problembeschreibung und den möglichen politisch-rechtlichen Konfliktlösungen zu nivellieren. Denn die Probleme werden weniger durch Interessen- und Machtkonflikte im weltpolitischen System generiert. Dies sind eher Oberflächenphänomene. Vielmehr setzen die fragmentierten operativ geschlos-

14 Luhmann (1995b), 5.
15 Luhmann (1997a), 1088 ff.

senen Funktionssysteme der Weltgesellschaft in ihrem Expansionsdrang die eigentlichen Ursachen für die Probleme der Weltgesellschaft und sie bedienen sich zugleich des Weltrechts zur normativen Absicherung ihrer hochgezüchteten Bereichslogiken.[16]

Die Rechtsfragmentierung resultiert also letztlich aus der Eigenrationalitätsmaximierung unterschiedlicher Sozialsysteme. Verschärft werden diese Konflikte durch eine weitere Besonderheit funktionaler Differenzierung: einen spezifischen Umgang mit Risiken, den erst die moderne Gesellschaft entwickelt hat. Eine neuartige Form der Risikoabsorption steigert die wechselseitige Dynamik von Sozialkonflikten und Rechtsnormenkollisionen. In dieser Risikoperspektive wird die alte soziologische Frage nach dem gesellschaftlichen Pendant des im Rechtssystem eigenständig rekonstruierten Gesellschaftskonflikts als »Rechtsfall«, in dem Individualkonflikte im Klageschema der Ansprüche und Gegenansprüche über Normen entschieden werden, anders als in den bisherigen Theorien beantwortet.

Die Rechtssoziologie als Konfliktsoziologie pflegt Individualkonflikte in ihren sozialen Kontext zu setzen und nach Konfliktlösungen zu suchen, die für die Beteiligten befriedigend sind. Im systematischen Vergleich des Rechts mit Mediation, alternativen Konfliktlösungen, Schiedsgerichten, Wahrheitskommissionen, Verhandlungen schneidet das Recht dabei ziemlich schlecht ab. Doch wird damit die gesellschaftliche Rolle des Rechts auf die Lösung individueller Konflikte reduziert.[17] Demgegenüber haben die großen Sozialtheorien des Rechts immer die Produktion von Gesellschaftsstrukturen durch Recht im Auge gehabt.[18] Der Rechtsfall wurde als Ausdruck gesellschaftlicher, nicht-individueller Strukturkonflikte gesehen. Entweder geht es um Interessenkonflikte gesellschaftlicher Machtgruppen und politischen Gruppenpluralismus. Oder es geht um Klassenkonflikte vor dem Hintergrund wirtschaftlicher Strukturwidersprüche, womit sich alle gesellschaftlichen Konflikte in letzter Instanz auf den Widerspruch von öffentlicher Produktion und privater Aneignung zurückführen lassen. Oder es geht schließlich um eine Generalisierung solcher Strukturkonflikte im neuzeit-

16 Genauer zu dieser Problematik Teubner (1996b), 199 ff.

17 Besonders zugespitzt dazu Christie (1977), 1 ff.

18 Eingehender zu diesem Argument Teubner und Zumbansen (2000), 189 ff., mit weiteren Nachweisen.

lichen Polytheismus, der im Recht entsprechende Normenkollisionen auslöst. Lebensbereichskonflikte erscheinen als institutionalisierte Wertsphären, die miteinander rivalisieren und nach institutioneller Entscheidung verlangen. Auf diesen Theorien baut die oben ausgeführte These auf, welche die Rechtsfragmentierung auf gesellschaftliche Rationalitätskollisionen zurückführt.

Gegenüber diesen sozusagen klassischen rechtssoziologischen Erklärungen der Rechtsfragmentierung führt nun die Risikoanalyse eine neue Dimension ein: Der moderne gesellschaftliche Umgang mit Risiken erzeugt Systemkollisionen als Strukturprobleme der Gesellschaft, die über die oben geschilderten Konflikte der Eigenrationalitätsmaximierung noch hinausgehen.[19] Historisch hängt dies mit der Umstellung von traditioneller Mehrfachabsicherung in multifunktionalen Einrichtungen zusammen. So war die Familie für alle Lebensbereiche zuständig und musste bei der Bewältigung von Lebensrisiken vielfache Rücksichten einbauen. Oikos, Polis, Korporation und Kirche waren in diesem Sinne multifunktionale Institutionen, die einen eher diffusen Umgang mit Risiken und entsprechend risikoaverse Einstellungen entwickelten. Die Moderne setzt demgegenüber auf Unifunktionalität in binär codierten Systemen. Für Risiken bedeutet dies, dass sie nun von den hochspezialisierten Funktionssystemen übernommen werden. Der spezifisch moderne Umgang mit Risiken besteht darin, dass diese nicht von einer Instanz, etwa einer zentralen politischen Institution, in all ihren Dimensionen und mit vielerlei Rücksichtnahmen bearbeitet werden, sondern dass sie in die Logik hochspezialisierter Sozialsysteme hinein übersetzt werden und damit nur noch eindimensional als teilsystemspezifische Probleme wahrgenommen werden. Das hat eine überaus produktive Seite: Mit ihren hochgetriebenen Teilrationalitäten und entsprechenden Problemlösungstechniken sind die Subsysteme in hohem Maße zur Risikobewältigung geeignet. Wissenschaft, Wirtschaft, Medizin haben beeindruckende Techniken zur Risikoabsorption entwickelt. Die positive Konsequenz heißt, dass die gesellschaftlichen Risiken in ungeahntem Maße steigerbar und dennoch aushaltbar werden und dass dies zugleich eine Steigerung gesellschaftlicher Chancen ermöglicht.

Doch hat dieser Prozess der Risikofragmentierung in Teilrationa-

19 Luhmann (1991), 86 ff.

litäten seine destruktive Seite: Er löst neuartige Konflikte mit anderen Systemen aus, die dann im Recht als Normenkollisionen wahrgenommen werden. Die destruktive Konsequenz liegt in den nicht-koordinierten, unabsehbaren schädlichen Auswirkungen der systemspezifischen Risikoabsorption auf ihre gesellschaftlichen Umwelten. Die Befreiung der spezialisierten Systeme von vielerlei Rücksichten führt dazu, dass das jeweilige Teilsystem die Risiken für sich selbst höchst erfolgreich, für andere aber buchstäblich »rücksichtslos« bearbeitet. Was für das eine System ein annehmbares Risiko darstellt, wird zur Bedrohung bis hin zur Existenzgefährdung des anderen.[20] So werden durch die eigentlich produktive Risikoübernahme in einem System hohe Risiken in anderen Systemen erzeugt. Erfolgreiche Risikoabsorption in einem Teilsystem resultiert dann in gesamtgesellschaftlicher Selbstschädigung. Der im Rahmen der Risikobekämpfung regelmäßig erhobene Vorwurf, mit etwaigen Maßnahmen nur auf die Symptome, nicht die Ursache zu zielen, wäre in diesem Zusammenhang zu erörtern. Die Klassifizierung Ursache/Symptom ist hierbei Teil gesellschaftlicher Risikoattribution, die in der Perspektive eines jeden gesellschaftlichen Teilsystems unterschiedlichen Leitgesichtspunkten folgt und unterschiedliche Verantwortlichkeiten konstruiert. Den globalen »Kampf gegen den Terror« mit dem US-amerikanischen Verteidigungsminister Donald Rumsfeld als militärische Maßnahme »gegen das Unbekannte, das Ungewisse, das Unsichtbare und das Unerwartete«[21] zu verstehen, ist im Grunde genommen Teil des Versuchs, Terrorbekämpfungsmaßnahmen militärisch zu monopolisieren. Die Kritik, die Giorgio Agamben daran geübt hat, dass »Staat und Terrorismus am Ende ein einziges System mit zwei Gesichtern [bilden], in dem jedes der Elemente nicht nur dazu dient, die Handlungen des anderen zu rechtfertigen, sondern jedes sogar vom anderen ununterscheidbar wird«,[22] zielt darauf, dass die universelle Etablierung der politischen Paradigmen von Notstand und Sicherheit zwar als funktionalspezi-

20 Die immer wieder belegten drastischen Differenzen der Risikowahrnehmung betreffen nicht nur die Weltsichten von Individuen, sondern gerade auch die Weltsichten von ganzen Sozialsystemen. Dazu besonders die auf Ludwik Fleck zurückgehende These des »How Institutions Think« von Douglas (1986). In systemtheoretischer Zuspitzung Luhmann (1991), 111 ff.

21 Rumsfeld (2002), 20 ff., 23.

22 Agamben (2004), 1 ff.; Agamben (2002), 25 ff.

fische Risikobewältigung des politischen Systems eine weltgesellschaftlich wirksame Strategie der Risikoattribution und der Autolegitimation zur Bekämpfung der in Rede stehenden Gefahren darstellen kann. Diese Monopolisierungsstrategie tendiert aber dazu, die ökonomischen, religiösen und menschenrechtlichen Umweltbedingungen der Möglichkeit von Terror und der Strategien der Terrorbekämpfung selbst zu marginalisieren.[23] Sie wird dadurch selbst zum Risiko.[24] Luhmann: »Fundamentalismen und politische Radikalisierungen liegen im Trend. Wenn es politisch gelingt, eine Bevölkerung von der Wichtigkeit solcher Unterscheidungen zu überzeugen, kann damit ohne Rücksicht auf wirtschaftliche Folgen Politik gemacht werden. Aber ein Staat, der der selbstreferentiellen Konstitution, also der logischen Tautologie und dem spezifischen Universalismus des Politischen nicht gerecht wird, sondern spezifische Zwecke verfolgt, muß entsprechend strukturell diskriminieren und wird zwangsläufig despotisch.«[25]

Das destruktive Potential anderer Mechanismen der Monopolisierung der Risikoabsorption in den Gesellschaftssystemen Wirtschaft, Religion, Technik ist dieser Gefährdungslage strukturanalog. Die alleinige Absicherung von Finanzrisiken durch das Weltwirtschaftssystem kann Nationalstaaten destabilisieren, sozialstaatliche Politiken verunmöglichen und birgt allein dadurch bereits ein enormes Risiko für das Recht der Individuen auf Selbstkonstitution. Das religiös motivierte Verbot empfängnisverhütender Maßnahmen

23 Aus der Fülle der Literatur zu den Kontingenzen des Signifikationsprozesses: Derrida (2003), 134 ff.; zu den menschenrechtlichen Rahmenbedingungen der Terrorbekämpfung: Seibert-Fohr (2004), 125 ff.; Oeter (2002), 422 ff.

24 Es liegt darin das kritische Potential neuerer politikwissenschaftlicher Ansätze, die Prozesse beschreiben, in denen sich das politische System weltgesellschaftlicher Problemlagen annimmt, sie als »Sicherheitsproblem« konstruiert und dann legitimatorisch ausbeutet; zur Securitisation: Buzan, Waever und de Wilde (1998), 70 ff.; zu deren Gefahren: Koskenniemi (1995), 325 ff.; Maus (1999), 276 ff.; siehe nun auch den Bericht der Hochrangigen Gruppe für Bedrohungen, Herausforderungen und Wandel, *Eine sicherere Welt: Unsere gemeinsame Verantwortung*, der unter den Sicherheitsbegriff auch »wirtschaftliche und soziale Bedrohungen, einschließlich Armut, Infektionskrankheiten und Umweltzerstörung; zwischenstaatliche Konflikte, innerstaatliche Konflikte, einschließlich Bürgerkrieg, Völkermord und andere massive Greueltaten; nukleare, radiologische, chemische und biologische Waffen; Terrorismus; grenzüberschreitende organisierte Kriminalität« fasst (UN Doc. A/59/565, 2. Dezember 2004, ⟨http://www.un.org/secureworld⟩).

25 Luhmann (2000a), 219.

sorgt zwar für neue Christenkinder und für eine Verbreitung der religiösen Heilslehre, ist aber im Hinblick auf eine verantwortungsbewusste Familienplanung problematisch. Die Entwicklung der Nahrungsmitteltechnik mag für die Minimierung des Risikos »Hunger« durch krankheits- und schädlingsresistente Pflanzen einen wichtigen Beitrag leisten, birgt aber selbst nicht unwesentliche Folgerisiken für die menschlichen und natürlichen Umwelten des Techniksystems.

Eigenrationalitätsmaximierung aus erfolgreicher Funktionsspezifizierung und Risikosteigerung aus erfolgreicher Risikoabsorption; dies sind, um zusammenzufassen, die gesellschaftlichen Prozesse, die für eine Steigerung der Rechtsnormenkollisionen, für die Fragmentierungsprozesse im Weltrecht, für das Auseinanderfallen der Konfliktlösungsinstanzen, verantwortlich sind. Ob die Einrichtung von Gerichtshierarchien den aus solchen gesellschaftsstrukturellen Widersprüchen resultierenden Rechtsfragmentierungen beikommen kann, lässt sich bezweifeln. Aber auch eine Umkehr, ein Zurück zum Koordinationsvölkerrecht[26] und eine Hinwendung zu den alten Mythen ist unmöglich: »Nie kann der Sündenfall der Ausdifferenzierung selbst zurückgenommen werden. Man kehrt nicht ins Paradies zurück.«[27]

26 Das fordert beispielsweise Böckenförde (1999a), 123: »Soll Staatlichkeit erhalten bleiben, erscheint ein Gegensteuern im Globalisierungsprozeß notwendig, und zwar in Form eines Kampfes um die Re-Etablierung des Primats der Politik in beherrschbaren Räumen.«

27 Luhmann (1994), 344.

4. Interlegalität: Kollisionen regulatorischer Regimes

Um den Zusammenhang zwischen Rechtsfragmentierung und gesellschaftlicher Differenzierung genauer zu verstehen, ist sodann die Annahme aufzugeben, ein Rechtssystem im strengen Sinne bestehe nur auf der Ebene des Nationalstaats. Stattdessen ist davon auszugehen, dass sich auch das Recht, der Logik funktionaler Differenzierung folgend, global als ein einheitliches Sozialsystem jenseits nationaler Rechtssysteme etabliert hat. Ein einheitliches Weltrecht reproduziert sich durch die Autopoiese von Rechtsoperationen, die zwar von unterschiedlichen Programmen gesteuert, aber letztlich alle auf die binäre Codierung von Recht/Unrecht ausgerichtet sind. Nur gründet sich die Einheit des Weltrechts nicht mehr strukturell wie im Nationalstaat auf gerichtshierarchisch abgesicherter Konsistenz des Normengefüges, sondern bloß noch prozessual auf den Verknüpfungsmodus der Rechtsoperationen, über den auch ganz heterogene Rechtsordnungen verbindliche Rechtsgeltung transferieren.[1] Dies ist eine indirekte Folge der globalisierten Gesellschaftsdifferenzierung. Auch auf der globalen Ebene wird auf diesem Weg die operative Einheit des Rechtssystems erreicht. Diese Rechtseinheit hat aber ihrerseits mit zahlreichen fundamentalen Normenkonflikten zu rechnen. Im Weltrecht wird die Rechtseinheit von normativer Konsistenz auf operative »Interlegalität« umgestellt.[2] Mit Interlegalität ist nicht nur eine statische Vielfalt gegeneinander abgegrenzter normativer Ordnungen gemeint, wie sie in der klassischen Rechtssoziologie von Eugen Ehrlich, Santi Romano, Maurice Hauriou, Georges Scelle und Georges Gurvitch beschrieben wurden,[3] sondern eine dynamische Vielfalt von normativen Operatio-

1 Zum systemtheoretischen Konzept eines Weltrechtssystems Luhmann (1993a), 571 ff., siehe auch: Teubner (2003a), 1 ff.; Teubner (2000a), 437 ff.; Teubner (1996a), 255 ff.; Fischer-Lescano (2003a), 717 ff.; D'Amato (2005), 335 ff.; Ziegert (2000), 69 ff.; Albert (2002), 203 ff.; Calliess (2002), 185 ff. Zu einer ähnlichen Sicht eines internationalen Rechtssystems Martinez (2003), 429 ff., 443 f., unter Berufung auf Sunny Y. Auyang, siehe ders. (1999), 39 ff.

2 Santos (1992), 131 ff.; Amstutz (2003a), 161 ff.; Kenny (2003), 569 ff.

3 Ehrlich (1913), 81 ff.; Romano (1918), §§ 12 ff.; Hauriou (1933), 11 ff.; Gurvitch, 181 ff.; Scelle (1932), 6 ff.

nen, in denen »parallele Normsysteme unterschiedlicher Herkunft sich wechselseitig anregen, gegenseitig verbinden, ineinandergreifen und durchdringen, ohne zu einheitlichen Superordnungen zu verschmelzen, die ihre Teile absorbieren, sondern in ihrem Nebeneinander als heterarchische Gebilde dauerhaft bestehen, kurzum dass Rechtspluralismus eine Realität ist«.[4]

Mit anderen Worten, nicht lediglich die Kollision von gewachsenen lokalen Gewohnheitsrechten mit Rechtsentscheidungen parlamentarischer Provenienz ist das Charakteristikum postmoderner Interlegalität, sondern eine gänzlich neue Unübersichtlichkeit in den rechtlichen Zwischenwelten der Weltgesellschaft, die mit widersprechenden Einzelfallentscheidungen leben muss, mit kollidierenden Normanordnungen für das gleiche soziale Feld, mit Rechtstexten, die als Hypertexte zu lesen sind, d. h. nur in der Verknüpfung mit anderen Texten und Kontexten »Sinn« ergeben und eine »ultimate rule of recognition« nicht hervorbringen.[5] Statt Erwartensgeneralisierung durch autoritative Letztentscheidung, Einheit des Rechtstextes und Homogenität der Erkenntnismethoden ist die postnationale Konstellation durch das Nebeneinander einer Vielzahl von strukturell geschlossenen Rechtsordnungen geprägt, die prinzipiell alle einen Primat in eigenen Angelegenheiten reklamieren. Weder durch einen Stufenbau des Rechts, noch durch eine oberste Grundnorm noch durch eine gemeinsame Letztreferenz werden diese heterarchischen Ordnungen zusammengehalten. Doch was sind die Einheiten dieser Interlegalität?

Um diese Frage zu beantworten, bedarf es einer Korrektur der Vorstellungen über die Binnendifferenzierung des Rechts. Hier begegnet man der ersten direkten und massiven Auswirkung der Gesellschaftsfragmentierung auf das Recht selbst. Für Jahrhunderte war dessen Binnendifferenzierung den Vorgaben der Politik der Na-

4 Amstutz (2003b), 213 ff., 213. Zu einer Neuformulierung des Rechtspluralismus Santos (2002), 353 ff.; Teubner (1995), 191 ff.; siehe auch: Rigaux (1998), 325 f.: »[L]egal pluralism means that there exist multiple legal orders, some endowed with common characters (the legal orders of different states or the various systems of sporting organizations), others varying in their nature. International law is unique, not only because its very scope is to be ecumenical but also because no other legal order is cast in the same mould. But within the international community there are regional or particular legal orders as is shown by their institutions.«

5 Fischer-Lescano und Christensen (2005), 213 ff.

tionalstaaten gefolgt und hatte sich als Vielzahl nationaler Rechtsordnungen mit territorialem Geltungsanspruch verwirklicht. Auch das sich als Vertragsrecht der Nationalstaaten verstehende Völkerrecht brach letztlich nicht mit dieser Form der Differenzierung. Erst die sich im letzten Jahrhundert rasant beschleunigende Ausbreitung von internationalen Organisationen und politisch instaurierten regulatorischen Regimes,[6] die sich gegenüber ihrem Ursprung in völkerrechtlichen Verträgen als eigenständige Rechtsordnungen verselbständigten, signalisiert den Bruch: die nationale Differenzierung des Rechts wird jetzt von einer sektoriellen Fragmentierung überlagert.[7]

Das Auftauchen globaler Regimes bedeutet dann gerade nicht, wie immer wieder gerade von Juristen behauptet, dass sich im Zuge globaler Verrechtlichungsschübe die Rechtsordnungen vereinheitlichen, harmonisieren oder dass sie wenigstens konvergieren, sondern dass das Recht eine neue Form der Binnendifferenzierung heraustreibt und dabei nicht Rechtseinheit, sondern eine neue Fragmentierung erzeugt. Die Gesellschaftsfragmentierung schlägt in der Weise auf das Recht durch, dass eine erfolgsorientierte politische Regulierung unterschiedlich strukturierter Gesellschaftsbereiche eine Parzellierung von *issue*-spezifischen Politikarenen erfordert, die sich ihrerseits stark juridifizieren.[8] Damit wird die traditionelle Binnendifferenzierung nach dem Prinzip der Territorialität in relativ autonome nationale Rechtsordnungen überlagert von einem sektoriellen Differenzierungsprinzip: der Differenzierung des Weltrechts nach transnational einheitlichen Rechtsregimes, die ihre Außengrenzen nicht territorial, sondern *issue*-spezifisch definieren und einen globalen Geltungsanspruch erheben.[9] Dabei ist zu beto-

6 Zum völkerrechtlichen Regimebegriff: Klein (1986), 1354; Matz, 358 ff.; Walter (2004), 31 ff., 38 ff.; Ruffert (2000), 129 ff., 141 f.; Tietje (1999), 26 ff.

7 Aus der neueren Regime-Literatur siehe u.a.: Underdahl (2002), 433 ff., 435 ff.; Hasenclever, Mayer und Rittberger (1997), 162 ff.; Young (1986), 104 ff.; Nadelman (1990), 479 ff.; Mitchell (1998), 109 ff.; siehe ferner Herberg (2001), 25 ff.; Kelly (2001), 673 ff., die allerdings das Element der Sanktionierung überbetont.

8 Zur Juridifizierung internationaler Organisationen Abbott, Keohane, Moravcsik, Slaughter und Snidal (2000a), 401 ff.

9 Halfmann (2006); Koskenniemi (2005); speziell in Bezug auf die »Internet Corporation for Assigned Names and Numbers« (ICANN) als »Global Regulatory Regime« siehe Lehmkuhl (2002), 61 ff., 71 ff.; Mueller (2002), 211 ff.; Walter

nen, dass es nicht darum geht, die alte Differenzierung in nationale Rechtsordnungen abzulösen. Niemand behauptet, dass der Nationalstaat in Prozessen der Globalisierung abgeschafft wird, auch wenn dies von Sympathisanten des Nationalstaates immer wieder unterstellt wird. Es geht nicht um Ersetzung einer Binnendifferenzierung durch die andere, sondern um die Überlagerung zweier unterschiedlicher Prinzipien: territorial-segmentäre und thematisch-funktionale Differenzierung.[10]

Als die gesuchten neuartigen Einheiten der Interlegalität lassen sich sektorielle regulatorische Rechtsregimes identifizieren, die – auch davon wäre Abstand zu nehmen – allerdings nicht eine parallele Widerspiegelung außerrechtlicher Differenzierungsprozesse sind. Hier stoßen wir auf die schwierige Frage, welchem Prinzip die interne Differenzierung von autopoietischen Funktionssystemen gehorcht, die sich für das Recht mit seinen internen Normordnungen nicht anders stellt als etwa für die Wissenschaft mit ihren unterschiedlichen Disziplinen. Die Trias segmentärer, hierarchischer und funktionaler Differenzierung, die sich für die Gesamtgesellschaft bewährt hat, scheint hier nicht zu funktionieren.[11] Weder sind die globalen Rechtsregimes als gleichartige Segmente anzusehen, noch sind sie untereinander hierarchisch aufgebaut, noch folgen sie den Kategorien der gesellschaftsweiten Funktionssysteme.

Um hier einen Schritt weiterzukommen, sollte man der Anregung von Michael Bothe folgen und auf zufallsgesteuerte Umweltirritationen im Entstehungsprozess der globalen Regimes achten: »Auf diese Weise sind auslösende Ereignisse, Gelegenheiten und Ideen Schlüsselfaktoren in der Entwicklung des internationalen Rechts. Diese Tatsache ist verantwortlich für die Zersplitterung des internationalen Rechts in eine große Anzahl von sachbezogenen Vertragsregimes, die zu besonderen Anlässen eingerichtet wurden und spezifische Probleme behandeln. Da aber alles mit allem zusammenhängt, überlappen sich diese Regimes. Daraus kann folgen, dass die Regeln nicht unbedingt vereinbar miteinander sind, dass sie

(2001), 170 ff., 186 f.; zu anderen Aspekten des Internet-Regimes Perritt (2000a), 563 ff.; Post (2000), 2 ff.; Post (1998), 521 ff.; Post (1995).

10 Siehe auch Stolleis (2004), 17 ff.

11 Am ehesten scheint noch das Modell segmentärer Differenzierung den Fragmentierungsprozessen nahe zu kommen, Luhmann (1997a), 636 ff.; Stichweh (1994), 20 ff.; Luhmann (1990a), 450.

sich allerdings auch gegenseitig verstärken können. So entsteht die Frage, ob zwischen verschiedenen Regimes Konflikt und Spannung oder Synergie herrscht.«[12] Ähnlich wie Bothe stellt auch das Incidents-Konzept der New Haven School auf die Beobachtung der Prozesse ab, die für die jeweilige Rechtsentwicklung Anlass gegeben haben.[13] Auch sie beobachten ein »ex facto ius oritur« (Ulpian)[14] und haben damit einen zutreffenden Ausgangspunkt.[15] Allerdings besteht das analytische Defizit der New Haven Scholars in der Negierung der rechtlichen Eigenlogik, d. h. darin, dass in diesen Konzepten in der Tradition von Myres McDougal regelmäßig ein Primat des Politischen angenommen wird.[16]

Demgegenüber liegt der Schlüssel zum Verständnis der neuen Binnendifferenzierung in den koevolutiven Prozessen, die das Verhältnis der großen Funktionssysteme zum Recht strukturieren.[17] Die Funktionssysteme schreiben sich nicht in einem umfassenden Skript ins Recht als eigenständige Rechtsregimes ein, sondern lösen durch historische Zufälle, durch einzelne Konflikte, neu auftauchende Probleme und Skandale Irritationen im Rechtssystem aus. Immer geht es um ein Zusammenspiel rechtsexterner Ereignisse und rechtsinterner Normierungschancen. Den externen Überraschungen von gesellschaftlichen Problemlagen und ihren politischen Reformulierungen müssen juristische Konstruktionsmöglichkeiten und Regulierungschancen entsprechen, um eine Regimebildung zu ermöglichen. Normkonstituierender Fixpunkt sind »die illokutionären Bindungskräfte, die durch explizite Akte der Selbstverpflichtung und der Vereinbarung aktiviert werden; hinzu kom-

12 Bothe (2004), 37 ff., 37.

13 Locus classicus der New Haven School: Reisman (1984), 1 ff.

14 Ulpian, Digesten 44, 7, 25.

15 Zu den diesbzgl. Parallelen der New Haven School mit dem rechtssoziologischen Ansatz von Niklas Luhmann: Simma (1972), 293 ff. Es bleibt allerdings anzumerken, dass die autopoietische Radikalisierung der Luhmannschen Rechtssoziologie die Differenz zwischen New Haven und Bielefeld im Hinblick auf die Eigendynamik des Rechts stärker konturieren lässt.

16 »[L]aw is *instrumental* only, a means to an end, and is to be appraised only in the light of the ends it achieves« (McDougal [1941], 827 ff., 834); siehe hierzu auch die Kritik von Brunnée und Toope (2000), 19 ff.

17 Zur Koevolution von Recht und Gesellschaft Teubner (1999), 7 ff.; Luhmann (1993a), 118 ff., 239 ff.; siehe auch Diehl, Ku und Zamora (2003), 43 ff.; Abegg (2006), 371 ff.

men viele zusätzliche ›normimplizierende Tatsachen‹, tiefer liegende Erzeugungs- und Wahrnehmungsschemata, ›Basisregeln‹ und Sacherfordernisse, die das betreffende Praxisfeld in seiner Besonderheit kennzeichnen und mit denen die geltende normative Ordnung eng verflochten ist.«[18] Die Rechtsregimes differenzieren sich im Umgang mit Ausschnitten ihrer gesellschaftlichen und natürlichen Umwelten. Die Differenzierung der Umwelten wird nach innen genommen und dort zur Basis der Unterscheidung verschiedener Regimes. Aber ihre Rekonstruktion unterliegt den Eigenbedingungen des Rechtsbetriebs.[19] Unter bestimmten Bedingungen wird dann die gesellschaftliche Irritation nicht einfach mit bistaatlichen Vereinbarungen, sondern mit der Herausbildung eines Rechtsregimes beantwortet, das sich »zufällig« an der Konfliktstelle herauskristallisiert.

Unterschiedliche Schulen der internationalen Beziehungen (Realismus, Neoliberalismus und Kognitivismus) haben sich um die Präzisierung dieser Bedingungen bemüht: Transaktionskostenkalkulationen staatlicher Akteure, Machtkalküle besonders in hegemonialen Konstellationen und schließlich Unsicherheitsabsorption in Wissensgemeinschaften.[20] Besonders der kognitivistische Aspekt der Unsicherheitsabsorption macht deutlich, wie intensiv Regime-Formation mit funktionaler Differenzierung zusammenhängt. Die Komplexität der Problemlage ist so groß, dass typisch politisch-rechtliche Problemlösungen wenig adäquat erscheinen und die Lösungsstrategien auf epistemische Gemeinschaften verlagert werden. Deren Wissen kann nicht einfach in eine materiale politisch-rechtliche Lösung eingespeist werden, sondern muss prozedural verselbständigt werden, um zukünftige Lösungen zu erarbeiten. Das Potential solcher epistemischer Gemeinschaften – eine theoretisch wenig durchdachte Metapher für funktionsspezifische Systeme – wird also politisch-rechtlich in einem eigenständigen Regime institutionalisiert. Durch vergleichbare spätere Konflikte werden solche Institutionen rekursiv weiter verstärkt, bis schließlich ein unsystematisches Nebeneinander von Rechtsregimes entsteht, das zwar auf die Umweltbeziehungen des Rechts zu den großen Funktionssyste-

18 Herberg (2005), 73 ff., 78.
19 Im Anschluss an Stichweh (1994), 22.
20 Dazu Hasenclever, Mayer und Rittberger (1997), 7 ff.; zu einer stärker rechtsorientierten Analyse Trachtman (2002), 77 ff., 85 m.w.N.

men zurückzuführen ist, diese selbst aber nicht im Recht abbildet, sondern nur zu organisatorischen oder institutionellen »Inseln« issuespezifischer Problemorientierung führt.

Die neuartige Binnendifferenzierung des Weltrechts in deterritorialisierte Regimes kann nun als systeminterne Wiederholung der Differenz von Rechtssystem und seinen gesellschaftlichen Umweltsystemen verstanden werden. Der Differenzierungszustand muss sich ändern, wenn sich die Umweltbedingungen im Globalisierungsprozess ändern. Zugleich bedeutet dies aber, wie gesagt, keine maßstabsgetreue Widerspiegelung von Umweltsystemen in korrespondierenden Rechtsteilsystemen, sondern eine systemeigene Bildung von Formen, die es nur im Rechtssystem gibt, die es aber ermöglichen, die Ausgangsdifferenz des Rechtssystems zu den anderen Funktionssystemen auf eine spezifische Weise zu reproduzieren. Es gibt, anders gesagt, keine Differenzübereinstimmungen zwischen Systemen und Umwelten. In der Umwelt des Rechtssystems gibt es keine Korrelate für das, was innerhalb des Rechts die Welthandelsorganisation von der Weltgesundheitsorganisation, die Weltbank von der UNESCO usw. unterscheidet, auch wenn zugleich deutlich ist, dass damit das Rechtssystem auf funktionale Differenzierung der Weltgesellschaft reagiert.[21]

21 Zu dieser Frage der Nichtübereinstimmung von Umweltdifferenzen und Binnendifferenzen bei gleichzeitiger wechselseitiger Abhängigkeit beider siehe Luhmann (1995b), 7.

5. Konfliktsteigerung: Autonome Privatregimes

Aber auch dies genügt noch nicht, um die Rechtsfragmentierung voll zu verstehen. Denn mit den globalen regulatorischen, d. h. den politisch instaurierten, Regimes erfasst man zwar den fundamentalen Prozess der Überlagerung des territorial differenzierten Weltrechts mit Elementen sektorieller Differenzierung, aber doch nur insoweit, als er von solchen Rechtsregimes induziert ist, die auf völkerrechtlicher Vereinbarung zwischen Nationalstaaten beruhen. Völlig unterbelichtet bleibt das gleichzeitige rapide Wachstum von nicht-staatlichen Privatregimes. Diese erzeugen ein »global law without the state«,[1] das überhaupt erst die Multidimensionalität des globalen Rechtspluralismus begründet.[2] Um dem gerecht zu werden, muss man sich von der gängigen Annahme verabschieden, dass das globale Recht seine Geltungsbedingung ausschließlich von staatlicher Setzung und Sanktionierung bezieht, sei es durch innerstaatliche Rechtsquellen, sei es von den offiziell anerkannten Rechtsquellen des Völkerrechts.[3] Hier stößt man auf eine weitere dramatische Auswirkung der Gesellschaftsfragmentierung auf das Recht. Sie erzwingt eine Ausweitung des Rechtsbegriffs über die Rechtsquellen des nationalstaatlichen wie des internationalen Rechts hinaus und zugleich eine Reformulierung des Regimebegriffs. Wie Berman formuliert, ist es eine der noch ungelösten zentralen Zukunftsaufgaben des internationalen Rechts: »Die Anerkennung und Auswertung von nichtstaatlichen Jurisdiktionsausübungen, die sub-, supra-, oder transnationale Gemeinschaften binden. Solche nichtstaatlichen Jurisdiktionen schließen eine große Auswahl von Instanzen ein, von offiziellen transnationalen regulatorischen und gerichtlichen Körpern bis zu nicht-staatlichen quasirechtlichen Gerichten und zu privaten standardsetzenden oder re-

1 Teubner (1997).

2 Zur neueren Diskussion Melissaris (2004), 57 ff.; Berman (2002), 325 ff.; Weisbrod (2002), 5 f. und 68 f.; Sinha (1995), 31 ff.; ferner: Berman (1994-1995), 1617 ff.; Engel Merry (1988), 869 ff.

3 Dieser etatistischen Sicht bleibt Reuter (1996), 1 ff., immer noch verhaftet, auch wenn er jedenfalls für den internationalen Bereich nach neuen rechtspluralistischen Lösungen sucht.

gulatorischen Organisationen.«[4] Die »transnationalen Gemeinschaften«, also die autonomen Gesellschaftsfragmente Wirtschaft, Wissenschaft, Technologie, Massenmedien, Medizin, Erziehung, Transport, entwickeln einen enormen Normenbedarf, der aber nicht von nationalstaatlichen und zwischenstaatlichen Institutionen gedeckt wird. Stattdessen befriedigen sie im unmittelbaren Durchgriff auf das Recht diesen Bedarf selbst. Zunehmend setzen globale gesellschaftliche Regimes selbst materielles Recht.[5] Sie verfügen über eigene Rechtsquellen außerhalb staatszentrierter Rechtssetzung, außerhalb von nationaler Gesetzgebung und internationalen Staatenverträgen.[6]

Ob solche Normordnungen transnationaler Entitäten, die ohne staatliche Hilfe zustande gekommen sind, genuinen Rechtscharakter haben, ist freilich sehr umstritten. Die Argumente, die dafür sprechen, dabei nicht bloß von »private ordering«, sondern von Recht im technischen Sinne zu sprechen, sollen hier nicht ein weiteres Mal vorgestellt werden.[7] Es muss an dieser Stelle genügen, das Kriterium zu kennzeichnen, das für ihren Rechtscharakter verantwortlich ist. Entgegen manchen rechtssoziologischen oder ökonomischen Formulierungen ist nicht jede soziale Normierung oder jedes »private ordering« schon Recht. Die Gleichgültigkeit gegenüber dem proprium des Rechts, die sich soziologische Theorien des Rechtspluralismus bzw. ökonomische Theorien des »private ordering« leisten, wäre für rechtssoziologische oder gar rechtsdogmatische Analysen, die sich um die Eigenrationalität und Eigennormativität von Recht kümmern müssen, fatal.[8] Selbst die Anwendung

4 Berman (2002), 235; siehe auch Aleinikoff (2000), 197 ff., 201-02: »Furthermore, there is no reason to assume that the nation-state form will be around forever. We are currently witnessing serious challenges to nation-state sovereignty from three directions. First, supra-national norms and structures (international human rights law, the WTO) impinge upon sovereignty in unprecedented ways. The claim here is not that states have been hermetically sealed up to this point; it is rather that interference in state sovereignty is now being justified in legal terms that carry increasing weight around the world.«

5 Princen und Finger (1994), 1 ff., 10; Shaw (1995), 5-9; Darcy de Oliveira und Tandon (1994), 1 ff.; Wapner (1995), 311 ff., 312-13.

6 Young (1994), 184 ff.; Teubner (1996a), 255 ff.

7 Dazu eingehend Teubner (1996a), 255 ff.; Fischer-Lescano (2005b), 129 ff.

8 Extrem unsensibel gegenüber rechtsspezifischen Merkmalen ist etwa Griffiths (1986), 1 ff., in seiner Beschreibung des Rechtspluralismus als Vielzahl von Syste-

des binären Codes Recht/Unrecht bei der Beurteilung von Verhalten – dies ist, um Missverständnissen gegenüber dem systemtheoretischen Rechtsbegriff vorzubeugen, ausdrücklich zu betonen – reicht nicht aus. Entscheidend ist die Institutionalisierung von Prozessen sekundärer Normierung. Das erinnert an Herbert Harts Definition des Rechts als Einheit primärer und sekundärer Normen,[9] geht aber darüber hinaus, indem es dessen Strukturorientierung durch eine Operationsorientierung ersetzt. Erst wenn Einrichtungen geschaffen sind, die die Beobachtungen erster Ordnung nach dem Code Recht/Unrecht systematisch einer Beobachtung zweiter Ordnung nach dem Rechtscode unterziehen, darf von der Existenz eines autonomen Rechts, ob mit oder ohne Staat, gesprochen werden. Von einem »global law without the state« ist also nicht schon dann auszugehen, wenn nicht-staatliche Institutionen über Verhalten normativ nach dem binären Rechtscode entscheiden, sondern erst, wenn zugleich Prozesse institutionalisiert sind, die diese Beurteilungsoperationen ihrerseits bindenden Entscheidungen nach dem binären Rechtscode unterwerfen.

Dann ist es sinnvoll, den Begriff eines transnationalen Rechts außerhalb des staatlichen Rechts folgendermaßen zu definieren: »*Transnationales Recht* bezeichnet eine dritte Kategorie von autonomen Rechtssystemen jenseits der traditionellen Kategorien des staatlichen nationalen und internationalen Rechts. Transnationales Recht wird durch die Rechtsschöpfungskräfte einer globalen Zivilgesellschaft geschaffen und entwickelt, es ist auf allgemeine Rechtsprinzipien und deren Konkretisierung in gesellschaftlicher Praxis (Übung) gegründet, seine Anwendung, Interpretation und Fortbildung obliegt – jedenfalls vornehmlich – privaten Anbietern alternativer Streitschlichtungsmechanismen, und eine Kodifikation findet – wenn überhaupt – in Form von allgemeinen Prinzipien- und Regelkatalogen, standardisierten Vertragsformularen oder Verhaltenskodizes statt, die von privaten Normierungsinstitutionen aufgestellt werden.«[10]

men of »social control«. Zur Indifferenz ökonomischer Analysen des »private ordering« etwa neuerdings Aviram (2003), 5 ff.

9 Zum parallelen Versuch Hans Kelsens, das Gewohnheitsrecht direkt unter die Grundnorm zu ziehen: Fischer-Lescano (2006).

10 Calliess (2004), 244 ff., 254 f.; zur Begriffsgeschichte des transnationalen Rechts, die bei Philip Jessup (1956) ansetzen muss, und einer eigenen Systematisierung sie-

Prominenteste autonome Rechtsregimes sind heute die lex mercatoria der internationalen Wirtschaft und die lex digitalis des Internet.[11] Beide genügen den Bedingungen der technischen Definition als eigenständige transnationale Rechtssysteme, weil sie im Gegensatz zu nationalstaatlichen oder völkerrechtlichen Rechtsquellen über eigenständige Rechtsbildungsmechanismen verfügen. In beiden Fällen handelt es sich um ein nicht-staatliches und anationales Regelanwendungssystem, das eigene sekundäre Normierungen enthält. Die lex mercatoria stützt sich in ihrem Geltungsanspruch auf eigenständige Sekundärnormierungen, die den Geltungsanspruch von anationalen Verträgen, Handelsbräuchen, Allgemeinen Geschäftsbedingungen, Restatements of Law (Unidroit-Prinzipien des Internationalen Handelsrechts, Lando-Prinzipien des Europäischen Vertragsrechts) und die von den Schiedsgerichten ergangenen Entscheidungen normieren. Ähnlich stützt sich die lex digitalis auf Sekundärnormierungen für privatautonome Akte der Internet-Nutzer, die expliziten Regeln der UDRP, die *Rules for Uniform Dispute Resolution Policy*, wie auch die jeweiligen *Supplemental Rules* der von ICANN-akkreditierten *Dispute Resolution Providers* und zuletzt auf die Entscheidungen der ICANN-Panels.

Hier wären allerdings noch unzählige andere private oder hybrid privat-öffentliche Regulierungsinstanzen und Schiedsgerichte zu nennen, die autonomes Recht mit globalem Geltungsanspruch setzen, die auch Paul Schiff Berman benennt: »Andernorts sehen wir den weit verbreiteten Gebrauch internationaler nicht-staatlicher regulatorischer Rahmen. Zum Beispiel hat das Apparel Industry Partnership, eine gemeinschaftliche Unternehmung von nicht-staatlichen Organisationen, internationalen Bekleidungsfabrikanten und amerikanischen Universitäten, ihr eigenes quasi-staatliches (aber nicht staatliches) regulatorisches Regime geschaffen, um den Schutz öffentlicher Werte betreffend der internationalen Arbeitsbedingungen zu unterstützen. Die Partnerschaft hat einen Verhaltenskodex für Themen wie Kinderarbeit, Arbeitszeiten, Gesundheits- und Sicherheitsbedingungen übernommen, zusammen mit einer

he: Koh (1996), 181 ff.; siehe ferner: Hanschmann (2006), 349 ff. Berman (2005a), 458 ff. und Friedman (1996), 65 ff.

11 Zur lex mercatoria: McConnaughay (2001), 427 ff., 473; Maniruzzaman (1999), 657 ff., 672-74; Friedman (2001), 347 ff., 356; zur lex digitalis: Perritt (2000b), 675 ff., 691-92; zur lex sportiva: Becker und Lehmkuhl (2004), 225 ff.

detaillierten Struktur zur Befolgungskontrolle (mit einem Beschwerdeverfahren für Dritte). Im Zusammenhang mit dem Internet hat die ›TRUSTe‹ Koalition von Serviceprovidern, Softwarefirmen, Datenschutzanwälten und anderen Akteuren, weitgehend akzeptierte Datenschutzstandards für Webseiten entwickelt (die sie auch überwacht). Ähnlich hat der Global Business Dialogue on Electronic Commerce eine Serie von Arbeitsgruppen gebildet, um gleichförmige Grundsätze hinsichtlich einer Vielfalt von Themen des E-Commerce zu behandeln.«[12]

Auch die politikwissenschaftliche Regimeforschung hat begonnen, sich mit normativen Institutionen grenzüberschreitender Art zu befassen, die von den privaten Akteuren zu ihrer kollektiven Selbstregulierung eingerichtet und betrieben werden.[13] Als Privatregimes unterscheiden sich die oben genannten Regimephänomene jedoch in markanter Weise von dem in der Theorie internationaler Beziehungen gängigen Regimebegriff. Dieser versteht unter Regimes regelmäßig ein Ensemble von Prinzipien, Normen, Regeln und Entscheidungsverfahren, um die herum sich die Akteurserwartungen – die berühmte Formel Krasners stellt dabei in erster Linie auf Staaten ab – in einem Sachgebiet bilden.[14] Rechtliche und politische Elemente werden in einer solchen Perspektive eigentümlich verschränkt: »Regimes beinhalten eine substanzielle Komponente von Rechten und Regeln und für gewöhnlich auch eine operationale Komponente, die die Einrichtung und Anwendung solcher Rechte und Regeln unterstützt.«[15]

Für die autonomen »privaten« Rechtsregimes ist die auf Krasners Regimeformel zurückgehende Politikzentrierung nicht adäquat. Sie verhindert einerseits die Entwicklung eines hinreichend differenzierten Instrumentariums zur Unterscheidung rechtlicher Regimes von anderen, nicht-rechtlichen Governance-Regimes.[16] Andrerseits verkennt eine solche Perspektive die rechtliche Dimension in den Regimes, jenseits des klassischen Völkerrechts und seiner etatisti-

12 Berman (2002), 369 f.

13 Nachweise zu empirischen Forschungsarbeiten bei Hasenclever, Mayer und Rittberger (1997), 154 ff.

14 Krasner (1983), 1 ff.; zu aktuellen Regime-Theorien und Kritik an Krasner: Hasenclever, Mayer und Rittberger (1997), 13 ff.; Young (1986), 104 ff.

15 Schramm Stokke (2001), 2.

16 Hierzu auch: Young (1986), 104 ff.

schen Akteurszentriertheit. Für diese Privatregimes haben die völkerrechtlichen Normen zunächst einmal weniger konstituierende als vielmehr – und das auch nur im Extremfall – eine lediglich limitierende Funktion.[17] Die Bildung der Privatregimes geht vielmehr auf Bemühungen zurück, das Verhalten von einer breiten Vielfalt nicht-staatlicher Akteure – einschließlich privater wie öffentlicher Körperschaften, Banken und Versicherungen, Flug- und Schiffsgesellschaften – zu regulieren.[18]

Die Politikzentrierung des Rechtsregimebegriffs kann auch nicht durch eine Ökonomiezentrierung ersetzt werden, wie es in der Theorie des »private ordering« mit Hilfe der Gleichsetzung von Privatrecht und Ökonomie häufig geschieht.[19] Denn auch diese Sicht bleibt einer Partiallogik verhaftet, die – wie alle anderen Partialperspektiven – versucht, die ihr eigene Lesart der Weltgesellschaft zu universalisieren. Dieselbe Gesellschaft ist aber auch »fundamentaljuridifiziert, fundamentalmediatisiert, fundamentalpädagogisiert, fundamentalmedikalisiert, fundamentalreligiös beobachtbar«,[20] und im blinden Fleck der jeweiligen Systemperspektive liegen nicht nur ganze Systemwelten, sondern auch strukturelle Kopplungen des Rechts mit seinen jeweiligen Umwelten.

Die Alternative zu diesen monoperspektivischen Annahmen in den »postnationalen Formationen« heißt: In den unterschiedlichsten gesellschaftlichen Bereichen bilden sich eigene Anschlusszusammenhänge und eigene Kopplungen des Rechts mit seiner gesellschaftlichen Umwelt heraus. »Diese Formationen sind nun um Finanz-, Rekrutierungs- Koordinations-, Kommunikations- und Reproduktionsprinzipien herum organisiert, die grundlegend postnational und nicht nur multinational oder international sind.«[21] Die differentia specifica gegenüber den klassischen politisch-regulatorischen Regimes besteht darin, dass solche Privatregimes Ergebnisse der Selbstjuridifizierung höchst unterschiedlicher

17 Muchlinski (2001), 31 ff.; zu politisch unterstützten Unifizierungsstrategien: Cutler (1999), 25 ff.; International Council on Human Rights Policy (2002), 7 ff.

18 Young (1994), 187; Arts (2000), 513 ff.

19 Ellickson (1989), 23 ff.; Posner (1987), 761 ff.; Hadfield (1992), 583 ff.; Bernstein, 189 ff.

20 Nassehi (2002), 44.

21 Appadurai (1996), 27 ff., 167; siehe auch Cutler (2003),, 100 ff., und Winter (2005), 3 ff., 19 ff.

Gesellschaftsfragmente sind. Mit dem Begriff der postnationalen Formationen wird der zu eng an Politikprozesse anknüpfende Regimebegriff so weit generalisiert, dass er erfassen kann, wie autonome Gesellschaftsbereiche der unterschiedlichsten Art konfligierende Rechtsnormen produzieren. Damit wird der Bereich der Regime-Kollisionen immens ausgeweitet. Es geht nicht mehr nur um Policy-Konflikte, die zwischen verschiedenen regulatorischen Regimes ausgetragen werden, die aber zugleich einer politischen Macht- oder Verhandlungslösung offen stehen. Sondern Regime-Kollisionen spiegeln vielfältige Konflikte zwischen gesellschaftlichen Systemrationalitäten wider.

6. Zentrum / Peripherie: Heterarchie der Regimes

Wenn solche Privatregimes genuines Recht ohne Staat setzen, dann ist zugleich der Zusammenbruch der klassischen Rechtsnormenhierarchien programmiert. Ließen sich die politischen regulatorischen Regimes noch, wenn auch mit Mühe, in einer Normenhierarchie staatlich induzierten Rechts unterbringen, die nach dem Vorgehen Kelsens und Merkls als Stufenbau des Rechts von nationalen Rechtsakten, nationalem Gesetzesrecht, nationalem Verfassungsrecht und internationalem Recht, als dessen nächst höhere Stufe ein internationales Verfassungsrecht durchaus zu denken wäre, konstruiert war, so bricht diese Hierarchie mit dem Auftreten autonomer nicht-staatlicher Regimes zusammen.[1] Eine weitere Umstellung des Rechtsdenkens wird dadurch erforderlich. Was aber tritt an die Stelle einer Rechtsnormenhierarchie? – Die Differenz Zentrum/Peripherie.[2] Während im Zentrum des Rechts die Gerichte stehen, setzt sich die Peripherie autonomer Rechtsregimes aus politischen, ökonomischen, organisationalen, religiösen Normierungskomplexen zusammen, die an der Grenze des Rechts zu autonomen Gesellschaftssektoren stehen, dennoch aber integraler Bestandteil des Rechtssystems selbst sind. Wieder ist es die Fragmentierung der Weltgesellschaft, die neue Bruchlinien, nun zwischen dem Rechtszentrum, der Rechtsperipherie und den gesellschaftlichen Umwelten des Rechts, erzeugt. An den Kontaktstellen der Rechtsperipherie zu den autonomen Gesellschaftssektoren formieren sich plurale Rechtsbildungsmechanismen: standardisierte Verträge, Vereinbarungen professioneller Verbände, Routinen formaler Organisation, technische und wissenschaftliche Standardisierungen, habituelle Normalisierungen, informelle Konsense von NGOs, Medien und gesellschaftlichen Öffentlichkeiten. Wegen ihrer eigenständigen sekundären Normierungen, die sich von denen des nationalen Rechts wie des Völkerrechts grundlegend unterscheiden, bilden diese Regimes genuine »self-contained regimes«, nach der Formulierung des IGH in der Entscheidung im Teheraner Geiselfall: »Die Regeln di-

1 Teubner (2000b), 240 ff.; Fischer-Lescano (2006).

2 Luhmann (1993a), 321 ff.; Teubner (1989), 36 ff.; Fischer-Lescano (2005b), 129 ff.

plomatischen Rechts bilden, kurz gesagt, ein in sich geschlossenes Regime [›self-contained regime‹, die Verf.], das auf der einen Seite die Verpflichtungen des Empfängerstaats hinsichtlich der Einrichtungen, Privilegien und Immunitäten für diplomatische Missionen niederlegt, und auf der anderen Seite den möglichen Missbrauch durch Mitglieder der Mission voraussieht und die Mittel gegen jeglichen solchen Missbrauch zur Verfügung des Empfängerstaates festlegt.«[3]

Bereits der Entscheidung des ständigen Internationalen Gerichtshofs im Wimbledon-Fall kann man den gerichtlichen Versuch entnehmen, die Figur der »self-contained regimes« für das internationale Recht zu operationalisieren. Das Gericht hatte über den Status des Kieler Kanals zu entscheiden, der sowohl vom generellen Recht der Schifffahrtswege als auch von einer speziellen Regel für den Kieler Kanal im Versailler Vertrag von 1919 erfasst war. Das Verhältnis dieser beiden sich widersprechenden Normen verstand der Gerichtshof als eines zwischen spezieller und universeller Regelung: »Die Regelungen zum Kieler Kanal sind daher self-contained. Die Idee, die ihnen zugrunde liegt, kann nicht durch eine Analogie gefunden werden, sondern eher durch ein argumentum e contrario.«[4] Es liegt nahe, die Entscheidung des IGH im Teheraner Geiselfall und die des ständigen Internationalen Gerichtshofs als »enge« und »weite« Lesart struktureller Geschlossenheit zu verstehen. Während in der Entscheidung des IGH das »self-contained regime« als ein spezielles Setting sekundärer Normen im Bereich des Rechts der Staatenverantwortlichkeit verstanden wird, das den Rekurs auf generelle Völkerrechtsnormen der Retorsion und Repressalie verun-

3 Hierzu: IGH, Diplomatic and Consular Staff Fall, ICJ Rep. 1980, 1 (40), Ziff. 86; Simma (1985), 111 ff.; siehe auch den Bericht von Martti Koskenniemi, Vorsitzender der ILC Study Group zur Fragmentierung, ILC(LVI)/SG/FIL/CRD.1/Add.1, 5/4/2004, Ziff. 105 ff.; siehe auch das ICTY in der Tadic-Entscheidung: »In International Law, every tribunal is a self-contained system (unless otherwise provided).« (ICTY, The Prosecutor v. Dusko Tadic »Dule«, IT-94-1-AR72, 2.10.1995, in: International Legal Materials 32 [1996], 32 ff. [Ziff. 11]); siehe ferner: Marschik (1998), 212 ff., und die Vernetzung des BVerfG mit der Entscheidung des IGH: »Die Regeln des Diplomatenrechts stellen deshalb eine in sich geschlossene Ordnung, ein so genanntes self-contained regime, dar« (BVerfGE 96, 68 [84] = NJW 1998, 50).

4 Ständiger Internationaler Gerichtshof, Case of the SS »Wimbledon«, PCIJ Ser. A. No. 1 (1923), 23-4; siehe auch: Weinberger (1996), 1 ff.

möglicht,[5] hatte der ständige Internationale Gerichtshof die Rechtsfigur herangezogen, um in einem weiteren Sinn und unabhängig von der konkreten Retorsions-/Repressalien-Frage das Verhältnis von Primär- und Sekundärnormen zu klären.[6] Beiden Verwendungen ist indes gemeinsam, dass sie das Verhältnis spezieller Rechtsregimes mit ihrer rechtlichen und außerrechtlichen Umwelt adressieren. Die ILC hat sich daher in ihren Beratungen zu Recht nicht auf eine Differenzierung des Begriffs der »self-contained regimes« eingelassen, sondern fasst darunter, im Einklang mit früheren Debatten zu diesem Thema, wie sie etwa von Riphagen, Arangio-Ruiz und James Crawford geprägt wurden,[7] ganz generell die Problematik des Verhältnisses von Spezial- und Universalnormsystematiken.[8] Die technische Definition, in der die Rechtsfigur »Regimes« derzeit in der ILC verhandelt wird, hat Martti Koskenniemi in diesem Sinne formuliert: »Ein Regime ist ein Verbund von Regeln, der besondere Rechte, Pflichten, Kompetenzen und Regeln bzgl. der Administrierung solcher Regeln, vor allem einschließlich Regeln zur Reaktion auf Verstöße, niederlegt. Wenn solch ein Regime Vorrang vor dem allgemeinen Recht beansprucht, haben wir ein self-contained regime, einen besonderen Fall der lex specialis.«[9]

Da sie strukturell an die Eigenlogik des jeweiligen Gesellschaftssektors gekoppelt sind, reproduzieren die Regimes innerhalb des Rechts, wenn auch in anderer Form, zwangsläufig die Strukturkonflikte zwischen den Funktionssystemen. Das gilt nicht nur für die von der ILC verhandelten Fälle mit Bezug zum völkerrechtlichen Regelwerk, sondern insbesondere auch für Rechtsnormen die im Verhältnis zu anderen Funktionssystemen der Weltgesellschaft gebildet werden. Die Standardverträge der lex mercatoria spiegeln die

5 Zu dieser Problematik, die den Kern der juristischen Diskussion um self-contained regimes ausmacht: Simma (1985), 111 ff.; Conway (2002), 679 ff.

6 ILC(LVI)/SG/FIL/CRD.1/Add.1.

7 Riphagen, Dritter Bericht zur Staatenverantwortlichkeit, ILC Yearbook 1982, Bd. II (Teil 1), 28 (Ziff. 35); Riphagen, Vierter Bericht zur Staatenverantwortlichkeit, ILC Yearbook 1983, Bd. II (Teil 1), 8 ff. (Ziff. 31-130); Arangio-Ruiz, Dritter Bericht zur Staatenverantwortlichkeit, ILC Yearbook 1991, Bd. II (Teil 1), 25 (Ziff. 84). Arangio-Ruiz, Vierter Bericht zur Staatenverantwortlichkeit, ILC Yearbook 1992, Bd. II (Teil 1), 40 (Ziff. 112); James Crawford, Dritter Bericht zur Staatenverantwortlichkeit, A/CN.4/507/Add.4, 27 (Ziff. 420).

8 ILC Rep. 2004, A/59/10, Kapitel X, Ziff. 296 ff.

9 Koskenniemi (2003), 9.

wirtschaftliche Rationalität der Weltmärkte wider und kollidieren unter anderem mit den Normierungen der WHO, die der Rationalität des Gesundheitssystems verpflichtet sind. Die lex constructionis der weltweit organisierten Ingenieursverbände kollidiert mit dem Umweltvölkerrecht. In den dem *Appellate Body* der WTO vorgelegten Fällen kollidieren häufig Menschenrechtsregime, Umweltregime, Wirtschaftsrechte.[10] Friedensvölkerrecht und das dort normierte Gewaltverbot treffen nicht immer spannungsfrei auf das Menschenrechtsregime.[11] Gleiches gilt für humanitäres Völkerrecht und Umweltregime,[12] allgemeine Menschenrechte und Umweltrechte.[13] Ja, die gesellschaftlichen Rationalitätenkonflikte haben eine solche Wucht, dass sie sogar in das von den Gerichten gebildete Zentrum des globalen Rechts durchschlagen. Dort verhindern sie die hierarchische Vereinheitlichung der Regime-Tribunale ebenso wie die begrifflich-dogmatische Rechtseinheit der globalen Regimes. Während noch die Gerichte der entwickelten Nationalstaaten durch die Schaffung von Instanzenzügen und insbesondere von Verfassungsgerichten ihre Rechtseinheit garantieren konnten, sind die global proliferierten Gerichte, Tribunale, Panels und Schiedsgerichte in ihrer Organisation und in ihrem Selbstverständnis ihrem spezialisierten Regime in der Rechtsperipherie so eng verbunden, dass sie mit Notwendigkeit die allseits kritisierte Fragmentierung des globalen Rechts erzeugen. Diese neuen Konflikte sind Folge einer »Polykontexturalisierung« der Rechtsfunktion. Sie werden von

10 Eine Fülle von Literatur widmet sich diesen Kollisionslagen. Besonders pointiert: Pauwelyn (2001), 535 ff.; Böckenförde (2003), 971 ff.; Hunter, Salzman und Zaelke (2002), 1127 ff.; Nanda und Pring (2003), 398 ff.; Weinstein und Charnovitz (2001), 147 ff.; Stoll (2003), 439 ff.; Kiss und Shelton (2004), 776 ff.; Durner (2001), 269 ff.; siehe auch: Marceau (2001), 1081 ff.; zur Kollision von TRIPS und CBD: Bodeker (2003), 785 ff.; Eckersley (2004), 24 ff.; Falkner (2003), 72 ff.; Thomas (2004), 9 ff.; Grätz (2006), i. E.; siehe auch: International Court of Environmental Conciliation and Arbitration, Consultative Opinion, EAS – OC 8/2003, Compatibility Between Certain Provisions of the Convention on Biological Diversity and the Agreement on Trade related Aspects of Intellectual Property Rights as to the Protection of Traditional Knowledge, Berichterstatter: Michael Bothe, abrufbar unter: http://iceac.sarenet.es.

11 Zur humanitären Intervention siehe statt aller: Koskenniemi (1995), 325 ff.; Simma (1999), 1 ff.; Cassese (1999), 23 ff.

12 Vöneky (2001), 133 ff.; zu weiteren Regime-Pluralismen im Bereich des Menschenrechtsschutzes: Bothe (2004), 37 ff.

13 Hanschel (2000), 1 ff.

unterschiedlichen internen Umwelten des Rechtssystems erzeugt, die ihrerseits von unterschiedlichen Paradigmen der Ordnungsbildung der Gesellschaft abhängig sind.[14]

14 Ladeur (1992), 159 f.

7. Konstitutionalisierung: Autokonstitutionelle Regimes

Eine letzte Steigerung erhalten die Rechtskollisionen durch die konstitutionelle Verfestigung der Regimes. Wieder ist es die Fragmentierung der Weltgesellschaft, die ein Umdenken, diesmal bezogen auf verfassungstheoretische Annahmen veranlasst. Die Positivierung von konstitutionellen Normen verlagert sich auf der globalen Ebene vom politischen System auf unterschiedliche gesellschaftliche Sektoren, die parallel zu politischen Verfassungsnormen zivilgesellschaftliche Verfassungsnormen erzeugen.[1] Nach dem Konzept eines konstitutionellen Pluralismus kann man von einer Verfassung eines Gemeinwesens außerhalb der Nationalstaaten sprechen, wenn folgende Bedingungen gegeben sind: »(i) die Entwicklung eines explizit konstitutionellen Diskurses und eines konstitutionellen Selbstverständnisses, (ii) ein Anspruch auf Hoheitsgewalt oder Souveränität, wobei Souveränität nicht als absolut angesehen wird, (iii) die Abgrenzung eines Bereichs von Kompetenzen, (iv) die Existenz eines Organs innerhalb des Gemeinwesens mit Unabhängigkeit zur Interpretation der Bedeutung und des Geltungsbereichs der Kompetenzen, (v) das Vorhandensein einer institutionellen Struktur, um das Gemeinwesen zu regieren, (vi) Rechte und Pflichten einer Bürgerschaft, in einem weiten Sinn verstanden, (vii) Festlegung der Bedingungen der Repräsentation der Bürger im Gemeinwesen.«[2]

Die Begriffe »Gemeinwesen«, »regieren« und »Repräsentation« dürfen freilich nicht im engen Sinne einer institutionalisierten Politik verstanden werden, sondern meinen gerade auch »unpolitische« zivilgesellschaftliche Formationen in Wirtschaft, Wissenschaft, Bildung, Gesundheitswesen, Kunst oder Sport, in denen sich globale

1 Zum Konzept des »societal constitutionalism« in sozialtheoretischer Sicht: Sciulli (1992), 21 ff.; Sciulli (2001), 131 ff.; Teubner (2003a), 1 ff.; zum pluralistischen Konstitutionalismus Walker (2002), 317 ff.; Walter (2001), 170 ff.; Fischer-Lescano (2005b), 247 ff.; Brunkhorst (2002), 203 ff.; Calliess (2002), 185 ff.; Cottier und Hertig (2003), 261 ff.; Schepel (2004), 161 ff.; Scott und Wai (2004), 287 ff. In Bezug auf globale Wirtschaftsverfassung: Arthurs und Kreklewich (1996), 1 ff., 4 (»economic quasi constitution«); Cass (2001), 39 ff., 40 f.; Lange (1995), 103 ff., 112 ff.; zur Konstitutionalisierung des Politsystems beispielsweise Zangl (2005), 73 ff.; Uerpmann (2001), 565 ff.

2 Walker (2001), 31 ff., 33.

Konstitutionalisierungsprozesse abspielen.[3] In diesen Prozessen verfestigen sich »self-contained regimes« zu autokonstitutionellen Regimes. Wie schon gesagt sind »self-contained regimes« dadurch definiert, dass sie nicht nur hochspezialisierte primäre Normen, materielle Sonderbereichsrechte, positivieren, sondern dass sie im Unterschied zu den generellen sekundären Normen des Völkerrechts eigenständige sekundäre Normierungen, d.h. prozedurale Normen über Rechtsbildung, Rechtserkenntnis und Rechtssanktionierung, herausbilden.[4] Solche reflexiven Normierungen sind jedoch ihrerseits noch keine konstitutionellen Normierungen im strengen Sinne. Dazu werden sie erst dann, wenn sie die genaue Parallele zu politischen Verfassungen herstellen, die nicht einfach als Positivierung höherer Rechtsnormen, sondern als strukturelle Kopplungen reflexiver Mechanismen des Rechts mit reflexiven Mechanismen der Politik zu verstehen sind.[5]

Autokonstitutionelle Regimes zeichnen sich dadurch aus, dass sie reflexive Prozesse des Rechts mit reflexiven Prozessen anderer Sozialbereiche, also gerade nicht nur der Politik, verknüpfen, mit anderen Worten: dass sie als intersystemische Kopplungsinstitutionen über sekundäre Rechtsnormierungen das Recht mit fundamentalen Rationalitätsprinzipien autonomer Sozialbereiche relationieren.

Um den Unterschied solcher autokonstitutioneller Regimes zu einfachen Regimes und zu Sonderbereichsrechten zu verdeutlichen: (1) Sonderbereichsrechte sind bloße Ensembles von Rechtsnormen, die ein eigenständiges Rechtsgebiet konstituieren. Das »Recht der Staatenverantwortlichkeit« wäre ein Beispiel eines solchen Normsettings, aber auch Normfelder wie »Recht der Verträge«, »Recht der Staatenimmunität«, »Recht der friedlichen Streitbeilegung«, »Flüchtlingsrecht«, »Telekommunikationsrecht«, »Rüstungsrecht«. Sie sind im Grunde nur rechtsdogmatische Begriffssysteme, die Ensembles von Rechtsnormen und Rechtsbegriffe unter ein einheitliches Prinzip subsumieren, und insofern eigenständig, als dieses Prinzip das gesamte Feld zu strukturieren vermag. Sie bilden aber keine eigenständigen Handlungssysteme, weil sie nicht über dem

3 Dies wird besonders betont von Sciulli (1992), 21 ff.; Teubner (2003a), 1 ff.; Brunkhorst (2002), 203 ff.; Fischer-Lescano (2005b), 195 ff.; Joerges, Schepel und Vos (1999), 1 ff.; Scott und Wai (2004), 287 ff.

4 Simma (1985), 111 ff.; Koskenniemi (2003), 1 ff.

5 Luhmann (1990b), 176 ff.

generellen Rechtssystem gegenüber verselbständigte Rechtsbildungsmechanismen und Institutionen verfügen, sondern den allgemeinen Prozeduren der Regelformation folgen. Man sollte sie deshalb nur als Rechtsgebiete, nicht aber als eigenständige Subsysteme des Rechts bezeichnen. (2) »Self-contained regimes« dagegen verfügen schon über solche verselbständigten Rechtsbildungsmechanismen. Sie bilden genuines eigenständiges Recht als Einheit primärer und sekundärer Rechtsnormierungen. Als Regimes im engeren Sinne zeichnen sie sich dadurch aus, dass ihre *primären* Rechtsnormierungen nicht mit den nationalstaatlichen Politikprozessen, sondern mit Normen in weltgesellschaftlichen Sektoren strukturell gekoppelt sind.[6] (3) In autokonstitutionellen Regimes wiederum wird zusätzlich eine strukturelle Kopplung von *sekundären* Rechtsnormierungen mit reflexiven Mechanismen in den Gesellschaftssektoren hergestellt. Eine nicht-staatliche, nicht-politische, sondern zivilgesellschaftliche Konstitutionalisierung von autonomen Regimes findet also dann statt, wenn reflexive Sozialprozesse, die durch ihre Selbstanwendung gesellschaftliche Rationalitäten autonom stellen, dadurch juridifiziert werden, dass sie mit ihrerseits reflexiven Rechtsprozessen, also Normierungen der Normierungen verknüpft werden. Von einer eigenständigen Verfassung eines globalen Regimes im strengen Sinne sollte man erst dann sprechen, wenn dieses voraussetzungsreiche Zusammenspiel von autonomen Sozialprozessen und autonomen Rechtsprozessen zustande kommt, in systemtheoretischer Sprache, wenn auf Dauer gestellte strukturelle Kopplungen von teilbereichsspezifischen Ordnungsmustern und Rechtsregimes eingerichtet sind.[7] Dann erst findet man die merkwürdige Verdoppelung des Verfassungsphänomens vor, die für strukturelle Kopplung kennzeichnend ist und die das verbreitete Verständnis ausschließt, das von der Verschmelzung in einem einheitlichen Verfassungsbegriff, der Rechtsordnung und Sozialordnung übergreift, ausgeht. Regimeverfassung ist immer erst die Ver-

6 Genauer zu diesem systemtheoretischen Verständnis des Regimes als strukturelle Kopplung von Recht mit unterschiedlichen Sozialbereichen: Teubner (1999), 7 ff., 9 ff.; Teubner (2001a), 351 ff.; am Beispiel der Produktionsregimes der Unternehmen werden Regimes als intersystemische Kopplungen konzipiert; in diese Richtung auch Albert (2002), 292 f.

7 Zur strukturellen Kopplung des Rechts mit anderen Sozialsystemen Teubner (2001a), 351 ff.; Luhmann (1993a), 440 ff.

knüpfung zweier realer Prozesse: Aus der Sicht des Rechtsregimes ist sie Rechtsnormenproduktion, die eigentümlich mit Grundstrukturen des vom Regime betreuten Sozialsystems verflochten ist; aus der Sicht des verfassten Sozialsystems ist sie Erzeugung von Grundstrukturen der Sozialordnung, die zugleich das Recht des Regimes informieren und ihrerseits von diesem normiert werden.[8] Unter dieser Bedingung ist es sinnvoll, im rechtssoziologischen und zugleich im rechtstechnischen Sinn von Elementen einer Weltwirtschaftsverfassung, einer globalen Verfassung des Bildungs- und Wissenschaftssystems, einer politischen Globalverfassung oder von einer Digitalverfassung des Internet zu reden. Aus ihrer Funktion der autonomen Verrechtlichung von gesellschaftlichen Sektoren ergeben sich die typischen Bestandteile einer Verfassung: Bestimmungen über die Einrichtung und Ausübung der Entscheidungsprozesse (Organisations- und Verfahrensregeln) und Normierung der Systemgrenzen über individuelle Freiheiten und über gesellschaftliche Autonomien (Grundrechte).[9] Offensichtlich steigert die Positivierung zivilverfassungsrechtlicher Normen die ohnehin bestehenden Konflikte zwischen Rechtsregimes, weil sie die Abhängigkeit der Rechtsregimes von miteinander konfligierenden Gesellschaftsbereichen über reflexive Mechanismen noch forciert.

Erst wenn man diese verschiedenen Annahmen – polyzentrische Globalisierung, eigenständiges Weltrechtssystem, dessen sektorielle Binnendifferenzierung, Etablierung politisch-regulatorischer Regimes, Emergenz zivilgesellschaftlicher Regimes, Trennung von Zentrum und Peripherie des Weltrechts, Regime-Konstitutionalisierung – nachvollzieht, gewinnt man ein ausreichendes Verständnis der Rechtsfragmentierung. Durch seinen Bezug auf gesellschaftliche Widersprüche unterscheidet es sich von der Alltagssicht der Juristen, die nur durch das Fehlen einer Gerichtshierarchie bedingte Jurisdiktionskonflikte wahrnimmt, beträchtlich. Ebenso unterscheidet es sich von einer politikzentrierten Sicht als Policy-Konflikte. Um es auf eine Formel zu bringen: *In der Fragmentierung des globalen Rechts wirken genuine Verfassungskonflikte, die letztlich über autonome Rechtsregimes vermittelt auf in der Weltgesellschaft institutionalisierte Rationalitätenkollisionen zurückzuführen sind.*

8 Luhmann (1990b), 176 ff., für den Fall der Kopplung Politik/Recht.

9 Fischer-Lescano (2002), 349 ff.

8. Regime-Vernetzung: Ein neues Kollisionsrecht?

Also: Lasciate ogni speranza. Jede Hoffnung auf eine hierarchisch-organisatorische oder eine begrifflich-dogmatische Einheit des internationalen Rechts dürfte damit vergeblich sein. Der Grund dafür liegt in der gesellschaftstheoretischen Einsicht, dass die Weltgesellschaft eine fragmentierte »Gesellschaft ohne Spitze und ohne Zentrum ist«.[1] Nach der Dezentrierung der Politik ist keine gesellschaftliche Instanz in Sicht, welche die Koordination der Gesellschaftsfragmente zu übernehmen in der Lage ist. Schon gar nicht kann das Recht diese Aufgabe erfüllen und sei es auch nur indirekt über eine Integration des fragmentierten Weltrechts. Realistisch gibt es nach dem Zusammenbruch der Rechtshierarchien nur noch Chancen für ein konsequent heterarchisches Recht – ein Recht, das sich darauf beschränkt, zwischen fragmentierten Teilrechtsordnungen einen losen Zusammenhang herzustellen. Alles hängt dann davon ab, welche Qualität dieser Zusammenhang aufweist.

Dieser Zusammenhang ist – das ist unsere These – nur durch punktuelle Vernetzungen der Regimes herstellbar, welche die schon bestehenden faktischen Vernetzungen normativ verfestigen: rechtsextern die Vernetzung der Rechtsregimes mit einem gesellschaftlichen Autonomiebereich und rechtsintern die Vernetzung der gesellschaftlich vernetzten Rechtsregimes untereinander. Das normative Element zielt letztlich auf Herstellung wechselseitiger Reflexivität in den Rechtsfragmenten.

In der Tat werden zurzeit Chancen und Risiken der Netzwerkbildung nicht nur zwischen politisch-regulatorischen Regimes, sondern auch zwischen Regime-»Gerichten« diskutiert.[2] Von einer »Global Community of Courts«[3] ist hier die Rede, von einer globalen Gerichtsgemeinschaft, in der die Richter internationaler Spruchkörper, nationaler Gerichte, insbesondere der Verfassungsgerichte, regionaler und supranationaler Streitentscheidungsinstanzen Werte und Interessen teilen, die auf ihrem Glauben an das Recht als

1 Luhmann (1981a), 22.

2 Slaughter (2003), 191 ff.; Burke-White (2003), 1 ff.; Helfer und Slaughter (1997), 273 ff., 372; Slaughter (1997), 183 ff., 187.

3 Slaughter (2004a), 100, und Burke-White (2003), 1 ff.

von der Politik verschieden aber nicht geschieden gründen. Im besten Fall erinnere diese globale Gemeinschaft jeden Teilnehmer, dass ihre oder seine berufliche Leistung von einem größeren Publikum beobachtet und unterstützt wird: »Nationale und internationale Richter vernetzen sich, werden sich zunehmend gegenseitig des anderen und ihres Anteils an einer gemeinsamen Unternehmung bewusst. Die informellste Ebene transnationalen richterlichen Kontakts ist die Kenntnis ausländischer und internationaler Gerichtsentscheidungen verbunden mit dem Willen, sie zu zitieren.«[4] Die Disaggregation der globalen Rechtsbeziehungen, so betont Anne-Marie Slaughter, sei hierbei im Pluralismus multipler Rechtssysteme verwurzelt und letztlich Ausdruck einer gemeinsamen Identität: Dialog gehe vor Uniformität, Debatte und begründeter Dissens sei wichtiger als Rechtssicherheit – all dies stellten aufgrund der Nichtverfügbarkeit einer weltweiten obersten Autorität selbstverständliche Entwicklungen dar.[5] Auffällig bei diesen neuartigen Versuchen, Erkenntnisse der Netzwerktheorie für die Beschreibung der Formierung transnationalen Rechts fruchtbar zu machen, ist jedoch, dass die Analysen meist auf die Bildung personaler Verflechtungen in den gerichtlichen Zentren des Rechts fokussiert sind. Der transnationale Dialog »gemeinsamer« Probleme, so meint Slaughter, bringe Richter dazu, sich als Teil einer großen richterlichen Weltgemeinschaft zu fühlen. Der längerfristige Effekt dieser dichten personalen und organisationalen Netzwerke sei weniger rechtlich als viel mehr psychologisch zu begreifen,[6] und die Disaggregation des Staates führe zu einer Weltordnung, in der nicht die Staaten selbst, sondern ihre Teile, d. h. Judikative, Exekutive und Legislative, die maßgeblichen Entitäten darstellten.[7]

Es eröffnen sich jedoch sehr viel weitere Perspektiven, wenn das internationale Recht den Anschluss an neuere Entwicklungen der Netzwerktheorie findet. Denn dort werden nicht nur personelle Verflechtungen von Organisationen in ihren Chancen der Abstimmung von Organisationspolitiken untersucht, sondern es wird versucht, die eigentümlich paradoxe Handlungslogik, die unitas multiplex, von heterarchisch verknüpften Konfigurationen herauszuar-

4 Slaughter (1997), 186.

5 Slaughter (2004a), 102 f.

6 Ebd., 101; Aceves (2000), 129 ff., 138.

7 Slaughter (2004a), 12 ff.; Slaughter (2004b), 283 ff.

beiten.[8] Vernetzungen sind punktuell wirkende Gegeninstitutionen zur Ausdifferenzierung von autonomen Systemen. Netzwerke bilden hochunwahrscheinliche Reproduktionszusammenhänge heterogener Elemente.[9] Sie erfüllen die Funktion der Abstimmung zwischen autonomen Funktionssystemen,[10] zwischen formalen Organisationen[11] oder, wie in unserem Falle, zwischen autonomen Regimes. Sie dienen der grenzüberschreitenden Verknüpfung von autonomen Handlungslogiken.[12] Der gesellschaftliche Großtrend zur »Netzwerkgesellschaft«[13] beschreibt säkulare Wandlungstendenzen von hierarchischer zu heterarchischer Koordination in den verschiedensten Bereichen. Staatliches Handeln wandelt sich tendenziell sowohl im Bereich der Innenpolitik als auch in internationalen Beziehungen von der Hierarchie zu heterarchischen Verhandlungen.[14] Im Globalisierungsprozess spielen Netzwerke als transnationale Kooperationsformen nicht nur im zwischenstaatlichen Bereich, sondern auch im Bereich gesellschaftlicher Organisationen eine besonders wichtige Rolle.[15]

Vernetzungen zwischen globalen Rechtsregimes stellen nun unter bestimmten Umständen ein institutionelles Arrangement bereit, das die Kommunikation über inkompatible Normenkollisionen in der Fragmentierung des Rechts nicht unterdrückt, auch nicht nur einfach toleriert, sondern fordert, institutionell erleichtert und, im günstigsten Falle, produktiv nutzt.[16] Netzwerke als eine eigentümli-

8 Zur Netzwerkgesellschaft: Mayntz (1992a), 11 ff.; Messner (1995), 168 ff.; Powell (1996), 213 ff.; Castells (2000a), 77 ff.; Ladeur (2000a), 204 ff.; Ladeur (2001), 59 ff., 62 ff.

9 Baecker (2003), 293 ff.

10 Willke (1992), 183 f.; Luhmann (1997a), 788; Brodocz (1996), 361 ff., 366 ff.

11 Kämper und Schmidt (1999), 211 ff., 227 ff.

12 Vgl. den Begriff der »fraktalen Integration« durch »Kontrolle von Differenzen« im »Empire« bei Hardt und Negri (2000), 325 ff.

13 Castells (2000b) 77 ff.; Ladeur (2000a), 204 ff.; Ladeur (2001), 62 ff.; Mayntz (1992b), 19 ff., 41; Messner (1995), 168 ff.

14 Dazu eindringlich Scharpf (1991), 621 ff.; Willke (1997), 136 ff.; Brunkhorst (1999), 373 ff., 384 ff.

15 Dazu die Beiträge im Sammelband von Altvater, Brunnengräber, Haake und Walk (1997).

16 In diese Richtung argumentiert Snyder (2004), 624 ff., mit seinem Konzept eines globalen Rechtspluralismus, bei dem es um die Relationen zwischen »sites of governances« geht. Das Konzept kombiniert »public, private and hybrid forms of

che Kombination von bloß bilateraler Beziehung und hierarchischer Organisation erscheinen in dieser Sicht als Resultat einer fragilen Koexistenz von verschiedenen, einander widersprechenden Handlungslogiken.[17] Sie sind aber nur dann eine produktive institutionelle Antwort auf inkompatible Normenkollisionen, wenn es ihnen gelingt, diese in interne Systemimperative, die situativ miteinander kompatibilisierbar sind, umzuformen. So entsteht eine »paradoxe Struktur« interinstitutioneller Verflechtungen, weil diese auf »widersprüchlichen Anforderungen« beruhen, die gleichwohl »funktional« sind.[18] Um die Oszillation der Netzwerke zwischen den Polen verschiedener Widersprüche zu kennzeichnen, wurde der Neologismus der »oszillodoxen Organisation« eingeführt.[19] Die zentrale Leistung von Vernetzungen besteht danach darin, dass sie einen unauflöslichen Widerspruch, der sich in Normenkollisionen manifestiert, in ein tragbares Gegeneinander von verschiedenen Ebenen und Subsystemen, von Netzwerkknoten, Knotenrelationen und Gesamtvernetzung übersetzt.[20]

Systemtheoretisch gesehen ist es das Spezifikum von Vernetzungen, dass ein organisiertes Sozialsystem seine Umwelt auf eine besondere Weise beobachtet. Üblicherweise beobachten Organisationen die Entwicklung ihrer relevanten Umwelten über die Sekundärbeobachtung generalisierter Indikatoren und passen ihre laufenden Entscheidungen und ihre internen Normstrukturen daran an. Einem Vorschlag Luhmanns für das Verhalten von formalen Organisationen folgend, kann man gegenüber dieser Normalsituation die Situation der Netzwerkbildung so verstehen, dass wenn die Umwelten zu turbulent werden, die Institution stattdessen ein spezielles anderes organisiertes Sozialsystem in ihrer Nachbarschaft beobachtet und sich an dessen Veränderungen orientiert. Systeme suchen ein symbiotisches Verhältnis zu anderen Systemen, um bei großen Umweltturbulenzen die für sie relevante Umwelt in eine überschaubare Fassung zu bringen.[21]

governance with an emphasis on strategic action: the theory of sites of governance as part of global legal pluralism«.

17 Wie prekär dieses Zusammenspiel ist, wird in den Analysen von Bieber (1997), 111 ff., 116 ff., deutlich.

18 So für andere Netzwerkzusammenhänge: Benz (1996), 23 ff., 24.

19 Littmann und Jansen (2000), 15 ff.

20 Semlinger (1993), 309 ff., 332.

21 Luhmann (2000b), 407 ff.

Genau diese Situation ist gegeben, wenn sich globale Rechtsregimes vernetzen: Angesichts der Turbulenz ihrer Umwelten konzentrieren sie sich darauf, benachbarte Rechtsregimes zu beobachten. In einer solchen hybriden Vernetzung verschmelzen die beteiligten Systeme aber nicht zu einer Einheit, die ihre gesellschaftliche Funktion und ihre Umweltleistung als Ganzes definiert, sondern sie bleiben autonom in der Reflexion ihrer je eigenen Funktion und Leistung.[22] Amstutz entwickelt dies weiter und fasst in diesem Sinne die »Bindung« der Institutionen als eine wechselseitige Reflexionsbeziehung zwischen zwei Systemen, die zwar ihr jeweiliges Projekt autonom weiterverfolgen, aber sich in wechselseitiger Beobachtung einander anpassen.[23] Regelmäßig verdichtet sich dies zu engeren Kooperationsbeziehungen.

Wenn sich also globale Rechtsregimes miteinander vernetzen, so sind sie einem Prozess der »spontanen Ordnungsbildung« nicht-organisatorischer Natur ausgesetzt. Dies ist das Proprium der Vernetzung. Im Gegensatz zu Hayeks spontaner Ordnung des Wettbewerbs als Entdeckungsverfahren sind hier aber gerade nicht Markt und Wettbewerb, sondern Koordination und Kooperation für die Ordnung der Spontaneität verantwortlich.[24] Dies ist der Unterschied der hier angezielten Regimevernetzung zum häufig von Ökonomen und Juristen empfohlenen Regime-Wettbewerb.[25] Gemeinsam ist beiden, dass über die Regime-Kollisionen nicht nach dem Muster von Gerichtshierarchien autoritativ entschieden wird, sondern über dezentrale Mechanismen. Regimewettbewerb zielt darauf ab, dass in einem Sachbereich Regimes miteinander konkurrieren sollen und dass Marktmechanismen darüber entscheiden, welches der Regimes sich letztlich durchsetzt. Im Gegensatz dazu verlangt Regimevernetzung wechselseitige Anerkennung, Beobachtung, An-

22 Ausführlich: Castells (2000b), 187; Teubner (2001b), 550 ff., 572.

23 Amstutz (2003a), 164 ff.

24 Zu spontaner Ordnungsbildung und ihrer Beziehung zur Rechtsbildung Hayek (1973), 72 ff.; Vanberg (1986), 75 ff., 79 ff.; Cooter (1994), 443 ff., 447 f. Zur wichtigen Unterscheidung unterschiedlicher Typen spontaner Ordnungen, speziell von Märkten und Relationalobligationen: Gordon (1994), 453 ff.

25 Locus classicus ist Tiebout (1956), 416 ff. Ein guter Überblick über die Diskussion findet sich bei Bratton und McCahery (1997), 201 ff. Vgl. auch Trachtman (2000), 331 ff. Eine Typologie von Regime-Konkurrenzen einschließlich hybrider Formen bei Kerber, Wolfgang und Budzinski (2003), 411 ff.

passung und Kooperation der Regimes. Im Gegensatz zum kompetitiven Verhalten auf Märkten ist generalisierte Reziprozität der grundlegende Mechanismus spontaner Ordnungsbildung im Netzwerk.[26]

In solchen spontanen Vernetzungsordnungen »wird die Dauerhaftigkeit des Beziehungszusammenhangs [...] jenseits bipolarer Bestimmungen hervorgebracht.«[27] *Jenseits* bipolarer Bestimmungen – darauf kommt es in unserem Zusammenhang an. Bestimmte soziale Koordinationsmechanismen nicht-hierarchischer Natur, wechselseitige Beobachtung, antizipatorische Anpassung, Kooperation, Vertrauen, Selbstverpflichtung, Verlässlichkeit, Verhandlungen, dauerhafter Beziehungszusammenhang,[28] bilden die übergreifende Ordnung der Regimevernetzung.

Abstrakt lassen sich in dieser Perspektive drei Leitlinien einer heterarchischen Vernetzung der Rechtsregimes vorgeben:

1. Bloße normative Kompatibilität von autonomen Rechtsordnungen statt voller hierarchischer Einheit des Rechts;
2. Rechtsbildung durch wechselseitige Irritation, Beobachtung und Reflexion autonomer Teilrechtsordnungen;
3. Dezentrale Kollisionsbewältigung als Methode des Rechts.[29]

Wenn in dieser Weise Hierarchiedenken systematisch durch Netzwerklogik ersetzt wird, dann heißt dies nicht einfach, faktische Entwicklungen zu Vernetzungen globaler Regimes zu registrieren und zu akzeptieren. Denn das hieße letztlich, die demokratietheoretischen Defizite der bestehenden Netzwerke der disaggregierten etatistischen Einheiten, auf deren »Vernetzung« sich die aktuellen völkerrechtlichen Netzwerktheoreme konzentrieren, hinzunehmen. Statt eines rein deskriptiven Beobachtens der Beobachter ist daher mit Philip Allott zu konstatieren, dass eine personal und organisational zentrierte Netzwerktheorie zwar möglicherweise die aktuelle

26 Zum proprium des Netzwerkes in diesem Sinne Teubner (2004), 130 ff.

27 Windeler (2001), 240.

28 Eine Diskussion der Mechanismen und der Wirkungen von solchen nicht-marktlichen spontanen Ordnungen bei Windeler (2001), 240 ff.; Sydow und Windeler (2000), 1 ff., 12 ff.; Gordon (1994), 459.

29 Ein paralleles Programm verfolgen für die Normenkollisionen im europäischen Mehrebenenkontext Amstutz (2003b), 216 f.; Joerges (1997), 378 ff.; Joerges und Godt (2005), 93 ff.

Praxis globaler Eliten plausibel rekapitulieren kann, dass man allerdings mit der unkritischen Übernahme des transnationalen Anspruchs der Entscheidungsträger nur zur Rechtfertigung eines zweifelhaften Projektes beitrüge: »In der beachtenswerten Konstitutionalisierung der internationalen Gesellschaft seit 1945 ist die postdemokratische Oligarchie in ein globales Orchester aller Orchester der Oligarchie internationalisiert worden. Die Emergenz einer internationalen Aristokratie aus den uralten Nebeln der geteilten Illusion ist kein Grund überrascht zu sein. Die Tendenz nationaler Oligarchien, sich selbst zu externalisieren, ist so alt wie die Geschichte der Menschheit, so alt wie politischer oder wirtschaftlicher Imperialismus, so alt wie die Diplomatie und so alt wie der Krieg. Der geschichtliche Beleg erweckt den Anschein, dass die Unterwerfung fremder Länder und Völker genauso natürlich für die Inhaber der öffentlichen Gewalt ist, wie die Unterwerfung ihrer eigenen Länder und Völker.«[30]

Statt Deskription ist ein normatives Konzept der Vernetzung gefragt, das als Kompensation von Kollisionen in die Selbstbeschreibungen des Rechts einzubauen ist. Ein solches normatives Konzept wird sich den großen Vorteil von Vernetzungen zunutze machen, der in der Praxis und der sie begleitenden Wissenschaft darin gesehen wird, dass sie den beteiligten Institutionen erlauben, ihre Entscheidungsressourcen zu bündeln, ihre Kapazitäten, ihr Leistungsspektrum zu erweitern und flexibler zu agieren als dies bei unkoordinierten Entscheidungen einerseits oder bei vertikaler und hierarchischer Koordinierung andererseits der Fall wäre.[31] Besonders positive »Netzwerkeffekte« sind hier ins Zentrum der Aufmerksamkeit getreten, weil eine produktive Koordination dadurch ausgelöst wird, dass in Netzwerken eine potentiell allseitige Relationierung der Netzpartner stattfindet.[32] Dies sind schon gute Gründe, die Vernetzung von globalen Regimes auch mit Mitteln des internationalen Rechts abzusichern.

30 Allott (2003), 334.

31 Hirsch-Kreinsen (2002), 106 ff., 107 f.; ausführlich: Windeler (2001), 14 ff.; Sydow (1999), 279 ff., 293 ff.; Sydow (1992), 80 ff., 242 ff.; Semlinger (1993), 337 ff. Zur empirischen Messung ihrer Effektivität und Effizienz: Provan und Milward (1995), 1 ff.; Sydow und Windeler (1998), 265 ff.; Provan (2001), 1 ff.

32 Katz und Shapiro (1985), 424 ff.; Liebowitz und Margolis (1994), 133 ff., 135; Lemley und McGowan (1998), 479 ff., 531 ff.

Doch werden den Vernetzungen von autonomen Institutionen noch weiter gehende gesellschaftliche Funktionen zugeschrieben. Als polyzentrische Systeme sollen Netzwerke dezentrale Entscheidungsstrukturen in der Gesellschaft, eine Dissipation der Macht und damit eine Demokratisierung der Gesellschaft fördern.[33] Man spricht von der netztypischen integrativen Wirkung, die den fragmentierenden Tendenzen gesellschaftlicher Differenzierung entgegenarbeiten.[34] Netzwerke gelten insbesondere als angemessene Organisationsform für die Nutzung von dezentral verteiltem gesellschaftlichem Wissen, eine Situation, die für die fragmentierten Rechtsregimes durchaus typisch ist.[35] Und das internationale Recht sollte solche Chancen der multilateralen Koordination institutionalisieren und nicht ausschließlich auf die Einrichtung von Gerichtshierarchien vertrauen. Denn weil die Gerichtshierarchie doch nur die bilaterale Perspektive des Einzelprozesses mit seiner Beschränkung auf die Weltkonstruktion von Klägern und Beklagten auf höherer Ebene wiederholt, wird sie zahlreichen aktuellen multilateralen Interessen- und Risikoverflechtungen nicht mehr gerecht. Hier kann die Vernetzung von Regimes höhere Kapazitäten der Informationsverarbeitung und der Wertberücksichtigung freisetzen.

An den interinstitutionellen Netzwerken wird besonders deutlich, dass »die juristische Verarbeitung mehrpoliger und organisatorischer Rechtsverhältnisse nicht mehr mit hergebrachten Individualperspektiven auskommt«.[36] Stattdessen sollte das Recht Koordinationsformen der globalen Regimes mit der eigenen Begrifflichkeit nachkonstruieren, aber auch eigene Verfahren »erfinden«, die über die Vernetzung vielfältige Betroffenheiten sichtbar und hörbar machen. Gesucht sind also in letzter Instanz Rechtsformen einer Autonomie von eigenständigen Regimes, die zugleich auf andere Interessen und besonders auf Gemeinwohl reflektieren und die gleichzeitig Vernetzung durch Beteiligungsrechte effektuieren.[37] Eine solche noch auszuarbeitende normative Netzwerktheorie globaler Rechts-

33 Stichweh (2001), 22; vgl. auch Perrow (1992), 445 ff. Skeptisch demgegenüber: Harrison und Bennett (1994), 219 ff.: Netzwerke (»lean and mean«) sind Formen der wirtschaftlichen Konzentration ohne Zentralisation.

34 Tacke (2000), 1 ff.; in rechtssoziologischer Perspektive: Amstutz (2003a), 164 ff.

35 Ladeur (2000a), 204 ff.

36 Zumbansen (2000), 269.

37 Wiethölter (1988), 1 ff., 21 ff.

regimes kann zugleich an erste tastende Versuche in Rechtspraxis und Dogmatik anknüpfen, die in ähnliche Richtungen gehen, von denen einige im Folgenden diskutiert werden sollen.

9. Internationale Konflikte versus Interregimekonflikte

Typischerweise stellen sich also zwei Fragen. Erstens, wie ist zu reagieren, wenn Hierarchiebedingungen – kollektiv verbindliche Entscheidungen, zentralisierte Zuständigkeiten und hierarchisch übergeordnete Sachgesichtspunkte – fehlen? Die Reaktion heißt abstrakt: wechselseitige Beobachtung der Knoten im Netzwerk.[1] Die verbindliche Letztentscheidung wird ersetzt durch die Vielheit von Beobachtungspositionen in der Gesellschaft, die sich wechselseitig rekonstruieren, aneinander anschließen, beeinflussen, beschränken, kontrollieren, zu Neuerungen provozieren, aber eben nicht gemeinsam kollektive Entscheidungen über substantielle Normen fällen. Die Selbstlegitimation eines solchen Beobachtungsnetzwerkes geschieht »durch eine Praxis der Erprobung, die weder den Individuen noch dem Staat zugänglich« ist.[2] Dann wird Transparenz und wechselseitige Zugänglichkeit oberstes Gebot; Partizipation und Deliberation erhalten einen neuen Stellenwert. Die zweite Frage ist, wie über Regelungsgegenstände mit genuin transnationalem Charakter – etwa Copyright, Cyberlaw, Menschenrechte, Umweltrecht – zu entscheiden ist. Die Reaktion darauf heißt abstrakt, sich von der möglichst authentischen Rekonstruktion nationalrechtlich gesetzter Normen zu lösen. Das territoriale Ordnungsmuster ist in diesen Sachgebieten durch die Differenzierung nach sektoriellen Regimes zu ersetzen. Beide Reaktionen seien am Beispiel des Copyright-Rechts skizziert.

Erstes Beispiel: Transnationales Copyright

Die Kollisionsentscheidungen im internationalen Copyright-Recht folgen traditionell dem Prinzip der Territorialität. Seinen maßgeblichen Ausdruck findet dieses Prinzip in der Berner Konvention von 1886.[3] Den Folgen der Cyberrevolution, medientechnischer Innova-

1 Ladeur (1992), 80 ff.

2 Ladeur (2000a), 82.

3 Berner Übereinkommen zum Schutz von Werken der Literatur und Kunst vom 9. September 1886, 1161 United Nations Treaty Series (U.N.T.S.).

tion und Transnationalisierung von Wissenschaft und Kunst ist aber das Berner Regelsystem nicht gewachsen. Die Berner Konvention von 1886 hat – auch wenn es seinerzeit durchaus Versuche gab – kein einheitliches Copyright-Recht geschaffen, sondern sich auf die wechselseitige Anerkennung unterschiedlicher Territorialsysteme konzentriert. Die zentrale Norm ist Artikel 5, Absatz 1 der Berner Konvention: »Die Urheber genießen für die Werke, für die sie durch diese Übereinkunft geschützt sind, in allen Verbandsländern mit Ausnahme des Ursprungslandes des Werkes die Rechte, die die einschlägigen Gesetze den inländischen Urhebern gegenwärtig gewähren oder in Zukunft gewähren werden, sowie die in dieser Übereinkunft besonders gewährten Rechte.«

Zwar haben die Staaten durch die Gründung der *World Intellectual Property Organization* (WIPO), die lange nahezu alle multinationalen Vereinbarungen über intellektuelles Eigentum administriert hat, durch den Abschluss des *Agreement on Trade-Related Aspects of Intellectual Property Rights* (TRIPS) im Zuge der Uruguay Runde des *Allgemeinen Zoll- und Handelsabkommens* (GATT) im April 1994, durch Kooperationsversuche der durch die Marakesch Vereinbarung errichteten *World Trade Organisation* (WTO) und der WIPO, durch die Copyright-Konvention, die im Rahmen des Europarats erarbeitet worden ist, durch die »WIPO Internet Treaties«, durch EU-Maßnahmen und damit in Verbindung stehende Rechtssetzungsakte versucht, den internationalen Rechtssetzungsprozess der dynamischen Entwicklung des sozialen Feldes anzupassen.[4] Dennoch gibt es auch heute trotz dieser Koordinierungsbe-

4 Siehe: Agreement on Trade-Related Aspects of Intellectual Property Rights vom 15.4.1994, seit 1. Januar 1995 in Kraft; siehe ferner: Marrakesh Agreement Establishing the World Trade Organisation, Annex 1C, Legal Instruments-Results of the Uruguay Round, I.L.M. 33 (1994), 81 ff.; European Convention relating to Questions on Copyright Law and Neighbouring Rights in the Framework of Transfrontier Broadcasting by Satellite vom 11.5.1994, European Treaty Series (E.T.S.) Nr. 153; Agreement Between World Intellectual Property Organization and World Trade Organisation, 22.12.1995, abgedruckt in: I.L.M. 35 (1996), 754 ff.; WIPO Copyright Treaty, WCT, 20.12.1996, CRNR/DC/94; WIPO Performances and Phonograms Treaty, WPPT, 20.12.1996, CRNR/DC/95.; zum Sekundärrecht der EU: Richtlinie 40/94, 20.12.1993, Abl. 1994 L 11, 1 ff.; Verordnungsentwurf COM(93)342; Verordnung 93/83/EEC, 27.9.1993, Abl. 1993 L 248, 15 ff.; Verordnung 91/250/EEC, 14.5.1991, Abl. 1991 L 122, 42 ff.; Details bei: Dinwoodie (2001), 733 ff., 748 ff.

mühungen immer noch kein einheitliches internationales Copyright-Recht. Maßgeblich sind weiterhin territorial gebundene und national divergierende Copyright-Garantien. Die völkerrechtlichen Vereinbarungen mediatisieren lediglich unterschiedliche Schutzstandards und schaffen reziproke nationalstaatliche Ansprüche auf die Implementierung minimaler Schutzniveaus. Eine Vernetzung kollidierender Regimes würde nun, wie von Dinwoodie und Berman vorgezeichnet, verlangen: »Die Fassade territorialer Urheberrechtsregeln, die auf Territorialität beruhen, muss abgestreift werden und ein neuer Ansatz ist zu schaffen. Kleinere Ungewissheiten sind unvermeidbare, aber lohnenswerte, kurzfristige Kosten.«[5]

Wie könnte dieser neue Ansatz aussehen? Im Kern geht es darum, den zu berücksichtigenden Normenbestand nicht in den nationalen Teilrechtsordnungen erschöpft zu sehen, sondern mögliche Spillover-Effekte auf andere Territorialrechtsordnungen zu reflektieren und die Gefahr des »race to the bottom« dadurch abzuwenden, dass über die nationalen Rechtsnormen hinaus auch transnationale Rechtsbildungsmechanismen Berücksichtigung finden. In der Sache bedeutete dies, traditionelles internationales Verfahrensrecht und internationales Kollisionsrecht von Konflikten zwischen nationalen Rechtsordnungen auf Konflikte zwischen sektoriellen Regimes untereinander und mit nationalen Rechtsordnungen umzudenken. Eine solche Umstellung von Territorialität auf »funktionale Regimezugehörigkeit« bedeutet dann, dass, wie Dinwoodie und Berman vorschlagen, die gerichtliche Zuständigkeitsverteilung und die normativen Sachentscheidungsvorgaben nicht den jeweiligen territorialen Rechtsordnungen zu entnehmen wären.[6] Die Frage der Jurisdiktion wäre nicht anhand einer mechanischen Subsumtion unter die Normen des jeweils zufällig adressierten Forumsstaates zu beantworten, sondern abhängig von den Eigenheiten des jeweiligen Funktionalregimes. Die Rechtswegeröffnung beruhte dann nicht darauf, ob ein rechtlicher Bezug zu einem nationalen Recht eines beliebigen Forumsstaates hergestellt werden kann, sondern darauf, ob das jeweilig zu adressierende Forum als Teil einer sektorialen Rechtsordnung zu verstehen ist. Die »mechanische Zurechnung von Ver-

5 Dinwoodie (2000), 469 ff., 573; Berman (2002), 311 ff.
6 Dinwoodie (2000), 469 ff.; Berman (2002), 311 ff.

trägen zu geografischen Souveränitätsentitäten«[7] wäre aufzugeben und durch Anknüpfungsnormen für Regime-Jurisdiktionen zu ersetzen.

Aus der Perspektive der institutionellen Ökonomik hat Trachtman ähnliche Gedanken entwickelt, wie die Jurisdiktionsfrage unter funktionalen Regimes zu lösen wäre. Er plädiert dafür, bei der Begründung von Jurisdiktion das Kriterium der Territorialität durch das Kriterium der »primary coverage« zu ersetzen. Unter »primary coverage« versteht er, die Zuordnung von Jurisdiktionskreisen nach funktionalen Gesichtspunkten, letztlich also danach, mit welchem gesellschaftlichen Sektor einzelne Regimes strukturell verbunden sind.[8] In der Tat würde eine solche Lösung der Regime-Kollisionen durch eine »funktionale Kompetenz« eine fruchtbare Ergänzung des Territorialitätsprinzips darstellen. Sie setzt aber die Bereitschaft voraus, dass Regimes mit Erstzuständigkeit die Kollision nicht mit der Zuständigkeitsverweisung als erledigt ansehen, sondern im Gegenteil die Kollisionsproblematik in ihre eigene Entscheidungsfindung internalisieren.

Ebenso wichtig ist es, diese Logik der funktionalen Anknüpfung auch auf die jeweiligen Kollisionsnormen anzuwenden. Die Probleme, die aus der reziproken Rekonstruktion nationaler Rechtskreise durch Gerichte bei transnationalen Rechtsfragen resultieren, sind durch ein Kollisionsrecht zu überwinden, das nicht auf ein anzuwendendes territoriales Recht abstellt, sondern fragt, zu welchem Regime die vorgelegte Rechtsfrage gehört, indem es die Kollisionskonstellationen dieses Regimes mit anderen Regimes untersucht und sich sodann der Pluralität nationaler, internationaler und transnationaler Rechtsbildungsmechanismen stellt.

Damit würden neuartige Kollisionsnormen geschaffen, die ihre Entscheidung über das anzuwendende Recht nicht mehr zwischen Nationen, sondern zwischen Regimes treffen. Als Kollisionsnormen bleiben sie aber weiterhin der klassischen Methode des Kollisionsrechts verpflichtet, zwischen unterschiedlichen Rechtsordnungen zu entscheiden und die Rechtsfragen einer der beteiligten Rechtsordnungen zuzuweisen. Ähnlich wie bei der Jurisdiktionsfrage wäre auch die Rechtsanwendungsfrage, die den »Sitz« eines Rechtsver-

7 Berman (2002), 496.

8 Trachtman (2002), 90 f.; zur Transformation des Kollisionsrechts siehe auch: Michaels (2005).

hältnisses in einem der beteiligten Territorien suchte, nun auf die »coverage« in einem funktionalen Rechtsregime umzudenken.

Dramatischer aber noch ist der weitere Schritt, von Kollisionsnormen auf Sachnormen umzustellen. Das Internationale Privatrecht kennt einen solchen »substantive law approach« nur in den seltenen Ausnahmefällen, in denen es wegen der Transnationalität des streitigen Sachverhaltes unmöglich ist, die Rechtsfrage der einen oder der anderen Rechtsordnung exklusiv zuzuweisen.[9] Im Falle der Inter-Regime-Kollisionen nun dreht sich dieses Regel-Ausnahme-Verhältnis um. Konflikte, die sich im Schwerpunkt einem Regime exklusiv zuordnen lassen, sind die eher seltene Ausnahme. Die Regel sind regimeübergreifende Konflikte, die sich in beiden Regimes relevant auswirken. Dann bleibt nur der Ausweg, dass das Recht der Interregime-Kollisionen nicht mehr mit echten Kollisionsnormen über die Anwendbarkeit eines der involvierten Regimerechts entscheidet, sondern selbst Sachnormen entwickelt.

Der so skizzierte transnationale Rechtsprozess hat damit vier Dimensionen, die ihn besonders auffällig von der herkömmlichen Arbeit am Rechtstext unterscheiden. Was Harold Koh allgemein für transnationales Recht sagt, gilt auch für das Kollisionsrecht. Das Konzept »bricht mit der Tradition: Es reißt zwei traditionelle Dichotomien ein, die das Studium internationalen Rechts historisch beherrscht haben: inländisch und international, öffentlich und privat. Zweitens ist es nicht-staatlich: Die Akteure in diesem Prozess sind nicht einfach, oder sogar vorrangig Nationalstaaten, sondern schließen nicht-staatliche Akteure mit ein. Drittens ist der transnationale Rechtsprozess dynamisch, nicht statisch. Transnationales Recht transformiert, mutiert und filtriert von oben nach unten und vice versa, von der öffentlichen zur privaten, von der inländischen zur internationalen Ebene und wieder zurück. Viertens und letztens ist es normativ. Durch diesen Prozess der Interaktion emergieren neue Regeln des Rechts, die interpretiert, internalisiert und durchgesetzt werden und so den Prozess wieder ganz von vorn beginnen lassen. So beinhaltet das Konzept nicht nur die beschreibende Verarbeitung eines Prozesses, sondern auch die Normativität des Prozesses.«[10] Dieses transnationale Prozessieren funktioniert ohne über-

9 Dazu Kegel und Schurig (2004), 357 ff.; Steindorff (1958), 37 ff.

10 Koh (1996), 181 ff.; siehe auch: Koh (1998), 623 ff., und Hanschmann (2006), 349 ff.

geordnete Instanz. Das führt zu der paradoxen Situation, dass die Rechtsinstanz des jeweiligen Regimes, die selbst »Partei« der Rechtskollision ist, für beide Regimes gemeinsame Sachnormen entwickeln muss. In der Art eines asymmetrischen Mischrechts werden mit Blick auf die eigene und die fremde Regimerechtsordnung, aber auch mit Blick auf dritte Rechtsordnungen, transnationale Sachnormen gebildet.[11] Ähnlich der Methodik im Völkergewohnheitsrecht sind unterschiedliche Rechtsbildungsmechanismen einzubeziehen.[12] Aber die völkerrechtliche Limitierung auf politisch gesetztes Recht und die damit verbundene Hierarchisierung zwischen nationaler und internationaler Ordnung wäre zu überwinden.[13] Das Ziel wäre, sich in einem »Rechtsesperanto der Regimes« zu orientieren, in dem territoriale, organisationale und internationale Rechtsakte um Aufmerksamkeit ringen. Die Herausforderung, im Einzelfall aus diesem kommunikativen Chaos transnationale Sachnormen zu entwickeln, wäre also von den beteiligten Gerichten, d. h. nationalen Gerichten und transnationalen Konfliktlösungsinstanzen, derart anzunehmen, dass sie die einschlägigen Rechtsnormen über ihren territorialen, organisationalen oder institutionellen Rechtskreis hinaus ermitteln und aus deren Kombination transnationale Rechtsnormen in Eigenverantwortung entwerfen.

11 Ganz ähnlich der Ansatz von Joerges im Europarecht. Hier kollidieren nicht einfach autonome nationale Rechtsordnungen, auch nicht Hierarchie-Ebenen wie in föderalen Ordnungen, sondern semi-autonome Ebenen der multi-level-governance. Der Ausweg liegt in der Entwicklung von Sachnormen auf einer Ebene mit jeweiliger Rücksichtnahme auf die andere (Joerges [2003], 183 ff.).

12 Siehe schon Rousseau (1932), 133 ff., 151, der von unterschiedlichen Rechtsnormen »d'égale valeur juridique« spricht, damit aber das traditionell nicht-hierarchische Völkerrecht vor Abschluss der Wiener Konvention über das Recht der Verträge (WVK) charakterisierte.

13 Das unterscheidet diesen Entwurf somit auch vom »transnational law« Philip Jessups, der einen völkerrechtlichen Primat konzipiert hatte, siehe Jessup (1950), 21 ff.

10. Policy-Konflikte versus Rationalitätenkollisionen

Die dabei auftretenden Kollisionslagen liegen quer zu den herkömmlichen Repräsentationsmustern kollektiv verbindlicher Entscheidungen. Sie folgen nicht den Linien der politischen Segmentierung der Weltgesellschaft. Deshalb ist es unzureichend, hier dem im Kollisionsrecht entwickelten »governmental interest approach« zu folgen, der die Formalismen bloßer Rechtsnormenkonflikte dadurch erfolgreich überwunden hat, dass er die Policy-Konflikte der beteiligten Staaten einer rechtlichen Interessenabwägung unterzieht.[1] Denn die kollidierenden Regimes sind, wie oben gesagt, nur zum Teil in völkerrechtlichen Verträgen konstituierte politisch-regulatorische Regimes, die explizite Policies verfolgen. Zu einem anderen Teil sind sie autonome gesellschaftliche Regimes, die unterschiedlichen gesellschaftlichen Sektoren entstammen. Die rechtlichen Konfliktsituationen zwischen ICANN und Nationalgerichten, zwischen ICTY und IGH, zwischen WTO und WHO, IGH und Seegerichtshof, vor denen IGH-Präsidenten und Völkerrechtsexperten warnen, sind durchaus anders geartet als die Konflikte zwischen nationalstaatlichen Rechtsordnungen. Dann aber kann sich das zu entwickelnde Kollisionsrecht nicht darauf reduzieren, dass in Kollisionslagen unterschiedliche Policies rekonstruiert und aufeinander abgestimmt werden.[2] Stattdessen muss sich das Recht auf die zugrunde liegenden gesellschaftlichen Rationalitätenkonflikte einstellen.

Das bedeutet zunächst, dass kollidierende Einheiten nicht einfach Normen oder Policies der beteiligten Regimes sind, also der politisch-regulatorischen oder zivilgesellschaftlichen internationalen Organisationen oder der beteiligten Staaten, sondern dass die Inkommensurabilität auf den Widerspruch fundamentaler Organisationsprinzipien sozialer Systeme zurückgeht. Das globale Kollisionsrecht hat es mit der Kompatibilisierung weltgesellschaftlicher Systemkollisionen zu tun, deren spezifisch rechtliche Dimension daher rührt, dass die Funktionssysteme ihrerseits jeweils strukturell ans Recht gekoppelt sind. Das bedeutet, dass das jeweilige spezielle trans-

1 Dazu Brilmayer (1995), 9 ff.; Joerges (1971), 38 ff.

2 So aber Martinez (2003), 472 ff.

nationale Sachrecht an normative Erwartungen anknüpft, die im Bereich der Wissenschaft, Kunst, Technik, Wirtschaft, Erziehung, Religion der Weltgesellschaft generiert und in spezifischen Rechtsordnungen juridifiziert werden. Die Herausbildung des transnationalen Rechts als Recht eines spezifischen Funktionalregimes ist demnach gerade keine nationalstaatliche Unternehmung, wenn auch die transnationale Rechtsbildung massiven politischen Einflüssen ausgesetzt ist. Regimeerwartungen sind nur für Teilsegmente der Weltgesellschaft verbindlich, und die Substituierung territorialer Differenzierung durch funktionale Regimezugehörigkeit hängt davon ab, dass die jeweils entscheidenden Foren ein ausreichendes Verständnis für die Logik der Funktionalregimes entwickeln.

Im Beispiel des transnationalen Copyright-Rechts müsste die rechtliche Reformulierung der potentiellen Kollisionslagen zwischen WIPO, WTO, EU und nationalstaatlichen Rechten insofern umdirigiert werden. Man sollte nicht mehr versuchen, diese per se heterarchischen Politikmuster zu rehierarchisieren, sondern stattdessen auf die zugrunde liegenden Rationalitätenkollisionen eingehen. Im Ergebnis geht es darum, im Konfliktfall die Rationalitäten von Wissenschaft, Technologie, Kunst und Wirtschaft zu kompatibilisieren und sich nicht lediglich auf Policies von Organisationen und Staaten einzulassen. Diese Kompatibilisierung soll im Folgenden am Beispiel der Frage des Patentschutzes auf Medikamente expliziert werden:

Zweites Beispiel: Patentschutz auf Medikamente

Die internationale Antwort auf das HIV/AIDS-Problem war »schockierend langsam und bleibt beschämend unterfinanziert«.[3] Erst sechs Jahre nachdem die ersten Fälle von HIV identifiziert waren und bereits mehrere Millionen Menschen weltweit sich mit dem Virus infiziert hatten, wurde 1987 von der WHO das erste Handlungsprogramm internationalen Zuschnitts aufgelegt.[4] Im Jahr 2004 gibt es weltweit etwa 40 Millionen AIDS-Erkrankte.[5] Im Jahr

3 High-level panel on threats, challenges and change (2004), Ziff. 44; abrufbar unter ⟨www.un.org/secureworld⟩.

4 Heymann (2003), 192 ff.; WHO (2003), 46.

5 WHO (2004).

2003, als der *Global Fund to Fight AIDS, Tuberculosis and Malaria* eingerichtet worden war, waren darunter allein elf Millionen erkrankte Kinder aus Afrika. Die Zahl der an der Immunschwächekrankheit Verstorbenen übersteigt die Zahl der Opfer aller Bürgerkriege der 90er Jahre.[6]

Wie schwierig das auch in der Milleniums-Deklaration der UN-Generalversammlung zum Ausdruck gebrachte Ziel der Halbierung der Zahl der AIDS-Erkrankten und der medikamentösen Linderung des Leids der Infizierten zu erreichen sein wird,[7] zeigt eine Auseinandersetzung, die vordergründig die Staaten Brasilien und USA betrifft: 2001 beantragten die USA, ein WTO-Panel einzurichten, um die Patentrechtslage in Brasilien zu überprüfen. Brasilien hatte zwar auf Druck der USA 1997 sein Patentrecht insbesondere im Hinblick auf pharmazeutische Produkte und Prozesse angepasst,[8] dabei jedoch mögliche Zwangslizenzen unter anderem für den Fall vorgesehen, dass der Rechtsinhaber keine lokale Produktion in Brasilien betreibt. So erlauben Artikel 68 ff. des brasilianischen Patentgesetzes[9] die eigene Produktion von Nachahmemedikamenten (so genannte Generika),[10] beschränken dies aber unter anderem auf den Fall, dass die Gesundheit der Bevölkerung von einer Epidemie bedroht und der Preis der Medikamente auf dem Weltmarkt zu hoch ist. Das Gesetz spricht von »ökonomischem Missbrauch« (»praticar abuso de poder econômico«) der Pharmakonzerne. Die Artikel 68 ff. des brasilianischen Patentgesetzes gestatten ferner die Eigenproduktion von patentierten Medikamenten, wenn das Mittel länger als drei Jahre in Brasilien verkauft wird, ohne dass die ausländische Fir-

6 High-level panel on threats (2004), Ziff. 48.

7 UN Dok. A/55/L.2, Ziff. 19; siehe auch den letzten Fortschrittsbericht des UN-Generalsekretärs zur Milleniums-Deklaration: UN Dok. A/59/282, 27.8.2004, Ziff. 60: »The pandemic continues unabated in the majority of countries of sub-Saharan Africa, is reaching epidemic proportions in eastern Europe and is starting to spread rapidly in the general population in Southern Asia. Successful interventions and prevention programmes continue to fall far short, and the sheer scale of the problem is having a devastating ›knock-on‹ impact on broader health, poverty, education and hunger indicators and on the very capacity to govern.«

8 Braune und Menezes (1999), 46 ff.

9 Regula direitos e obrigações relativos à propriedade industrial, Gesetz Nr. 9.279 vom 14.5.1996, in Kraft seit Mai 1997, Diário Oficial da União (DOU) 15.5.1996.

10 Zur brasilianischen Regelung der Herstellung von Generica nach Ablauf des Patentschutzes: Lei 9.787/99, Diário Oficial da União (DOU) 11.2.1999.

ma lokale Produktionsstätten errichtet. Seit 1981 sind in Brasilien 150.000 Menschen an AIDS gestorben, die Zahl der Neuinfektionen lag bis 1997 bei über 20.000, konnte indes durch Präventionsmaßnahmen auf unter 5.000 jährlich gesenkt werden. Zur Versorgung der etwa 100.000 Aids-Kranken musste die brasilianische Regierung jährlich etwa 300 Millionen US-Dollar aufwenden, obwohl acht der zwölf Bestandteile des »AIDS-Cocktails« in Brasilien selbst hergestellt wurden.[11] Die von dem US-Konzern Merck bzw. dem Schweizer Pharmakonzern Roche patentierten Bestandteile Efavirenz und Nelfinavir verschlangen über ein Drittel dieser Summe. Da beide Unternehmen über keine brasilianischen Produktionsstätten verfügten, kündigte der brasilianische Gesundheitsminister die Eigenproduktion generischer Kopien an. Die US-Regierung sieht in den Artikeln 68 ff. des brasilianischen Patentrechts eine Diskriminierung US-amerikanischer Patentinhaber und verlangte darum im Mai 2000 bilaterale Konsultationen.[12] Nachdem diese nach Auffassung der USA gescheitert waren, beantragten die USA am 9. Januar 2001 die Einrichtung eines Panels.[13]

Es gibt drei mögliche Lesarten dieses Konflikts. Eine erste wäre, ihn als Konflikt der *brasilianischen Regierung mit den Patentrechtsinhabern* (die hier insofern klassisch völkerrechtlich durch die USA mediatisiert werden) zu deuten.[14] Als Inhaber subjektiver Rechte versuchten sie, ihre eigentumsrechtliche Position gegen Angriffe Brasiliens zu verteidigen. Es wäre dann eine Fallkonstellation, die zufällig gerichtlichen Auseinandersetzungen in Südafrika ähnelte, wo 39 Pharmaunternehmen, mediatisiert durch die *Pharmaceutical Manufacturers' Association of South Africa* (PMASA), die nationalen Gerichte angerufen haben[15] und wo im Oktober 2003 die nationale Wettbewerbskommission im Verfahren »Hazel Tau and Others v.

11 Siehe zur jüngsten Entwicklung: Após negociações »duras« com laboratórios. Ministério vai economizar R$ 229 milhões, O Estado de São Paulo (16.01.2004).

12 I.S.v. Art. 4 DSU und Art. 64 TRIPS (Art. XXII des General Agreement on Tariffs and Trade 1994 inkorporierend) WT/DS199/1.

13 WT/DS199/3. Diesem Antrag kam der DSB auf seinem Treffen am 1. Februar nach Anhörung Brasiliens und der USA nach und beschloss die Einrichtung eines Panels nach Art. 6 DSU. Vgl. DSB, Minutes of the Meeting, WT/DSB/M/97.

14 So auch der Vorschlag von Ernst-Ulrich Petersmann, der fordert die Interessen der Akteure in den Regime-Kollisionen zu identifizieren: Petersmann (2004a), 34.

15 Bass (2002), 191 ff., 192.

GlaxoSmithKline and Boehringer Ingelheim« eine Entscheidung über die subjektiven Rechte der Beschwerdeführer auf Zugang zu HIV-Medikamenten gegen das Unternehmen GlaxoSmithKline als südafrikanischer Vertreiber des Medikaments Azidovudine[16] und Boehringer Ingelheim als Vertreiber des Medikaments Nevirapine zu treffen hatte. Die Beschwerdeführer hatten ihre Rechtsposition unter anderem damit begründet, dass die Unternehmen gegen die sich das Verfahren richtete, hinsichtlich der *Antiretrovirale* (ARV) zum Schaden der Verbraucher überhöhte Preise verlangt hätten und so gegen Artikel 8(a) des *Competition Act 89* von 1998 verstoßen hätten: »Die überhöhten Preise von ARVs sind unmittelbar für vorzeitige, voraussehbare und vermeidbare Tode von Personen, die an HIV/AIDS erkrankt sind, verantwortlich; das betrifft sowohl Kinder als auch Erwachsene.«[17] Auch wenn man den Unternehmen eine Amortisation von Entwicklungskosten zuzugestehen habe, folgte die südafrikanische Wettbewerbskommission den Beschwerdeführern im Grundsatz und konstatierte, dass die Firmen sich widerrechtlich geweigert haben, Lizenzen für ihre Patente an Hersteller von Generika gegen eine vernünftige Gebühr zu vergeben: »Wir glauben, dass dies realisierbar ist und dass die Konsumenten von billigeren generischen Versionen der betroffenen Medikamente profitieren werden.«[18]

Ähnlich wie der südafrikanische Fall als eine Frage des südafrikanischen Rechts beantwortet worden war, ginge es also in dieser Lesart im Fall Brasilien v. USA darum, Inhalt und Grenzen des Rechtssystems, in dem die Fallkonstellation anhängig gemacht wurde, zu bestimmen; mit anderen Worten, die zufälligen Strukturanalogien in diesem Kampf um das Recht auf Zugang zu Medikamenten spie-

16 Dieses Medikament ist das erste Antiretroviral, das für die Behandlung von HIV-Infektionen registriert wurde (Krim und Ward [1999], 381 ff.).

17 South Africa Competition Commission, Hazel Tau et al. v. GlaxoSmithKline, Boehringer Ingelheim et al., Competition Commission, Statement of Complaint in Terms of Section 49B(2)(b) of the Competition Act 89 of 1998, Ziff. 17.

18 South Africa Competition Commission, Presseerklärung 33, 16. Oktober 2003, ⟨www.compcom.co.za⟩; zu diesem Fall: Law and Treatment Access Unit of the AIDS Law Project und Treatment Action Campaign (Juli 2003) *The Price of Life*, abrufbar unter: ⟨http://www.alp.org.za/view.php?file=/resctr/pubs/20030813_PriceCover.xml⟩; Love (2003). *Expert Declaration. Center for the Study of Responsive Law*, abrufbar unter: ⟨http://www.cptech.org/ip/health/cl/cl-cases/rsa-tac/love02032003.doc⟩; siehe auch: Hestermeyer (2004a), 103 ff.; Yamin (2003), 101 ff.

len in dieser Sichtweise nur eine untergeordnete Rolle, da es jeweils um rechtstechnisch zu lösende Fragen der konkreten Rechtstexte gehe; in der Fallkonstellation Brasilien v. USA also darum, Inhalt und Grenzen des internationalen Patentschutzes im WTO-System zu bestimmen. Dabei stößt man rasch auf Artikel 30 des TRIPS-Abkommens, der den Mitgliedstaaten erlaubt, Ausnahmen zu den exklusiven Patentrechten einzuführen, wenn solche Ausnahmen nicht unverhältnismäßig mit der normalen Nutzung des Patents kollidieren. Und Artikel 31 des TRIPS-Abkommens gestattet den Mitgliedern die Nutzung des Patents ohne die nötige Autorisation durch den Rechtsinhaber unter anderem dann, wenn ein nationaler Notstand vorliegt und bestimmte Verfahrensvorschriften eingehalten werden.[19]

Die Frage wäre dann also, ob die Artikel 68 ff. des brasilianischen Patentrechts gegen das TRIPS-Abkommen verstoßen, obwohl in diesen Regelungen ausdrücklich von »ökonomischem Missbrauch« die Rede ist und der Konflikt aufbrach, als die brasilianische Regierung das nationale AIDS-Programm forcierte. Doch sind sich die Beteiligten in ihrer Kritik an der Porosität der Normen des TRIPS-Abkommens einig, zum einen da das TRIPS-Abkommen keine ausreichenden Schutzstandards für geistiges Eigentum implementiere und die wirtschaftlichen Interessen der Rechtsinhaber nur ungenügend reflektiere,[20] zum andern da es die wirtschaftlichen Interessen der Länder des Südens nicht hinreichend berücksichtige.[21] Die Pa-

19 Der einschlägige Buchstabe b des Artikels 31 des TRIPS-Abkommens gestattet eine Nutzung des Gegenstands eines Patents, »wenn vor der Benutzung derjenige, der die Benutzung plant, sich bemüht hat, die Zustimmung des Rechtsinhabers zu angemessenen geschäftsüblichen Bedingungen zu erhalten, und wenn diese Bemühungen innerhalb einer angemessenen Frist erfolglos geblieben sind. Auf dieses Erfordernis kann ein Mitglied verzichten, wenn ein nationaler Notstand oder sonstige Umstände von äußerster Dringlichkeit vorliegen oder wenn es sich um eine öffentliche, nicht gewerbliche Benutzung handelt. Bei Vorliegen eines nationalen Notstands oder sonstiger Umstände von äußerster Dringlichkeit ist der Rechtsinhaber gleichwohl so bald wie zumutbar und durchführbar zu verständigen. Wenn im Fall öffentlicher, nicht gewerblicher Benutzung die Regierung oder der Unternehmer, ohne eine Patentrecherche vorzunehmen, weiß oder nachweisbaren Grund hat zu wissen, dass ein gültiges Patent von der oder für die Regierung benutzt wird oder werden wird, ist der Rechtsinhaber umgehend zu unterrichten.« Zu den Details siehe Heinen (2004).

20 Lewis (1996), 835 ff., 841-42.

21 Bass (2002), 191 ff.

tentrechte teilen insofern jedenfalls das Schicksal der Copyright-Rechte: Der internationale Rechtsetzungsprozess für beide Rechtsfiguren ist »der Moderne und den sich wandelnden Normen einer innovativen Gemeinschaft fremd«.[22] Für welche Position sich das Panel im konkreten Fall entschieden hätte, ist hypothetisch, da die USA und Brasilien mit Notifikation vom 5. Juli 2001 den Vorsitzenden des *Dispute Settlement Body* (DSB) gem. Artikel 3.6 des *Dispute Settlement Understanding* (DSU) davon unterrichtet haben, dass sie eine wechselseitig befriedigende Lösung des Problems gefunden haben.[23] Was war passiert?

Hier kommt man zu der zweiten möglichen Lesart des Konflikts: Der Streit zwischen Brasilien und den USA ist ein *Streit zwischen WTO und WHO*, ein institutioneller Konflikt zwischen den Policies zweier internationaler Organisationen,[24] der Welthandelsorganisation auf der einen und der zur UN-Familie gehörenden Weltgesundheitsorganisation[25] auf der anderen Seite. Das wäre keine ungewöhnliche Konstellation[26] und in der Alston-Petersmann-Kontroverse kann man sich über die jeweiligen Standpunkte informieren, die es entweder nur der UN (Alston) oder vornehmlich der WTO (Petersmann) zutrauen, eine adäquate Balance kollidierender Freiheitsrechte zu finden.[27] Ungewöhnlich war insofern nicht die Institutionenkollision als solche, sondern die Tatsache, dass die USA ihr mögliches Eintreten nicht antizipiert hatten: Einen ungünstigeren Zeitpunkt für ein Verfahren vor der WTO wegen

22 Romano (1998), 536 ff., 559.

23 WT/DS199/4.

24 Vgl. Fox (2001), 183 ff., 186; instruktiv zur nationalstaatlichen Instrumentalisierung von Regimes: Helfer (2004a), 1 ff.

25 Zu deren Kampf gegen AIDS: WHO (2005); mit der Aids-Bekämpfung wurde im Rahmen der UN-Institutionen indes vornehmlich die UNAIDS betraut, die als Netzwerkknoten einer ganzen Reihe von Unter- und Sonderorganisationen der UN fungiert.

26 Zu aktuellen, WHO und WTO gleichermaßen betreffenden Fällen: Fidler (2004a) und Fidler (2003), beide abrufbar unter: ⟨www.asil.org/insights⟩; siehe auch: Philippines, Notification of Emergency Measures, WTO Doc. G/SPS/N/PHL/ 50, 13. Januar 2004.

27 Petersmann (2002a), 621 ff.; Alston (2002), 815 ff.; Petersmann (2002b), 845 ff.; siehe auch: Petersmann (2004b), 605 ff.; ebenfalls unter Betonung der konstitutionellen Dimension der Prozesse: Fidler (2004), 247 ff.; Kritik hieran bei Helfer (2004c), 291 ff.

AIDS-Medikamentenpatentschutzes konnte es nicht geben. Denn wenige Monate später war die Sonderversammlung der Generalversammlung zu HIV/AIDS[28] angesetzt. Sonderversammlungen der Generalversammlung sind nicht alltäglich, widmen sich drängenden Fragen, werden über Jahre hinweg vorbereitet und beziehen zivilgesellschaftliche und staatliche Akteure gleichermaßen ein. Die zivilgesellschaftliche Aufmerksamkeitsmaschinerie lief sofort an und skandalisierte die den AIDS-Kranken durch die protektionistische US-amerikanische Wirtschaftspolitik verweigerte Behandlung.[29] Brasilien wusste diese Grundstimmung zu nutzen und erreichte auf der nächsten Sitzung der UN-Menschenrechtskommission die Annahme einer Resolution.[30] Die mit 53 gegen 52 Stimmen (gegen den Willen der USA also) angenommene Resolution 2001/33 fordert die Nationalstaaten unter anderem auf, »(1) den Zugang zu präventiven, heilenden oder lindernden Medikamenten oder medizinischen Technologien, die zur Behandlung von Epidemien wie HIV/AIDS oder den verbreitetsten Infektionen, die mit ihnen einhergehen, benutzt werden, in anderen Ländern, wo immer möglich, zu erleichtern, genauso wie die nötige Kooperation, wo immer möglich, auszudehnen, besonders im Fall des Notstandes; (2) zu sichern, dass ihre Maßnahmen als Mitglieder internationaler Organisationen die Rechte jedermanns, am höchsten erreichbaren Standard physischer und mentaler Gesundheit teilzuhaben, gebührend berücksichtigen«. Die Resolution zielte ersichtlich auf den schwelenden Konflikt um das brasilianische AIDS-Hilfeprogramm und war ein diplomatischer Stimmungsmesser dafür, dass der Druck auf die US-Regierung immer stärker wurde. Es verwundert nicht, dass die US-Regierung pünktlich zum ersten Sitzungstag der Sonderversammlung der Generalversammlung der UN das schriftliche Einverständnis mit Brasilien herbeiführte, um den Streit um den Patentschutz des AIDS-Cocktails beizulegen.[31]

28 UNGASS on HIV/AIDS, 25. bis 27.6.2001, ⟨http://www.un.org/ga/aids/coverage⟩; die Abschlusserklärung der UNGASS, Declaration of Commitment on HIV/AIDS (A/RES/S-26/2), ist abrufbar über die Internetseite des UN-Programms UNAIDS: ⟨www.unaids.org⟩; zu diesbzgl. Positionen europäischer und deutscher Politik siehe Guder (2004), 795 ff., 845 f.

29 Statt aller: ⟨http://www.globaltreatmentaccess.org; www.e-alliance.ch⟩; zu den Anfängen der Kampagne: Sell (2002), 481 ff., 498-509.

30 Res. 2001/33, E/CN.4/2001/80, 169 ff.

31 WT/DS199/4, hier auch die Dokumentation des Schreibens von Peter Allgeier,

Die dritte Lesart des Konflikts schließlich ist weder subjektivrechtlich noch institutionell, sondern sie versteht den *zugrunde liegenden Konflikt als Rationalitätenkonflikt.* Die politische Verhandlungslösung zwischen Brasilien und den USA, in der die Patentrechtsinhaber dazu gebracht wurden, den betroffenen Staaten bezahlbare Lizenzen anzubieten,[32] wurde im Rahmen der WTO komplementiert durch die so genannte Doha-Erklärung: »Wir betonen die Wichtigkeit, die wir der Implementierung und Interpretation des Abkommens über handelsbezogene Aspekte der Rechte des geistigen Eigentums (TRIPS-Abkommen) beimessen, in einer Weise, die die öffentliche Gesundheit unterstützt, indem sowohl der Zugang zu existierenden Medikamenten als auch die Forschung und die Entwicklung neuer Medikamente gefördert wird, und in diesem Zusammenhang eine separate Deklaration angenommen wird.«[33] Diese in der Doha-Erklärung angesprochene gesonderte Erklärung, d. h. die »Erklärung betreffend die Vereinbarung über handelsbezogene Aspekte der Rechte des geistigen Eigentums (TRIPS) und die öffentliche Gesundheit«,[34] konturiert das Problem in seiner Schärfe[35] und verweist auf einen Konflikt, der sehr viel tiefer liegt als ein bloßer Policy-Konflikt zwischen zwei internationalen Organisationen. Bei der Frage des Patentschutzes auf HIV-Medikamente kollidieren Fundamentalprinzipien zweier weltgesellschaftlicher Handlungsbereiche – Wirtschaft und Gesundheit. Alle Konfliktkonstellationen (Brasilien ./. USA; WTO ./. WHO; USA ./. UN; PMASA ./. Südafrika; Hazel Tau et al. ./. GlaxoSmithKline und Boehringer Ingelheim) sind darauf zurückzuführen. Vor den jeweiligen Foren des Rechts sind dabei die widersprüchlichen Anforderungen beider Regelungsbereiche (Patentschutz versus effektive Gesundheitsversorgung) aufeinander abzustimmen. In einer möglichen Panel-Entscheidung im Rahmen des DSB der WTO zur

Executive Office of the President, Deputy United States Trade Representative, 25.6.2001.

32 Zur Konnexität der brasilianischen und südafrikanischen Fälle: Bass (2002), 206 ff.

33 Ministerialkonferenz der WTO vom 14.11.2001, Ziff. 17. Vgl. WT/MIN(01)/DEC/1.

34 WT/MIN(01)/DEC/2; zur Umsetzung der Erklärung siehe: WT/GC/M/82; siehe auch: Shanker (2002), 721 ff.

35 Wenngleich die gefundenen Kompromisslösungen im Einzelnen durchaus kritikwürdig sind, siehe unten.

Frage des Patentschutzes auf Medikamente käme es demnach auf drei Dinge an:

1. Es geht nicht darum, nur eine kollisionsrechtliche Entscheidung zwischen unterschiedlichen territorialstaatlichen oder institutionellen Patentrechtslösungen zu treffen. Vielmehr ist das im ersten Fall skizzierte Argument nachzuvollziehen, dass Sachnormen eines globalen Patentrechtes quasi-richterrechtlich entwickelt werden.
2. Es genügt nicht, sich nur an den aktuellen Policies von internationalen Organisationen, etwa WTO und WHO zu orientieren, sondern die Konfliktlösungsinstanz muss letztlich auf die ihnen zugrunde liegenden Rationalitätenkonflikte rekurrieren und deren Kompatibilisierung versuchen.
3. Da es keine übergeordnete Instanz für den Konflikt gibt, kann er immer nur aus der Sicht einer der konfligierenden Regimes, hier der WTO, gelöst werden. Doch muss die konkurrierende Handlungslogik, hier die Prinzipien des Gesundheitssystems, als Limitierung in den wirtschaftsrechtlichen Kontext eingeführt werden.

Im Gegensatz zum vagen Wortlaut von Artikel 31 des TRIPS-Abkommens führte die, in ihrer Rechtsqualität nicht unumstrittene[36] Verhandlungslösung zu wesentlich präziseren Formulierungen. Die auf der Ministerkonferenz in Doha am 14. November 2001 einstimmig angenommene Erklärung hat neben der Gewährung nationaler Einschätzungsprärogativen für die Feststellung von Notlagen[37] und der Behandlung strittiger Auslegungsfragen etwa im Bereich von Parallelimporten den am wenigsten entwickelten Ländern eine Umsetzungsfrist für die einschlägigen Regelungen des TRIPS-Abkommens bis zum Jahr 2016 gesetzt.[38] Der für die Entwicklungsländer

36 Der Erklärung fehle der rechtliche Gehalt, meint z. B. Sykes (2002), 1ff.; die Rechtsqualität der Erklärung wird indes überwiegend anerkannt, so unter anderem bei: Charnovitz (2004), 207ff., 208; Abbott (2002), 469ff., 492; Hestermeyer (2004b), 194ff.; man wird die Erklärung nicht unmittelbar als authentische Interpretation im Sinne des Artikels IX.2 des WTO-Abkommens einstufen können, auch eine Entscheidung auf der Grundlage von Artikel IX.1 scheidet aus. Allerdings ist die rechtliche Maßgeblichkeit der Entscheidung aus Artikel 31, Absatz 3, Buchstabe a) der Wiener Vertragsrechtskonvention (WVK) herleitbar (i.d.S. siehe auch: Correa [2002], WHO, EDM Series 12/2002, WHO/EDM/PAR/2002.3, 44f.).

37 Siehe Abs. 5 (c) der Doha-Erklärung zum TRIPS-Abkommen.

38 Siehe die Ausführung dieser Entscheidung durch den TRIPS-Rat, Extension of

im Hinblick auf den Zugang zu Medikamenten bedeutendste Teil der Doha-Erklärung zum TRIPS-Abkommen ist ihr Absatz 6.[39] Der Ministerrat identifiziert darin als Problem, dass WTO-Mitglieder mit ungenügenden oder gar ohne Produktionskapazitäten für Medikamente von der Möglichkeit der Zwangslizenzierung keinen effektiven Gebrauch machen können. Diese Einschränkung der Nutzungsmöglichkeit rechtlicher Optionen ist Folge des vorstehend als unzureichend kritisierten territorialstaatlichen Differenzierungsmusters der TRIPS-Vereinbarung: Sowohl Patentrechte als auch Zwangslizenzen wirken wegen des Territorialitätsprinzips im Bereich des geistigen Eigentums zunächst einmal nur in dem Land, in dem sie erteilt wurden. WIPO und WTO, hier insbesondere das TRIPS-Abkommen, sind dann diejenigen Mechanismen, mit denen versucht wird, die in einem nationalen Mitgliedstaat geschützten Rechte durch staatliche Koordinationsbemühungen auch in den übrigen Mitgliedstaaten zu schützen. Für das Recht der Zwangslizenzierung stellt sich hierbei das Problem, dass Länder ohne Produktionskapazitäten etwaige Zwangslizenzen lokal nicht nutzen können. Sie sind darum auf Importe angewiesen, die zunächst aber nur so lange kostengünstig möglich sind, wie das Medikament im exportierenden Nationalstaat keinen patentrechtlichen Schutz genießt. Sobald dies der Fall ist, kann der Patentrechtsinhaber die Produktion von ausschließlich zum Export bestimmten Generika verhindern, denn die Ausstellung einer fremdstaatlichen Zwangslizenz ist in dem Staat, dessen Rechtsordnung das etwaige Medikament patentrechtlich schützt, zunächst einmal unbeachtlich.[40] Kurz: Die Patentierung von Medikamenten in einem Staat verhindert die Möglichkeit, dass Entwicklungsländer, die über keine eigenen Produktionsstätten verfügen, von der Möglichkeit der Zwangslizenzierung Gebrauch machen können. Die Zwangslizenzierung ist wegen

the Transition Period under Article 66.1 of the TRIPS Agreement for Least-Developed Country Members for Certain Obligations with Respect to Pharmaceutical Products, IP/C/25 vom 1. Juli 2002; siehe auch die Annahme des Entwurfs durch den Allgemeinen Rat der WTO: Allgemeiner Rat, WT/GC/M/75 vom 27. September 2002; Allgemeiner Rat, Least-Developed Country Members – Obligations Under Article 70.9 of the TRIPS Agreement with Respect to Pharmaceutical Products, Entscheidung vom 8. Juli 2002, WT/L/478.

39 Siehe hierzu auch: Weltkommission für die soziale Dimension der Globalisierung (2004), 93 f.

40 Details bei García-Castrillón Otero (2002), 212 ff., 217.

des Territorialitätsprinzips nicht unmittelbar im Land der Produktion des Medikaments wirksam, und die Produktion von Generika kann trotz der Ausstellung einer Zwangslizenz durch ein Entwicklungsland vom Inhaber der Rechte verhindert werden, wenn sich im jeweils die Zwangslizenz ausstellenden Staat kein Hersteller für die Generika finden lässt. Auch ist es rechtlich problematisch, wenn das Produktionsland eine Zwangslizenz erteilt und damit den Export der Medikamente beabsichtigt. Denn Artikel 31, Buchstabe f des TRIPS-Abkommens erlaubt die Nutzung der Lizenz nur, wenn dies »vorherrschend für die Ausstattung des inländischen Markts des Mitglieds, das solch eine Nutzung autorisiert«, erfolgt. Der Ministerrat hat in seiner Erklärung von Doha zum TRIPS-Abkommen in Absatz 6 die Problematik dahingehend zusammengefasst, »dass WTO Mitglieder mit ungenügenden oder keinen Firmenkapazitäten auf dem pharmazeutischen Sektor Schwierigkeiten gegenüberstehen könnten, einen effektiven Nutzen aus einer zwingend erforderlichen Lizenzierung unter dem TRIPS-Abkommen zu ziehen. Wir weisen den Rat an, eine schnelle Lösung für dieses Problem zu finden und wir werden dem Allgemeinen Rat bis Ende 2002 Bericht erstatten.«

Tatsächlich wurde innerhalb dieser in Doha gesetzten Frist ein Kompromiss zur Lösung dieser Problematik gefunden, der nach dem damaligen Vorsitzenden des Rats für handelsbezogene Aspekte geistigen Eigentums (TRIPS-Rat) »Motta-Text« genannt wird.[41] In die Verhandlungen hatte sich insbesondere auch die WHO eingeschaltet, die vor dem TRIPS-Rat ein Gesamtkonzept gefordert hatte, das unter anderem einen dauerhaften rechtlichen Rahmen, Transparenz und Vorhersehbarkeit der anzuwendenden Regeln in den exportierenden und importierenden Ländern und Chancengleichheit für Länder, in denen Medikamente benötigt werden, beinhalten sollte.[42] Bereits der Motta-Text war im Hinblick auf die auch in der Erklärung der WHO zum Ausdruck kommende Forderung, den am wenigsten entwickelten Ländern und den sonstigen Entwicklungsländern ohne eigene Produktionsmöglichkeiten einen breiten Zugang zu Generika zu ermöglichen, verbesserungswürdig,

41 Siehe den Entwurf unter: IP/C/W/405 28. August 2003 (03-4498).

42 Statement by the representative of the World Health Organisation, WTO Council for TRIPS, 17. September 2002, unter Hinweis auf den WTO-Report WHO/EDM/PAR/2002.3.

und der Entwurf wurde darum von zahlreichen NGOs heftig kritisiert.[43] Dennoch scheiterte der Motta-Entwurf nicht am Widerstand der Entwicklungsländer. Insbesondere Brasilien war mit dem Kompromiss durchaus zufrieden, zumal das Land nicht zu denjenigen Entwicklungsländern gehört, die über keine Produktionsmöglichkeiten für Generika verfügen. Verzögert wurde die Verabschiedung des Motta-Textes aber durch den Widerstand der USA, die den Text letztlich ablehnten, was wiederum zu weiteren Verhandlungen in einem exklusiven Kreis von Mitgliedstaaten und letztlich zur »Erklärung des Vorsitzenden« des TRIPS-Rats führte, die gemeinsam mit dem Motta-Text am 30. August 2003 in den Allgemeinen Rat eingebracht und angenommen wurde.[44] Auch wenn die Verknüpfung der Entscheidung des Allgemeinen Rats über die »Implementierung von Absatz 6 der Erklärung von Doha zum TRIPS-Abkommen und öffentlicher Gesundheit«[45] mit der »Erklärung des Vorsitzenden«,[46] Anlass zur Debatte über die Rechtsnatur dieser Erklärung gegeben hat, wird man sagen müssen, dass die Rechtsverbindlichkeit dieser Verknüpfung zumindest daraus folgt, dass die mit ihr verbundene und in den Protokollen der Sitzung dokumentierte Anweisung, die Entscheidung des Allgemeinen Rats »im Lichte der Erklärung des Vorsitzenden« zu lesen, unwidersprochen geblieben ist.[47] Dennoch ist auffällig, wie ungenügend das WTO-System prozedural darauf vorbereitet ist, adäquat und verfahrensrechtlich stabilisiert auf die gesellschaftlichen Konflikte zu reagieren. Bereits die Rechtsnatur der Doha-Erklärung selbst war zweifelhaft, da die WTO-Verfahrensnormen nicht eingehalten worden waren. Auch im Fortgang ist eine informale und letztlich intranspa-

43 Statt aller: Consumer Project on Technology, Memo to WTO TRIPS Negotiators, CPTech – Reject 16 December Chairman's text on paragraph 6 – Nine reasons, abrufbar über: ⟨www.cptech.org/ip/wto/p6/cptech12162002.html⟩.

44 WT/GC/M/82 Absatz 30.

45 Erklärung vom 30. August 2003 über die Implementierung von Abs. 6 der Doha-Erklärung zum TRIPS-Abkommen und öffentlicher Gesundheit, WT/L/540, 1. September 2003.

46 »This Decision was adopted by the General Council in the light of a statement read out by the Chairman, which can be found in JOB(03)/177. This statement will be reproduced in the minutes of the General Council to be issued as WT/GC/M/82.«

47 I.d.S. auch Hestermeyer (2004b), 194 ff., hier auch zu den Zweifeln an der Rechtsnatur des Beschlusses des Allgemeinen Rats.

rente Entscheidungsfindung zu beobachten. Der Beschluss des TRIPS-Rats ist als eine Verzichtserklärung im Sinne von Artikel IX.3 des WTO-Abkommens deklariert. Diese Norm ist indes im Prinzip für Einzelfallregelungen unter genauer Bestimmung der betroffenen Mitgliedstaaten gedacht und nicht für eine generelle Neuregelung bestimmter Bereiche und Verfahren. Substantiell entspricht die Entscheidung darum eher einer verdeckten Vertragsänderung.

Grob zusammengefasst kann man hierbei die materielle Rechtslage, die sich nach dem 30. August 2003 für Zwangslizenzen für pharmazeutische Produkte im WTO-System ergibt, als ein Verfahren sui generis zur Entbindung der Pflicht aus Artikel 31 Buchstabe f des TRIPS-Abkommens umschreiben.[48] Es entbindet die Exportstaaten von Generika von ihrer Verpflichtung, die Nutzung der Zwangslizenz primär für die Versorgung des eigenen Binnenmarktes (so sieht es Artikel 31 Buchstabe f des TRIPS-Abkommens vor) einzusetzen, wenn das importierende Land dem TRIPS-Rat zuvor Namen und benötigte Menge des Medikaments angezeigt hat und bestätigt, nicht über eigene Produktionskapazitäten für das betreffende Produkt zu verfügen. Ergänzt werden diese Informationspflichten, die auch das Exportland treffen, durch Regelungen bezüglich einer besonderen Markierung der Generika und das Gebot, einen Export der Nachahmemedikamente zu verhindern. Die »Erklärung des Vorsitzenden«, um deren Gehalt lange und in intransparenten bzw. exklusiven Verhandlungen gerungen wurde,[49] betont dabei in ihrer letzten Fassung lediglich die Pflicht der Mitgliedstaaten, die Ausnahmeregelung nicht für industrielle oder kommerzielle Zwecke zu nutzen, und gibt einige Richtlinien hinsichtlich der exakten Kennzeichnung der zu exportierenden Medikamente. In zahlreichen Umsetzungsbeschlüssen haben die Mitgliedstaaten und auch der TRIPS-Rat das neue Regelwerk über die Vergabe von Zwangslizenzen in der Folgezeit implementiert.[50] Die Europäische

48 Matthews (2004), 73 ff.

49 Zur Kritik an Vorfassungen statt aller: Medicins sans Frontiers (2003), *Open Letter to the Members of the WTO*. 8. Februar 2003, abrufbar unter: ⟨http://www.msf.or.jp/ access/pdf/a_030214-2.pdf⟩.

50 Siehe nur: TRIPS-Rat, Moratorium to Address Needs of Developing and Least-Developed Members with no or Insufficient Manufacturing Capacities in the Pharmaceutical Sector. Communication from the United States, IP/C/W/396 (14.

Union hat eine Website[51] eingerichtet, auf der relevante Informationen zentral kommuniziert werden. Und im Oktober 2004 hat die Kommission den auf Artikel 95 und 133 des EG-Vertrages gestützten Entwurf einer »Verordnung über Zwangslizenzen für Patente an der Herstellung von Arzneimitteln, die für die Ausfuhr in Länder mit Problemen der öffentlichen Gesundheit bestimmt sind« vorgelegt.[52] Die Verordnung soll gewährleisten, dass die Vergabe von Zwangslizenzen in den EU-Mitgliedstaaten unter denselben Bedingungen erfolgt, um zu vermeiden, dass es zu Wettbewerbsverzerrungen im EU-Binnenmarkt und unkontrollierten Re-Importen zwangslizenzierter Medikamente kommt.[53] Auch in anderen Ländern sind die rechtlichen Implementierungsmaßnahmen in vollem Gange, so beispielsweise in Kanada und Brasilien, aber auch in Indien, deren Generikaindustrie maßgeblich von der gefundenen TRIPS-Regelung profitieren dürfte.[54]

Insgesamt zeigen die Maßnahmen, dass das wirtschaftlich geprägte WTO-Regime über die Integration eines gesundheitsbezogenen Prinzips eine Limitierung der eigenen Logik intern zu reformulieren beginnt. Dies stellt einen Kompatibilisierungsmodus dar,

Januar 2003), das ein Moratorium für dispute settlement-Verfahren nach Artikel 31 Buchstabe f des TRIPS-Abkommens erklärt; ferner: Understanding between Canada and the United States zur Implementierung der General Council-Entscheidung vom 30. August 2003, ⟨www.ustr.gov/regions/whemisphere/canada/2004-07-16-canadatrips-mou.pdf⟩; zur Rechtslage in Canada vor dem TRIPS-Konsens: Howse (2000), 496 ff.

51 ⟨http://trade-info.cec.eu.int/cgi-bin/antitradediversion/index.pl⟩.

52 KOM(2004/737).

53 Zur finanziellen Förderung anderer Maßnahmen siehe das Memorandum der EU: EU Action against HIV/AIDS, Tuberculosis and Malaria 2000-2005, MEMO/04/250, 29. Oktober 2004.

54 Zu Kanada: An Act to Amend the Patent Act and the Food and Drugs Act, Statutes of Canada 2004, Chapter 23, Bill C-9, § 49. The Patents (Amendment) Bill, 2003 (Bill No. 92 of 2003); zur Situation in Indien und der pharmazeutischen Industrie des Landes: Mukherjee (2004), 125 ff., 148; zur Patentrechtslage in Indien vor der TRIPS-Neuregelung siehe auch: India. Patent Protection for Pharmaceutical and Agricultural Chemical Products, Request by the European Communities and its Member States Regarding Consultations by the United States, WT/DS50/12 und den Bericht des Appellate Body, AB-1997-5, 19. Dezember 1997; siehe die Darstellung bei Hestermeyer (2004a), 103 ff.; für Brasilien sind insgesamt drei Gesetzgebungsvorhaben, PL (*projeto de lei*) 230/2003, PL 33/2003 und PL 139/1999, zu erwähnen.

der es dem Entscheidungssystem erlaubt, innerhalb der eigenen wirtschaftsrationalen Perspektive eine responsive Außenbeziehung aufzubauen und externe Rationalitäten als Rahmenbedingungen der eigenen Logik zu rekonstruieren. Über einen solchen Re-entry kollidierenden Rechts ins eigene Recht können Systemkollisionen in die quaestio iuris übersetzt werden, ohne dass diese umweltoffenen Prozesse erst im Fall eines Scheiterns des Regimes anlaufen müssen.[55] Für das Recht der WTO bedeutet das, dass ein adäquater Re-entry von Umweltrationalitäten in den Selbstorganisationsprozessen dieses Regimes und zwar über den engen Wortlaut der Artikel 7, 11 und 3.2 DSU hinaus geboten ist. Die Rekonstruktion von Nicht-WTO-Recht im WTO-Recht ist dann eine Leistung des WTO-Systems und reflektiert deren gegenseitige Konstituierung.[56]

In der völkerrechtlichen Literatur wird die Frage über Rang und Rolle des allgemeinen Völkerrechts innerhalb des WTO-Regimes, die sich vor allem an den im Kontext des Verhältnisses zwischen Völkerrecht und nationalem Recht bzw. EU-Recht und nationalem Recht erarbeiteten Begriffen mittelbare oder unmittelbare Geltung, vorrangige oder nachrangige Anwendung und völkerrechtskonforme Auslegung orientiert, kontrovers diskutiert.[57] Doch ist diese Kontroverse in ihrer Fixierung auf das allgemeine Völkerrecht noch zu eng und wählt mit kollidierenden etatistisch gesetzten Normbefehlen den falschen Ausgangspunkt.[58] Re-entry von Nicht-WTO-Recht in WTO-Recht heißt vielmehr ein Vorgehen in folgenden Schritten: (1) Identifikation der konfligierenden gesellschaftlichen Rationalitäten, (2) Re-entry der fremden sektorialen Regimeordnungen in ein Rechtsregime, (3) Reformulierung des Konflikts in der quaestio iuris und (4) regime-interne Kompatibilisierung der

55 So versteht z. B. Marschik die Bedeutung der außerregimischen Umwelt darin, dass im Fall eines Scheiterns eines völkerrechtlichen Regimes das allgemeine Völkerrecht zur Anwendung kommen müsse, siehe: Marschik (1997), 162 f.; für den Sonderfall des ius non dispositivum siehe unten 99 ff.

56 Siehe Lauterpacht (1949), 48 ff., 76.

57 Zur mittelbaren/unmittelbaren Geltung: Böckenförde (2003), 971 ff.; zu Vorrangigkeit/Nachrangigkeit: Pauwelyn (2001a), 566: »prevails«, »overrides« etc.; zur völkerrechtskonformen Auslegung: Betlem und Nollkaemper (2003), 569 ff.; siehe ferner: Hu (2004), 143 ff.; Pauwelyn (2004), 903 ff.; Pauwelyn (2001), 535 ff.; siehe auch: Bogdandy (2001), 609 ff.

58 Siehe auch das WTO-Panel in: Korea. Measures Affecting Government Procurement, WTO Doc. WT/DS163/R, Ziff. 7.96 (19.6.2000).

rechtlich reformulierten Systemrationalitäten. Das bedeutet in der Tat eine »Repolitisierung« der technisch-ökonomischen Technokratie der WTO,[59] paradoxerweise durch den Aktivismus judizieller Institutionen, die innerhalb des spezialisierten WTO-Systems die Kollisionen zwischen gesellschaftlichen Rationalitäten wiedereinführt: Was in den Organisationen passiert, ist nicht einfach die Anwendung technischer Kompetenz bei bestimmten Angelegenheiten in einem vorbestimmten politischen Rahmen, sondern das Prozedere bringt es mit sich, dass die im Wettbewerb stehenden Werte und Interessen ohne autoritative Führung der wirtschaftlichen Wissenschaft und/oder Ideologie auszugleichen sind.[60]

Gesellschaftliche Konflikte können freilich nicht durch die autoritative Deutung und Ausbalancierung einer vermeintlich höheren und objektiven Wertordnung gelöst werden. Im Umgang mit den Rationalitätenkollisionen, d.h. in den Kollisionslagen zwischen Wirtschaft, Politik, Religion ist nicht eine »Verhüllungsformel für richterlichen bzw. interpretatorischen Dezisionismus«,[61] d.h. praktische Konkordanz, gefragt; auch die Anwendung von Abwägungsschemata für vermeintlich universelle Werte und Prinzipien ist keine problemadäquate Lösung, zumal die Werte in den Konfliktsituationen einen zu hohen Abstraktionsgrad besitzen, durch den die Gefahr besteht, dass Konflikte eher geschürt und fundamentalisiert werden, als dass die gegenläufigen Rationalitäten kompatibilisiert werden könnten. Es geht vielmehr darum, die konfligierenden gesellschaftlichen Rationalitäten, die sich des Rechts zur Universalisierung ihrer partialen Logiken bedienen, zu identifizieren.[62]

59 Zu diesem dezentralen Begriff des Politischen vgl. Fischer-Lescano und Christensen (2005), 213 ff.

60 Howse (2001), 94 ff., 114.

61 Ironischerweise wird dieser Dezisionismusvorwurf aus der Schmitt-Schule heraus erhoben: Böckenförde (1974), 1529 ff., 1534; Schmitt, auf den sich Böckenförde in seiner Kritik an der Rechtsprechung des Bundesverfassungsgerichts beruft, kritisierte die Operationalisierung abstrakter Wertprogramme durch die Rechtspraxis im Anschluss an Nicolai Hartmann als eine »Tyrannei der Werte«, siehe Schmitt (1967), 37 ff.; Schmitts Text ist hervorgegangen aus einem 1959 in Privatdruck veröffentlichten Diskussionsbeitrag, siehe die Dokumentation dieses Textes in Schmitt, ebd., 51 ff.

62 Hier setzt Karl-Heinz Ladeur an, siehe ders. (2004), 12 ff.; siehe auch Maus (2004), 835 ff.

Rechtspluralismus ernst zu nehmen heißt dann, die unterschiedlichen Normgenerierungsprozesse in den unterschiedlichen Regimes genau zu beobachten.[63] Dadurch eröffnet sich in den jeweiligen Entscheidungssituationen ein extrem formalistischer Zugang zum Umgang mit diesen in die quaestio iuris übersetzten Konflikten. Rechtsarbeit wird dann zur Pflege der Paradoxien der Rechtsform,[64] zur Begründungsarbeit mit Rechtsnormen unterschiedlicher Provenienz, zum ständigen Kampf des Rechts gegen seine einseitige Instrumentalisierung etwa durch Polit-, Wirtschafts- oder Religionssysteme.[65] Hier heißt das: Gesundheitsmaßnahmen sind in bestimmten Situationen von ökonomischem Druck freizuhalten. Die Respektierung der gesundheitlichen Logik gebietet eine extensive Auslegung der Ausnahmevorschrift des Artikels 31 des TRIPS-Abkommens in Situationen, in denen solche gesundheitlichen Maßnahmen erforderlich sind, »die breiten Zugang zu sicheren, effizienten und erschwinglichen vorbeugenden oder heilenden Pharmazeutika und medizinischen Technologien ermöglichen«.[66] Der Grund ist, dass patentschützende Regelungen, auch wenn sie Anforderungen an ökonomische Rationalität entsprechen, gesellschaftlichen Normbildungen widersprechen,[67] die innerhalb des Kontexts des Gesundheitssystems und des Menschenrechtsregimes produziert werden. In der Resolution 2001/33 der UN-Menschenrechtskommission ist eine solche Konfliktlösung vorgezeichnet.

Zahlreiche andere Rechtstexte stützen diese Sicht. In unterschiedlichsten Regimezusammenhängen sind vergleichbare Rechtsnormen generiert worden. Nationale Gerichte haben das Recht auf Medikation unter das »Recht auf Leben« gefasst und staatliche Schutzpflichten generiert, darunter das Recht, bei einer Erkrankung an HIV/AIDS Zugang zu Medikamenten zu erhalten.[68] Eine ganze Reihe weiterer Entscheidungen der UN-Menschenrechtskommission, der WHO und der UN-Generalversammlung ist in diesem

63 Siehe die durch Rudolf Wiethölter geprägte Lesart von Normkonflikten bei Becker (2005), 13 ff.

64 Teubner (2003b), 25 ff.

65 Wiethölter (2003), 1 ff., 13.

66 Res. 2001/33, E/CN.4/2001/80.

67 Zum hier verwendeten Begriff weltgesellschaftlichen Rechts: Teubner (1996a), 255 ff.; Fischer-Lescano (2003a), 750 ff.

68 Siehe die instruktive Zusammenfassung von Hestermeyer (2004a), 125 ff.

Zusammenhang genauso zu nennen[69] wie der Normenbestand des Pakts für wirtschaftliche, soziale und kulturelle Rechte.[70] Letzterer verpflichtet den jeweiligen Vertragsstaat in Artikel 2, Absatz 1, »einzeln und durch internationale Hilfe und Zusammenarbeit, insbesondere wirtschaftlicher und technischer Art, unter Ausschöpfung aller seiner Möglichkeiten Maßnahmen zu treffen, um nach und nach mit allen geeigneten Mitteln, vor allem durch gesetzgeberische Maßnahmen, die volle Verwirklichung der in diesem Pakt anerkannten Rechte zu erreichen.« Die Norm wird ergänzt durch Art. 12 des genannten Pakts: »(1) Die Vertragsstaaten erkennen das Recht eines jeden auf das für ihn erreichbare Höchstmaß an körperlicher und geistiger Gesundheit an. (2) Die von den Vertragsstaaten zu unternehmenden Schritte zur vollen Verwirklichung dieses Rechts umfassen die erforderlichen Maßnahmen: [...] (c) zur Vorbeugung, Behandlung und Bekämpfung epidemischer, endemischer, Berufs- und sonstiger Krankheiten; (d) zur Schaffung der Voraussetzungen, die für jedermann im Krankheitsfall den Genuss medizinischer Einrichtungen und ärztlicher Betreuung sicherstellen.« In seinen »All-

69 Zur *World Health Organisation* u.a.: Intellectual Property Rights, Innovation and Public Health, WHA Res. 56.27 (28. Mai 2003); Ensuring Accessibility of Essential Medicines, WHA Res. 55.14 (18. Mai 2002); zur *UN Generalversammlung*: Access to Medication in the Context of Pandemics such as HIV/AIDS, Tuberculosis and Malaria, A/RES/58/179 vom 22. Dezember 2003; The Right of Everyone to the Enjoyment of the Highest Attainable Standard of Physical and Mental Health, A/RES/58/173 vom 22. Dezember 2003; zur *UN-Menschenrechtskommission*: Access to Medication in the Context of Pandemics such as HIV/AIDS, Commission on Human Rights Res. 2002/32, Ziff. 7 (22. April 2002); siehe auch den Bericht des Generalsekretärs für die Sitzung im Jahr 2002 und das diesbzgl. Addendum (E/CN.4/2002/52, 21. Januar 2002; E/CN.4/2002/52/Add.1, 26. Januar 2002) und die Folgeberichte Access to medication in the context of pandemics such as HIV/AIDS: E/CN.4/2004/39, E/CN.4/2003/48; ferner: Access to Medication in the Context of Pandemics such as HIV/AIDS, Tuberculosis and Malaria, Commission on Human Rights Res. 2004/26, (16. April 2004), Ziff. 1: »Recognizes that access to medication in the context of pandemics such as HIV/AIDS, tuberculosis and malaria is one fundamental element for achieving progressively the full realization of the right of everyone to the enjoyment of the highest attainable standard of physical and mental health«; siehe auch: ILO (2001).

70 Internationaler Pakt für wirtschaftliche, soziale und kulturelle Rechte, G.A. Res. 2200A (XXI), 21 U.N.GAOR Supp. (No. 16), 49, U.N. Doc. A/6316 (1966), 993 U.N.T.S. 3, in Kraft getreten am 3. Januar 1976; Ende 2004 hatte der Pakt 149 Mitgliedstaaten.

gemeinen Kommentaren«[71] hat der Ausschuss für wirtschaftliche, soziale und kulturelle Rechte diese Normen konkretisiert. So fordert er unter anderem die Verfügbarkeit von »sicherem und trinkbarem Wasser und adäquaten Einrichtungen, Krankenhäusern, Kliniken und anderen gesundheitsbezogenen Gebäuden, ferner von ausgebildetem medizinischem und fachlichem Personal, das inländisch konkurrenzfähiges Gehalt bezieht und von grundlegenden Medikamenten, wie im Aktionsprogramm der WHO definiert.«[72] Da die im Rahmen der AIDS-Behandlung eingesetzten Medikamente Teil dieses WHO-Programms sind, besteht demnach eine rechtliche Pflicht, diese Medikamente verfügbar zu halten. Drittstaaten sind gehalten, die betreffenden Staaten bei der Implementierung dieser menschenrechtlichen Pflichten zu unterstützen: »Um ihre internationalen Verpflichtungen hinsichtlich Artikel 12 zu befolgen, haben Staaten die Teilhabe am Recht auf Gesundheit in anderen Ländern zu respektieren, und Dritte von der Verletzung des Rechts in anderen Ländern abzuhalten, wenn sie in der Lage sind, diese Dritten durch rechtliche oder politische Mittel zu beeinflussen, übereinstimmend mit der Charta der Vereinten Nationen und anwendbarem internationalem Recht. [...] Die Staaten haben sicherzustellen, dass dem Recht auf Gesundheit die gebührende Beachtung in internationalen Abkommen beigemessen wird und sollen hierzu die Entwicklung weiterer rechtlicher Instrumente in Erwägung ziehen. Beim Abschluss anderer internationaler Abkommen sollen die Staaten Schritte unternehmen, um zu sichern, dass diese Instrumente das Recht auf Gesundheit nicht gegenteilig beeinflussen. In gleicher Weise sind die Staaten berufen, dass ihre Maßnahmen als Mitglieder internationaler Organisationen das Recht auf Gesundheit gebührend beachten.«[73]

Ob der aktuelle patentrechtliche Protektionsstandard des WTO-

71 Zu deren Rechtsqualität: Riedel (1991), 58 ff.; die General Comments liegen nunmehr in deutscher Übersetzung vor, siehe Deutsches Institut für Menschenrechte (2005).

72 General Comment No. 14, Committee on Economic, Social and Cultural Rights, General Comment No. 14 (2000), Ziff. 12; siehe auch: Hestermeyer (2004a), 103 ff., und Yamin (2003), 101 ff.; Alexander (2001), 12 ff. Zum Hintergrund des WHO-Aktionsprogramms und der Liste der aufgenommenen pharmazeutischen Präparate siehe die Datenbank der WHO, unter: ⟨http://www.who.int/medicines⟩.

73 General Comment No. 14, Committee on Economic, Social and Cultural Rights, General Comment No. 14 (E/C.12/2000/4, CESCR), Ziff. 39.

Regimes diese normativen Anforderungen bereits hinreichend reflektiert, ist durchaus fraglich. Insbesondere von Seiten der Hilfsorganisationen ist die dargestellte Einigung, speziell die Regelung hinsichtlich des Zwangslizenzierungssystems, teilweise scharf kritisiert worden. Dabei wird darauf hingewiesen, dass die Erteilung von Zwangslizenzen erfahrungsgemäß sehr unwahrscheinlich sei. Selbst in Rechtsordnungen, in denen es bereits aktuell eine solche Möglichkeit gegeben hätte, wie in Brasilien und Südafrika, sei es bislang nie zur Zwangslizenzierung gekommen. Alle eingeleiteten Lizenzierungsverfahren seien auf dem Verhandlungswege beendet worden, um eine Konflikteskalation zu verhindern.[74] Private Organisationen wie *Ärzte ohne Grenzen* oder die *Dritte-Welt-Gruppe Oxfam International* bezeichneten die jetzige Lösung darum als nicht praktikabel. Sie diene mehr den Interessen der Pharmakonzerne als jenen der Patienten. Das »hochkomplizierte, bürokratische, unflexible und langwierige Verfahren« werde die Versorgung bedürftiger Menschen in armen Ländern des Südens mit dringend benötigten Medikamenten erschweren statt erleichtern, lauten die Vorwürfe.[75] Hauptziel des TRIPS-Kompromisses sei nicht die Sicherstellung der Versorgung Bedürftiger mit Medikamenten, sondern die Kontrolle und weitgehende Unterbindung des Handels mit Generika. Die NGOs fürchten eine Zuspitzung der Situation, wenn ab 2005 nach den TRIPS-Regeln der WTO alle neuen Medikamente in sämtlichen Staaten der Erde, mit Ausnahme der 48 am wenigsten entwickelten Staaten, für 20 Jahre unter Patentschutz gestellt werden müssen.[76]

Nicht nur auf Seiten zivilgesellschaftlicher Aktivisten herrscht hierbei Skepsis vor. Auch die vom britischen Staatsministerium für Entwicklung eingesetzte *Commission on Intellectual Property Rights and Development Policy* (CIPRDP) hält eine extensive Nutzung des Systems der Zwangslizenzen in Entwicklungsländern für unwahrscheinlich.[77] Dies wird insbesondere damit begründet, dass die am

74 Siehe z. B. die Darstellung bei Cameron/Berger (2004), abrufbar unter: ⟨http://www.law.ed.ac.uk/ahrb/script-ed/issue4.asp⟩, mit Hinweisen auf die eingestellten Zwangslizenzierungsverfahren: Sanachem (Pty) Ltd v. British Technology Group plc 1992 BP 276 und Afitra (Pty) Ltd and Another v. Carlton Paper of SA (Pty) Ltd 1992 BP 331.

75 FAZ, WTO erlaubt Patentausnahmen, 31. August 2003, 11.

76 Zumach (2003), 13.

77 UK Commission on Intellectual Property Rights and Development Policy

wenigsten entwickelten Länder wie auch die übrigen Entwicklungsländer die Kosten für die Einführung der patentrechtlichen Voraussetzungen zur Teilnahme am Zwangslizenzsystem nicht werden aufbringen können. Die Weltbank schätzt unter Berufung auf die *United Nations Conference on Trade and Development* (UNCTAD) die Kosten zur Einführung eines TRIPS-konformen Patentrechts in den Entwicklungsländern auf etwa 1,5 bis 2 Millionen Dollar pro Land. Und auch der einschlägige Weltbankbericht weist auf die finanziellen Schwierigkeiten hin, mit denen die TRIPS-Lösung die Entwicklungsländer konfrontiert: »Angesichts der dringlichen Bedürfnisse auf den Gebieten Bildung, Gesundheit und Politikreform ist es fraglich, ob die am wenigsten entwickelten Länder [HIPC, die Verf.] gewillt sein werden, diese Kosten abzufangen, und ob sie großen gesellschaftlichen Nutzen aus der Investition in diese ziehen werden. Darüber hinaus ist festzustellen, dass in armen Ländern ein extremer Mangel an ausgebildeten Verwaltungsbeamten und Richtern besteht; ein Teil der Kosten würde also darin liegen, knappe fachliche und technische Ressourcen von potenziell produktiveren Tätigkeiten abzuziehen.«[78] Zu diesen finanziellen Problemen der Entwicklungsländer kommt hinzu, dass zahlreiche Berichte in Frage stellen, ob im Hinblick auf die spezifischen Probleme gerade in den Entwicklungsländern die Funktion des Patentrechtes, einen durch Rechtsschutz vermittelten ökonomischen Anreiz zur Forschung und Entwicklung neuer Produkte zu bieten, überhaupt gewährleistet werden kann.[79] So konstatiert der Bericht der von der WHO eingesetzten Kommission zu Makroökonomie und Gesundheit, dass »die Anreizmechanismen versagen«.[80] Ähnlich sieht dies die britische CIPRDP, die unabhängig von der konkreten Patentrechtsausgestaltung in den Entwicklungsländern die ökonomische Anreizwirkung des Patentrechtes in Frage stellt:[81] »Welche Rolle

(CIPRDP) (2002), *Report: Integrating Intellectual Property Rights and Development Policy*. London, abrufbar unter: ⟨http://www.iprcommission.org⟩; die Kommission wurde von der britischen Staatsministerin für Entwicklung, Clare Short, eingesetzt und gebildet von John Barton, Daniel Alexander, Carlos Correa, Ramesh Mashelkar, Gill Samuels und Sandy Thomas.

78 World Bank (2002), 136 ff.

79 Branstetter (2004), 359 ff.

80 WHO (2001), 77.

81 UK Commission on Intellectual Property Rights and Development Policy (2002), 32.

spielt der Schutz des geistigen Eigentums in der Förderung von Forschung und Entwicklung im Hinblick auf Krankheiten, die in Entwicklungsländern vorherrschen? Alle Anzeichen, die wir untersucht haben, deuten darauf hin, dass dieser Schutz kaum eine Rolle spielt, ausgenommen hinsichtlich der Krankheiten, für die es einen großen Markt in der entwickelten Welt gibt. [...] Der Kern des Problems ist das Fehlen einer Marktnachfrage, die ausreichen würde, den privaten Sektor dazu zu veranlassen, Ressourcen für Forschung und Entwicklung zur Verfügung zu stellen. Daher glauben wir, dass die Frage des Schutzes des geistigen Eigentums in Entwicklungsländern bestenfalls von sekundärer Bedeutung für die Initiierung von Forschung und Entwicklung zu in Entwicklungsländern vorherrschenden Krankheiten ist.«[82]

Es wird denn auch zunehmend bezweifelt, ob das Zwangslizenzierungssystem, das in der Folge der Doha-Erklärung beschlossen wurde, einen überzeugenden Lösungsansatz zur Kompatibilisierung der Inkommensurabilitäten wirtschaftlicher und gesundheitlicher Normen darstellt. Die Alternativvorschläge gehen im Grunde in zwei Richtungen. Einerseits könne man auf die wirtschaftlichen Asymmetrien dadurch reagieren, dass man ein System von nach Wirtschaftskraft gestaffelten Lizenzgebühren bzw. größere Flexibilitäten für einzelne Rechtsordnungen innerhalb eines globalen Patentrechts einführt.[83] Andererseits wird vorgeschlagen, dass das transnationale Patentrecht die generelle rechtliche Herausnahme von pharmazeutischen Innovationen aus dem patentrechtlich geschützten Bereich regeln könne;[84] dies wäre, mit anderen Worten, »eine Abkehr von bestimmten Formen des Schutzes des geistigen Eigentums bezüglich gewisser Innovationen, wie Produktpatente für Arzneimittel.«[85] Bei der Wahl der adäquaten rechtlichen Reaktion

82 Ebd., 33; siehe auch Christopher May, der feststellt, dass »[o]nly by conceiving of the public benefit as exclusively the promotion of innovation can pharmaceutical patents appeal to an instrumental justification. To conceive of the public interest as the right to health undermines the[se] arguments« (May [2000], 101).

83 UK Commission on Intellectual Property Rights and Development Policy (2002), 33ff.

84 Siehe die Darstellung bei Correa und Musungu (2002), abrufbar unter: ⟨http://www.southcentre.org/publications/wipopatent/toc.htm⟩.

85 Cameron/Berger (2004), abrufbar unter: ⟨http://www.law.ed.ac.uk/ahrb/scripted/issue4.asp⟩.

gilt es hierbei, nicht nur die kontingente Natur des Patents zu reflektieren,[86] sondern auch die Kontingenzen hinsichtlich des Forums, in dem sich der jeweilige Rationalitätenkonflikt stellt. Alle alternativen Ausgestaltungsformen wären im Rahmen des geltenden TRIPS-Abkommens realisierbar, insbesondere sind die Optionen von Ausnahmetatbeständen nach Artikel 27, Absätze 2 und 3 des TRIPS-Abkommens bislang ungenutzt geblieben.[87]

Ob es allerdings je dazu wird kommen können, ist fraglich, denn für den Streit um das transnationale Patentrecht und seine funktionalen Differenzierungs- und Flexibilisierungsformen sind die Tendenzen eines Regimeshiftings zu beobachten:[88] Seitdem der Generaldirektor der WIPO im Oktober 2001 in einem Memorandum[89] der Generalversammlung der Mitgliedstaaten seine WIPO Patentagenda, eine »Blaupause für einen Wechsel im internationalen Patentsystem«, vorgestellt hatte,[90] ist zu beobachten, dass das WIPO-System eine neue Dynamik genommen hat. Dabei wird im Kern ein Komplex aus drei Verträgen verhandelt: (1) Der Patentrechtsvertrag (*Patent Law Treaty* – PLT),[91] der im Juni 2000 in Genf angenommen wurde und in dessen Mittelpunkt die Harmonisierung nationaler Verfahrensnormen, insbesondere des formellen Verwaltungsverfah-

86 Weissman (1996), 1069 ff., 1087.

87 Die einschlägigen Absätze des Artikels 27 des TRIPS-Abkommens lauten: »(2) Die Mitglieder können Erfindungen von der Patentierbarkeit ausschließen, wenn die Verhinderung ihrer gewerblichen Verwertung innerhalb ihres Hoheitsgebiets zum Schutz der öffentlichen Ordnung oder der guten Sitten einschließlich des Schutzes des Lebens oder der Gesundheit von Menschen, Tieren oder Pflanzen oder zur Vermeidung einer ernsten Schädigung der Umwelt notwendig ist, vorausgesetzt, dass ein solcher Ausschluß nicht nur deshalb vorgenommen wird, weil die Verwertung durch ihr Recht verboten ist. (3) Die Mitglieder können von der Patentierbarkeit auch ausschließen a) diagnostische, therapeutische und chirurgische Verfahren für die Behandlung von Menschen oder Tieren; b) Pflanzen und Tiere, mit Ausnahme von Mikroorganismen, und im wesentlichen biologische Verfahren für die Züchtung von Pflanzen oder Tieren mit Ausnahme von nicht-biologischen und mikrobiologischen Verfahren. Die Mitglieder sehen jedoch den Schutz von Pflanzensorten entweder durch Patente oder durch ein wirksames System sui generis oder durch eine Kombination beider vor […].«

88 Siehe auch Helfer (2004a), 1 ff.

89 WIPO Doc. A/36/14.

90 Siehe die Selbstbeschreibung und die einschlägigen Rechtstexte der WIPO: ⟨http://www.wipo.int/patent/agenda/en⟩.

91 WIPO Doc. PT/DC/47.

rens, das zur Patentierung führt, steht; (2) Der Patentkooperationsvertrag (*Patent Cooperation Treaty* – PCT), der 1970 in Washington angenommen worden war und der vornehmlich ein zentrales Patentlistensystem eingeführt hat; (3) Der Entwurf eines Materiellen Patentrechtsvertrages (*Substantive Patent Law Treaty* – SPLT), der zu einem einheitlichen Weltpatentrecht führen soll und dessen erster Entwurf im Mai 2002 vom *WIPO Standing Committee on the Law of Patents* (SCP) diskutiert worden ist.[92] Dieser WIPO-Prozess könnte dem ganzen Streit um Patente und Medikamente eine völlig neue Wendung geben. Im extremsten Fall macht er das TRIPS-Abkommen obsolet. Im TRIPS-Abkommen ist nur das Minimum der benötigten Grundbestandteile der nationalen Patentgesetze ausformuliert. SPLT dagegen wird globale Ober- und Untergrenzen bestimmen und eine fest definierte Zusammenstellung von Regeln darüber enthalten, was unter welchen Bedingungen patentiert werden kann: die politische Substanz eines potentiellen Weltpatentsystems.[93] Regime-Kollisionen mit den Menschenrechtsnormen, dem WTO-System, aber auch dem WIPO-eigenen *Intergovernmental Committee on Genetic Resources, Traditional Knowledge and Folklore* und der Haager Jurisdiktionskonvention sind nicht ausgeschlossen. Dabei scheint absehbar, dass sich die Auseinandersetzungen verschärfen werden. Denn als die WIPO-Verantwortlichen vorschlugen, mögliche Ausnahmetatbestände, wie sie für eine Flexibilisierung der Patente für pharmazeutische Produkte nach Artikel 27 des TRIPS-Abkommens genutzt werden können, in den SPLT-Entwurf aufzunehmen, taten sich erste Konfliktlinien auf. Carlos Correa[94] formuliert die Differenzen zwischen den USA auf der einen und den südamerikanischen Staaten und Russland bzw. dem *Eurasischen Patentoffice* (EAPO)[95] auf der anderen Seite: »Ein anderes wichtiges

92 Siehe die instruktive Zusammenfassung zum WIPO-Patentrechtskomplex bei Correa und Musungu (2002), abrufbar unter: ⟨http://www.southcentre.org/publications/wipopatent/toc.htm⟩.

93 GRAIN (2002), abrufbar unter: ⟨www.grain.org/briefings/?id=26⟩; Barton (2004), 341 ff.

94 Der auch für den Bericht der WHO zu Fragen der Doha-Erklärung verantwortlich ist; siehe: Correa (2000a); Correa (2000b), abrufbar unter: ⟨www.southcentre.org/publications/publichealth/publichealth.pdf⟩.

95 Errichtet nach der Eurasian Patent Convention (EAPC), die am 9. September 1994 von den Ministerpräsidenten von zehn Staaten der ehemaligen GUS unterzeichnet wurde und am 12.8.1995 in Kraft trat.

Thema, das von manchen Entwicklungsländern angesprochen wird (Brasilien, Argentinien und Guatemala, unterstützt durch die russische Föderation und den Repräsentanten der EAPO), war das Bedürfnis, in den Entwurf des Vertrages die Artikel 27.2 und 27.3 des TRIPS-Abkommens einzuarbeiten und eine allgemeine Vorschrift einzufügen, die Ausnahmen zur Patentierbarkeit erlaubt, die für den Schutz öffentlicher Gesundheit und der Umwelt benötigt werden. Diesem Vorschlag stellten sich die Vereinigten Staaten und die biotechnologische Industrie entgegen, vor allem in Bezug auf Pflanzen und Tiere, mit dem Argument, dass das TRIPS-Abkommen die minimalen Anforderungen unter der WTO berücksichtigt und dass das SPLT dagegen auf die Einrichtung eines optimalen Verfahrens auf internationaler Ebene zielen würde.«[96]

Um es zusammenzufassen: Die je konkrete Ausgestaltung des transnationalen Patentrechts ist kontingent, ebenso das Forum der Austragung der jeweiligen Regime-Kollisionen. In allen Konstellationen kommt es darauf an, den Konflikt in seinen gesellschaftlichen Kontext zu stellen und die zugrunde liegenden Rationalitätenkollisionen zu reflektieren. Der kritische Kollisionsbereich im Bereich der Frage von Patentrechten auf Medikamente ist durch den Widerspruch von Normen wirtschaftlicher Rationalität zu im Gesundheitskontext gebildeten Normen zu identifizieren.[97] In der Sache geht es darum, abstrakt-generelle Inkompatibilitätsnormen im Verhältnis von Wirtschaftssektor und Gesundheitssektor zu entwickeln und das WIPO-, das WTO- wie das UN-Recht als Teil eines transnationalen Patentrechts darauf vorzubereiten, auf destruktive Konflikte zwischen unverträglichen Handlungslogiken zu reagieren. Dieser Prozess der wechselseitigen Responsivität hat in den Entscheidungen der WTO vom 30. August 2003, den diesbezüglich nationalen Umsetzungsakten und den aktuellen Diskussionen innerhalb der WIPO seinen vorläufig letzten Ausdruck gefunden.

Es ist allerdings zu befürchten, dass die Implikationen der im Bereich des Menschenrechtsregimes generierten Verhaltenserwartungen für das transnationale Patentrecht hierbei bislang nicht hinreichend reformuliert worden sind, dass auch in den aktuellen WIPO-

96 Correa und Musungu (2002), abrufbar unter: ⟨http://www.southcentre.org/publications/ wipopatent/toc.htm⟩; siehe auch Helfer (2004a), 1 ff.; generell zur Regulierung im Bereich der Biotechnologie siehe: Stoll (2004), 261 ff.

97 Vgl. Teubner (2000c), 388 ff.; siehe auch Fischer-Lescano (2003b), 223 ff.

Initiativen normative Desiderata unberücksichtigt bleiben. Mit anderen Worten: Sollte sich die Zugangsmöglichkeit zu Medikamenten durch die nunmehr beschlossenen Maßnahmen und durch die geplanten WIPO-Verträge nicht nachhaltig verbessern, wird die transnationale Patentrechtsentwicklung sich im Hinblick auf pharmazeutische Produkte neu justieren müssen, sei es durch eine transparente, verfahrensrechtlich entflochtene und kostengünstige Einräumung des Rechts auf Zwangslizenzierungen, sei es durch ein nach der jeweiligen Wirtschaftskraft gestaffeltes Lizenz- bzw. Patentausnahmensystem, sei es durch eine generelle Regelung, die Medikamente aus dem Schutzbereich des transnationalen Patentrechts herausnimmt.

II. Ius Cogens versus Ordre Public Transnational

Da es im Regime-Kollisionsrecht keine übergeordnete hierarchische Instanz gibt, stellt sich die Frage, ob dann überhaupt noch übergreifende abstrakte Rechtsprinzipien in einer prinzipiell heterarchischen Ordnung autonomer Regimes Geltung beanspruchen können. Die Geltung eines ius cogens im transnationalen Recht ist nicht nur ein Problem für die auf völkerrechtlicher Grundlage etablierten politisch-regulatorischen Regimes, sondern ganz besonders für autonome Privatregimes. Hier gilt es, zwei Extrempositionen abzuwehren. Einerseits gibt es keine Geltung a priori zwingender Normen, und der Aufbau von »Unverfügbarem« kann nicht einfach der Höherrangigkeit des Völkerrechts, nicht einem hierarchisch übergeordneten ius cogens,[1] nicht der UN-Verfassung als Weltverfassung, die über Artikel 103 der UN-Charta in alle gesellschaftlichen Regimebereiche eindringt,[2] folgen. Andererseits ist aber auch ein »Hijacking« und »Hayeking« von Menschen- und Umweltrechten,[3] wie es in der Debatte um die Konstitutionalisierung der WTO befürchtet wurde, durch ein Regime mit Partikularorientierung nicht adäquat. Beide Interpretationen loten nicht die Tiefe des Problems einer heterarchischen Ordnung aus.

Für das polyzentrische Weltrecht ist eine hierarchische Über- bzw. Unterordnung von Rechtsordnungen ebenso wenig akzeptabel wie die Annahme, man habe es bei den emergierenden Funktionalregimes mit autarken Systemen zu tun, die in einem weltgesellschaftlichen Vakuum operieren. Statt Koordination durch eine Zentralinstanz und statt Autarkie geschlossener Regimes kommt es auf eine Netzwerklogik an, die zwei gegensätzliche Anforderungen miteinander kombiniert. Auf der einen Seite ist auf die autonome und dezentrale Reflexion der Netzknoten, auf ihre eigenständig formulierte Kompatibilisierung mit ihren menschlichen und natürlichen Umwelten abzustellen. Auf der anderen Seite sind diese Reflexionen so miteinander zu vernetzen, dass alle Regimes gemeinsame Refe-

1 In diesem Sinne offenbar Tomuschat (1997), 37 ff.

2 So wohl Fassbender (1998), 529 ff.

3 Beides Formulierungen von Philip Alston, in der Alston/Petersmann-Kontroverse: Alston (2002), 815 ff.

renzpunkte und einen notwendig abstrakten Sinnhorizont kontrafaktisch unterstellen können, auf den sie sich bei ihrer Normproduktion beziehen. Man muss ausdrücklich betonen, dass es diesen gemeinsamen Sinnhorizont nicht »gibt«, sondern dass er eine Fiktion eines jeden Rechtsregimes darstellt. Diesem fiktiven Sinnhorizont des Nichtdispositiven liegt keine gemeinsame Textgrundlage zugrunde, eine gemeinsame Sprachregelung ist nicht gefunden. Sicher scheint nur, dass das ius cogens im Sinne von Artikel 53 der WVK die unitas multiplex autonomer Regimes schon deshalb nicht ausdrücken kann, weil seine Voraussetzungen und Rechtsfolgen bereits im Völkerrecht umstritten sind.[4] Wichtiger noch ist, dass Artikel 53 der WVK in struktureller Kopplung des Rechts zur Politik entstanden ist und daher mit dieser Semantik die Spezifika des Schutzes der Ausdifferenzierung des weltpolitischen Systems in Staaten verbunden sind, die in anderen gesellschaftlichen Kontexten, in denen Angebote wie »internationaler ordre public«, »mandatory rules« und »ordre public transnational« kursieren, funktionslos wären.[5]

All diese Begriffe verweisen auf je unterschiedliche regimespezifische Formulierungen eines rechtlich normierten Gemeinwohls. Offenbar liegt die Einheit dieser Formeln gerade darin, dass das globale ius non dispositivum zwar keinen gemeinsam vertexteten Sinnhorizont hat, die linguistische Vielfalt aber ein globales Esperanto des nichtdispositiven Rechts hervorbringt, das in einem Prozess, den die französischen Philosophen Deleuze und Guattari als rhizomorphisch bezeichnen würden,[6] die kontrafaktische Unterstellung eines gemeinsamen Geltungskerns möglich macht. Wenn also in unterschiedlichen Regimekontexten eine Referenz auf je unterschiedliche Gemeinwohlformeln gepflegt wird, so wäre das entscheidende Problem nicht, dass die Referenzpunkte zu harmonisieren wären, sondern dass die Selbstorganisationsprozesse der Regimes dazu angeregt werden, je eigene Normierungen für das globale ius non dispositivum herauszubilden, die den Eigenheiten des jeweiligen Sozialkontexts gerecht werden. Die Rolle der Anre-

4 Zum Streit um enge und weite, sinnvolle und nicht-sinnvolle Auslegung: Paulus (2001), 352 ff.

5 Zum »internationalen ordre public«: Kälin (1994), 9 ff.; zu den »mandatory rules«: Voser (1996), 319 ff.; zum »ordre public transnational«: Grigera Naon (1992), 65.

6 Deleuze und Guattari (1992), 5 ff.

gung wird dabei von ganz verschiedenen Prozessen übernommen: Skandalisierung durch Teilöffentlichkeiten,[7] Anstöße aus der internationalen Politik[8] und Kooperationen zwischen autonomen Rechtsregimes.[9] Vorstellungen der Einheit einer uniformen weltpolitischen Gemeinwohlformel müssen also Konzepten einer Vielheit von regimerelativen Gemeinwohlformeln weichen.

Drittes Beispiel: Lex Constructionis

Die lex constructionis und ihre Standardverträge über transnationale Bauprojekte sind dominiert von einer kleinen Zahl gut organisierter Ingenieursverbände:[10] Die *International Federation of Consulting Engineers* (FIDIC), die *International European Construction Federation* (FIEC), die *British Institution of Civil Engineers* (ICE), die *Engineering Advancement Association of Japan* (ENAA), das *American Institute of Architects* (AIA) und die Weltbank. Ferner tragen die *United Nations Commission on International Trade Law* (UNCITRAL) und das *International Institute for the Unification of Private Law* (UNIDROIT) und einige internationale Rechtsanwaltskanzleien zur Entwicklung der Rechtsnormen der lex constructionis bei. Eine typische Form, in der sich diese Vertragswerke, wenn überhaupt,[11] umweltrechtlicher Fragen annehmen, findet sich in Artikel 4.18 der Vertragsmuster der FIDIC, der den Konstruktions- und Anlagenvertragsmustern grundsätzlich gemeinsam ist: »Der Vertragsschließende soll alle vernünftigen Schritte unternehmen, um die Umwelt zu schützen (sowohl lokal als auch überörtlich) und den Schaden und die Beeinträchtigung von Personen und Eigentum, die von Verschmutzung, Lärm und anderen Emissionen seiner Tätig-

7 Brunkhorst (2002), 212 ff.; Fischer-Lescano (2005b), 67 ff. und 254 ff.

8 Siehe beispielsweise: Unterkommission für die Förderung und den Schutz der Menschenrechte, Resolution v. 13.8.2003, UN Norms on the Responsibilities of Transnational Corporations and Other Business Enterprises with Regard to Human Rights, E/CN.4/Sub.2/2003/12/Rev.2; hierzu: Campagna (2004), 1205 ff.

9 Zum von UN-Generalsekretär Kofi Annan initiierten Global Compact: ⟨www.unglobalcompact.org⟩; eine vorläufige Bestandsaufnahme bei: Rieth (2003), abrufbar unter: ⟨www.uni-tuebingen.de/gk.globale-herausforderungen/ papers⟩.

10 Generell siehe: Vec (2004), 93 ff.

11 Die Modellform der ENAA und der *Civil Engineers New Engineering Contract* beinhalten nicht einmal die u. g. Klausel.

keiten herrühren, zu begrenzen. Der Vertragsschließende soll gewährleisten, dass Emissionen, Oberflächenablösungen und Abfluss durch die Tätigkeiten des Vertragsschließenden nicht die Werte überschreiten, die von den Anforderungen des Arbeitgebers indiziert werden, und nicht die Werte überschreiten, die von anwendbaren Gesetzen vorgeschrieben sind.«

Bereits ein oberflächlicher Blick zeigt, dass die vertragliche Vereinbarung darauf zielt, die Umweltkosten des Gesamtprojekts zu externalisieren und die vertragliche Verpflichtung sich lediglich auf die konkreten Maßnahmen der Vertragsparteien bezieht, deren eigene Emissionen »limitiert« werden sollen. Menschenrechtliche bzw. weiter gehende umweltrechtliche Verpflichtungen statuieren die Vertragswerke in aller Regel nicht. Die Antwort der lex constructionis auf das Bauwerk-Umwelt-Dilemma gründet auf eine Strategie, die versucht die Verantwortung für die Regulierung der Umweltaspekte der Konstruktionstätigkeiten zum außervertraglichen Bereich des Rechts des Gastgeberlandes zu externalisieren. Oren Perez formuliert das wie folgt: »Der Begriff der ›effizienten Risikozuweisung‹ illustriert weiter, wie diese Logik der Externalisierung funktioniert. Um seinen wirtschaftlichen Wert zu maximieren, wird erwartet, dass der Vertrag die Parteien mit einem effizienten Risikozuweisungsmodell ausstattet. Dies soll durch Zuweisung bestimmter Risiken an die Partei, die sie am besten zu bewältigen fähig ist, erreicht werden.«[12]

Aus den zahlreichen Rechtsfragen, die dieses Beispiel eines autonomen Regimes aufwirft, soll hier die Frage nach einem globalem ius non dispositivum herausgegriffen werden. Auch wenn das ICTY in einer bemerkenswerten Entscheidung im Furundzija-Fall die Rechtswirkung zwingender Völkerrechtsnormen im Sinne des Artikels 53 der WVK dahingehend ausgeweitet hat, dass widersprechendes nationales Recht ungültig sei[13] und es nahe liegt, dies auch im Verhältnis zu im Kontext der UN[14] und der WTO[15] gebildeten Nor-

12 Perez (2004), 176 ff., hier auch zu den Details der Vertragstechnik in der lex constructionis.

13 ICTY, Prosecutor v. Furundzija, IT-95-17/1-T, Urteil vom 10. Dezember 1998, I.L.M. 38 (1999), 317 ff., 349 f., Ziff. 153 ff.

14 Unter anderem: Herdegen (1994), 135 ff., 156; Scott, Qureshi und Michell (1994), 1 ff., 59.

men anzunehmen, wird die Leistungsfähigkeit des Prinzips überfordert, wenn man ihm unmittelbare Rechtswirkungen auch innerhalb privatrechtlicher Regimes wie der lex constructionis, der lex mercatoria, der lex digitalis oder der lex sportiva zugestehen möchte. Auch sind die substantiellen Erweiterungsmöglichkeiten der durch Artikel 53 der WVK geschützten Rechtsgüter im Rahmen des völkerrechtlichen Rechtsetzungsprozesses begrenzt. Nur Teile der *International Bill of Rights*, zu der gemeinhin die beiden Internationalen Menschenrechtspakte und die Allgemeine Erklärung der Menschenrechte durch die UN-Generalversammlung gezählt werden,[16] haben die völkerrechtliche Qualität des ius cogens erhalten, und von Artikel 30 der WVK, der das Problem von Generalität und Spezialität im völkerrechtlichen Vertragsrecht adressiert, ist in Interregimeverhältnissen kaum Klärung zu erwarten.[17] Hierarchisierungsprozesse im globalen Recht sind vielmehr ganz offenbar regimegebunden[18] und, wie das ICTY für sich selbst und damit auch für andere reklamiert hat: »Im internationalen Recht ist jedes Tribunal ein self-contained system (es sei denn, es ist anders vorgesehen).«[19]

Statt einer nicht realistischen Hierarchisierung des fragmentierten globalen Rechts ist daher generell der Aufbau einer Intraregimeresponsivität zu der menschlichen und natürlichen Umwelten zu forcieren, d. h. die Funktionalregimes werden jeweils ihr eigenes ius non dispositivum erarbeiten müssen. Mit Artikel 53 der WVK ist eine bloße Vernetzung zu erwarten, besonders dann, wenn das Re-

15 Siehe Pauwelyn (2001), 565.

16 Hierzu: Fischer-Lescano (2005b), 48 ff.; Dicke (2000), 13 ff., 36. Die drei internationalen Texte, die zusammen die »International Bill of Rights« bilden, sind: Universelle Erklärung der Menschenrechte, G.A. Res. 217A (III), U.N. GAOR, 3d Sess., U.N. Doc. A/810 (1948); der Pakt für wirtschaftliche, soziale und kulturelle Rechte, 993 U.N.T.S. 3 (in Kraft seit 3. Januar 1976); und der Internationale Pakt über bürgerliche und politische Rechte, 999 U.N.T.S. 171 (in Kraft seit 23. März 1976).

17 Sinclair (1994), 94-96; zur WTO: Böckenförde (2003), 971 ff.; zur Problematik im Rahmen der Haager Konvention: Schulz (2003), abrufbar unter: ⟨http://www.hcch.net/doc/jdgm_pd24e.pdf⟩.

18 Ruffert (2000), 129 ff., 164: »innerhalb ein und derselben internationalen Organisation«; instruktiv hierzu: Helfer (2004b), 193 ff., 213 ff.

19 ICTY, Prosecutor v. Tadic, Decision on the Defense Motion for Interlocutory Appeal on Jurisdiction, IT-94-1-AR72, Ziff. 11, Entscheidung vom 2. Oktober 1995, I.L.M. 35 (1996), 32 ff.

gime kein eigenes funktionales Äquivalent geschaffen hat. Dabei sollte nicht vergessen werden, dass sich auch das Organisationsregime der UN bislang mit der Herausbildung eines eigenen ius cogens schwer getan hat.[20] Die Rechtskontrolle von Sicherheitsratsresolutionen durch den IGH als Hauptrechtsprechungsorgan des UN-Systems erfolgt nur sehr eingeschränkt.[21] Diese die Selbstorganisation des UN-Rechts beeinträchtigende dysfunktionale Gewaltenteilung innerhalb des UN-Regimes steht der Herausbildung eines autonomen ius non dispositivum im Wege und führt zum Teil sogar zu dem doppelten Sein-Sollens-Fehlschluss, dass der Gestaltungsspielraum des Sicherheitsrats so weit sei, dass er »wohl der Kontrolle durch die öffentliche Meinung, nicht aber der des Rechts« unterliege.[22] Das verkennt nicht nur die rechtliche Dimension in den globalen Skandalisierungsprozessen, sondern isoliert das UN-Regime aus dem allgemeinen Friedensvölkerrecht und lässt die wechselseitigen Abhängigkeitsverhältnisse des Regimes und seiner Umwelt unreflektiert. Deren nichtdispositive normative Erwartungen kommen insbesondere dann zum Tragen, »wenn das Spezialregime sich als dysfunktional erweist.«[23] Wenn ein eigenes ius non dispositivum und eine wirksame regimeinterne strukturelle Kopplung zwischen Recht und Politik fehlen, ist daher von der unmittelbaren Wirkung des ius cogens aus Artikel 53 der WVK im UN-Regime auszugehen,[24] in den Worten des IGH-Richters Lauterpacht: »Das Konzept des ius cogens funktioniert als ein Konzept, das sowohl hinsichtlich des Völkergewohnheits- als auch hinsichtlich des Völkervertragsrechts höherrangig ist. Artikel 103 der UN-Charta, der dem Sicherheitsrat im Fall eines Konflikts zwischen einer seiner Entscheidungen und einem wirksamen Vertrag zur Verfügung steht, kann wegen der Hierarchie der Normen im Konflikt zwischen Si-

20 Zuletzt: IGH, Interpretation and Application of the 1971 Montreal Convention Arising from the Aerial Incident at Lockerbie (Libyan Arab Jamahiriya v. United States), Provisional Measures, ICJ Rep. 1992, 114ff., und ICJ Rep. 1993, 3ff.

21 Zum fehlenden »Marbury-Moment« im Rahmen des UN-Regimes: Watson (1993), 1ff., 45; Franck (1992), 519ff., 638ff.; siehe aber: ICTY, Prosecutor v. Tadic, Decision on the Defense Motion for Interlocutory Appeal on Jurisdiction, IT-94-1-AR72, Entscheidung vom 2. Oktober 1995, I.L.M. 35 (1996), 32ff.

22 Martenczuk (1996), 275.

23 Koskenniemi (2003), 10; Marschik (1997), 162f.

24 Im Ergebnis ebenso unter anderem: Herdegen (1994), 156; Scott, Qureshi und Michell (1994), 59; Watson (1993), 1ff.

cherheitsratsresolution und ius cogens nicht zur Anwendung kommen. In der Tat muss man nur die gegenteilige Behauptung aufstellen, nämlich dass eine Sicherheitsratsresolution die Teilnahme sogar an einem Genozid verlangen mag, um ihre Inakzeptabilität zu demonstrieren.«[25] Der EuGH hat konsequenterweise in einem Urteil vom 21. September 2005, das anlässlich der Frage der Rechtmäßigkeit von Maßnahmen gegen die Finanzierung terroristischer Gruppen ergangen ist und Rechtsakte der Gemeinschaftsorgane zum Gegenstand hatte, mit denen die einschlägigen Resolutionen des UN-Sicherheitsrats umgesetzt wurden, entschieden: »Das Völkerrecht erlaubt also die Annahme, dass es eine Grenze für den Grundsatz der Bindungswirkung der Resolutionen des Sicherheitsrats gibt: Sie müssen die zwingenden fundamentalen Bestimmungen des jus cogens beachten. Im gegenteiligen Fall, so unwahrscheinlich er auch sein mag, binden sie die Mitgliedstaaten der UNO nicht und damit auch nicht die Gemeinschaft.«[26]

Anders als das UN-Regime werden die wirtschaftlichen, wissenschaftlichen, technischen, medizinischen, kulturellen, religiösen Regimes je eigene Referenzpunkte für Unverfügbares herausbilden müssen. Dieser Prozess ist auch im Rahmen der lex mercatoria, gegenüber der sich die lex constructionis verselbständigt hat, zu forcieren. Unabhängig davon, welches Recht die jeweiligen Verträge der lex constructionis für anwendbar erklären mögen, und unabhängig von speziellen nationalen Interessen, deren Berücksichtigung von Vertretern der so genannten Sonderanknüpfungstheorie auch außerhalb des Vertragsstatutes gefordert wird,[27] ist die Emergenz eines spezifisch im Bereich der lex mercatoria geltenden Rechts erga omnes zu beobachten, das nicht mehr auf territorial gebundene Politikentwürfe abstellt. Das bedeutet, dass man zwar auch unter Bezugnahme auf die Furundzija-Rechtsprechung des ICTY, unter Anwendung der Sonderanknüpfungstheorie und einer Artikel 53 der WVK folgenden völkerrechtsmäßigen Rekonstruktion des staatlichen ius cogens zu dem Ergebnis kommen könnte, dass die Schiedsgerichte Umweltfolgen und Menschenrechtsimplikationen

25 IGH, Richter Lauterpacht, abweichende Meinung, Application of the Convention on the Prevention and Punishment of the Crime of Genocide, Provisional Measures II, ICJ Rep. 1993, 4 ff. (440).

26 EuGH, Rechtssache T-306/01, Urteil v. 21.9.2005, Ziff. 281.

27 Voser (1996), 323 ff.

über die konkrete Vertragsgestaltung hinaus als spezifisches ius non dispositivum beachten müssen. Die lex mercatoria hat indes eigene Unverfügbarkeiten hervorgebracht und die Schiedsgerichte werden einen eigenen ordre public anzuwenden haben:[28] »Es wird allgemein anerkannt, dass sich der Schiedsrichter im Namen eines genuin internationalen Gemeinwohls weigern kann, bestimmte Übereinkommen der Parteien anzuwenden. Ähnlich muss das Schiedsgericht, um die Prinzipien zu gewährleisten, die das Schiedsgericht als Teil eines transnationalen oder internationalen Gemeinwohls betrachtet, entscheiden, dass solch eine Norm über dem Willen der Parteien steht. Wegen des transnationalen Charakters dieser Normen, ist eine Verbindung zwischen dem Staat, der die verbindlichen Regeln erlassen hat, und dem Rechtsstreit nicht nötig.«[29]

Dabei ist auch zu berücksichtigen, dass aus einer mangelnden Beachtung zwingenden Rechts eine Nichtvollstreckbarkeit der Entscheidung resultieren kann.[30] Wichtiger und letztlich auch effektiver als ein solch externer Anstoß ist aber die regimeimmanente Juridifizierung der Pflicht der Schiedsgerichte, zwingende Regeln zu beachten.[31] Die Möglichkeiten dieser schiedsrichterlichen Rechtsbindung für die Generierung des ius non dispositivum sind innerhalb der lex mercatoria bei weitem nicht ausgeschöpft, und es ist insbesondere daran zu denken, dass aus der schiedsrichterlichen Missachtung von Normen des ius non dispositivum, d. h. beispielsweise des umweltrechtlichen Grundsatzes nachhaltiger Entwicklung oder des menschenrechtlichen Mindeststandards, ein den nationalen Amts- und Dritthaftungsansprüchen nachzubildender Anspruch der Drittbetroffenen gegen das Schiedsgericht resultieren kann.

28 Siehe nur: Mayer (1986), 274 ff., 287; Bucher und Tschanz (1989), 102 ff., 105.

29 Voser (1996), 323 ff.

30 Siehe United Nations Convention on the Recognition and Enforcement of Foreign Arbitral Awards, 10.6.1958, U.N.T.S. 38, Art. V(1)(c); ferner Posner (1999), 647 ff., 651.

31 Siehe: Guzman (2000), 1279 ff., 1316 f.: »The use of arbitration can be reconciled with the presence of mandatory rules by recognizing that the arbitrator and the parties to the transaction are bound by contract and by imposing on the arbitrator a duty to apply mandatory laws in the performance of his contractual obligations. Under arbitrator liability, the arbitrator is required to carry out his responsibilities subject to the requirement that he respect mandatory rules, just as he must carry them out subject to a duty of good faith. Like the duty of good faith, the duty to enforce mandatory rules cannot be waived by contract.«

Eine gänzlich andere Frage als die der angemessenen juristischen Operationalisierung des ius non dispositivum ist allerdings die nach der Funktion der Wertreferenzen in den Operationen des Rechts. Es gibt unzählige Bezugnahmen beispielsweise des IGH auf globale Werte.[32] Das manifestiert zunächst einmal, dass sich Recht nicht in der Rechtsgeltung erschöpft, sondern durch die Bezugnahme auf Werte »oberhalb aller fluktuierender Geltungen eine Sinnebene in Anspruch nehmen kann, auf der notwendige Grundlagen – modern gesprochen: des freiheitlichen Zusammenlebens – formuliert sind«.[33] Die Feststellung innerhalb der Doktrin der Internationalen Gemeinschaft,[34] dass sich ein gemeinsamer Wertebezug gebildet hat, ist daher zwar einerseits richtig, da insbesondere die Existenz der *International Bill of Rights* manifestiert, dass die Diskussion um Werte-Universalismus und Werte-Relativismus falsch geknüpft ist. Denn man muss sich die Kataloge nur ansehen, um zu erkennen, dass auf eine überwältigende Zahl solcher Positivwerte völkervertraglich von einer überwältigenden Zahl von Völkerrechtssubjekten Bezug genommen wird.[35] Die Arbeit des Rechtssystems beginnt aber gerade hier und die Frage der universellen Werte und Menschenrechtskataloge muss anders gestellt werden: Auf was (außer auf sich selbst) verweisen diese Werte?[36] Aus Werten folgt nichts für die Entscheidung ihrer Konflikte. Sicher ist nur, dass die Positivwerte (Freiheit, Frieden, Gleichheit) ihren Negationen (Unfreiheit, Krieg, Ungleichheit) vorzuziehen sind.[37] Eine konsentierte Hierarchie unterschiedlicher Werte gibt es dabei genauso wenig wie wechselseitigen Ausschluss. Darum hilft der Hinweis auf die universelle Wertegemeinschaft kaum weiter, zumal sich in den Katalogen das Paradox der Sozialvertragskonstruktion wiederholt: Die diffuse Formel »die Rechte des einen sind die Pflichten des anderen« findet jetzt eine positivierte Gestalt in Klauseln wie »Jeder hat Pflichten gegenüber der Gemeinschaft, in der allein die freie und volle Ent-

32 Nachweise zur Rechtsprechung des IGH bei Tomuschat (1999), 23 ff., 46 ff.

33 Luhmann (1993a), 527.

34 Ausführlich: Paulus (2001), 250 ff.

35 Zum Wertekonsens: Verdross (1964), 12; Verdross (1953/54), 129 ff., 139 ff.; siehe auch: Kadelbach (2004), 1 ff.

36 Luhmann (1995a), 229 ff.; Luhmann (1993b), 18.

37 Zum Problem, dass unterschiedliche Beobachter demselben Wert unterschiedliche Inhalte geben, siehe nur: Chaumont (1970), 335 ff., 344.

faltung seiner Persönlichkeit möglich ist. Jeder ist bei der Ausübung seiner Rechte und Freiheiten nur den Beschränkungen unterworfen, die das Gesetz ausschließlich zu dem Zweck vorsieht, die Anerkennung und Achtung der Rechte und Freiheiten anderer zu sichern und den gerechten Anforderungen der Moral, der öffentlichen Ordnung und des allgemeinen Wohles in einer demokratischen Gesellschaft zu genügen. Diese Rechte und Freiheiten dürfen in keinem Fall im Widerspruch zu den Zielen und Grundsätzen der Vereinten Nationen ausgeübt werden.«[38]

Die Kataloge können so in den Fällen von Wertkollisionen, also genau in den Fällen, in denen Werte ihre praktische Relevanz erweisen müssen, kaum etwas aussagen. Sie verlieren ihren direktiven Wert genau dann, wenn er benötigt wird. Und ebenso umgekehrt: Da Entscheidungen immer und nur fällig sind, wenn Werte konfligierende Anforderungen stellen, bleiben die Entscheidungen ungeregelt.[39] Juristen sprechen dann gerne von »Werteabwägung«[40] und »praktischer Konkordanz«.[41] Aber das sind Formeln, die ihre Einheit nur darin haben, dass sie nicht verraten, zu welchen Ergebnissen sie führen, dass sie nicht sagen, was sie nicht sagen,[42] und deren verschleiernde Wirkung im internationalen Rahmen noch verstärkt wird durch Konzepte wie »margin of appreciation«.[43] Mit dieser Formel sollen kulturelle Eigenständigkeiten reflektiert werden, indem Ermessensspielräume im Hinblick auf die Beurteilung von Grundrechtseingriffen und Kollisionsentscheidungen erweitert werden.[44] Um die Wertformeln abzuwägen, praktische Konkordanzen zu praktizieren und die Kollisionsfälle zu entscheiden, bedarf es darum eines funktionierenden Rechtssystems, in dem der Wertbe-

38 Artikel 29 der Allgemeinen Erklärung der Menschenrechte; siehe auch Artikel 19 Ziffer 3 des Internationalen Pakts für bürgerliche und politische Rechte.

39 Luhmann (1993b), 20.

40 Pawlowski (1991), 378 ff.

41 Hesse (1999), Rdn. 72; für eine völkerrechtliche Reformulierung dieses Gedankens: Blumenwitz (1999), 19 ff., 30.

42 Luhmann (1981b), 293 ff.

43 Brems (1996), 240 ff.; Rupp-Swienty (1999).

44 Auch der UN-Menschenrechtsausschuss des CCPR folgt zum Teil dieser vom EGMR entwickelten Formel, insbesondere im Hinblick auf die Auslegung menschenrechtlicher Verpflichtungen der Staaten (siehe Benvenisti [1999], 843 ff.). Sie gesteht den Staaten einen weiten Ermessensspielraum bei der Umsetzung des Pakts zu.

zug dann zwar die unterstellte Einheit des Heterogenen symbolisieren mag, in dem es aber nicht diese Einheit, sondern die Differenz von Recht und Unrecht ist, mit der Verhaltenserwartungen stabilisiert werden.

Die Unterscheidung zwischen System und Umwelt muss darum die traditionelle Betonung auf die Identität von leitenden Prinzipien oder Werten ersetzen. Unterscheidungen, nicht Identitäten, ermöglichen die Wahrnehmung und Verarbeitung von Informationen. Die Schärfe der Unterscheidung zwischen System und Umwelt ist wichtiger, als der Grad der Systemintegration (was auch immer das heißen mag), weil morphogenetische Prozesse Unterscheidungen, nicht Ziele, Werte oder Identitäten benutzen, um emergente Strukturen zu bilden.[45] Kurz: Die »Rechtsgeltung« der Werte in der Weltgesellschaft ist nur dadurch beobachtbar, dass diese sich in den Operationen des Rechts kondensieren, dass sie als unverfügbar fingiert werden, indem sich das Recht, also: die Kommunikation im Recht über Recht, reflexiv auf Werte, Prinzipien und Grundrechte bezieht. Rechtsregeln, Grundprinzipien und Menschenrechte in der Weltgesellschaft sind daher kein konsentiertes oder der Natur oder der Kelsenschen Grundnorm zu entnehmendes *Apriori*, sondern diese Artefakte des Rechts beruhen auf Operationen in Zentrum und Peripherie des globalen Kommunikationssystems Recht, die einen Unterschied machen zwischen vorher und nachher, die das Recht der Weltgesellschaft ändern. So wird über die tatsächliche Geltung der Werte, ihre Kollisionen, Konkordanzen, Heterogenitäten und Antinomien, über die Kompatibilisierung des Dissenses,[46] über das Unentscheidbare des Rechts also, in den Operationen des Rechtssystems entschieden.

Diese Kollisionsentscheidungen und praktischen Konkordanzen werden aufgrund der Binnendifferenzierung des Weltrechts jedoch immer aus der Perspektive eines spezifisch funktionalen Normzusammenhangs getroffen. »Freiheit« im Kontext von ICANN oder dem Pakt für bürgerliche und politische Rechte impliziert, man mag dies moralisch bedauern, anderes als die Evozierung der »Freiheit des Handels« im Kontext des WTO-Regimes. In der Regimeperspektive kommt es dabei nicht nur darauf an, Kollisionen zwischen

45 Luhmann (1990c), 175 ff., 179.

46 Hierzu Ladeur (1986), 265 ff., 273; siehe auch die Darstellung bei Neves (1992), 42 ff.

unterschiedlichen Werten zu entscheiden, sondern auch unterschiedliche Freiheitsbegriffe in unterschiedlichen Regimes miteinander kompatibel zu halten.[47] Der Hinweis auf einen »cohesive clue«[48] der Globalwerte oder gar einen »overwhelming consensus«[49] hat daher nicht nur keinen operativen Mehrwert, sondern verkennt auch, dass man es jeweils nicht mit einem tatsächlichen Konsens in der internationalen Gemeinschaft zu tun hat, sondern mit autonomen, dezentralen und fragmentierten Normierungsprozessen, die jeweils mit eigenen Konsensunterstellungen arbeiten, jeweils eigene textliche Referenzen beinhalten, in jeweils unterschiedlichen Kontexten Unterschiedliches in Bezug nehmen und durch einen Re-entry fremder Rationalitäten in jeweils eigene Deparadoxierungsprozesse eintreten, um die Kommensurabilität des Inkommensurablen zu fingieren.

47 Vgl. Chaumont (1970), 344.
48 Tomuschat (1997), 43.
49 Rawls (1996), 133.

12. Stare Decisis versus Default Deference

Anstelle der Bindungswirkung von höchstrichterlichen Entscheidungen erfordert die Netzwerklogik im transnationalen Recht, dass die autonomen Regimes in gegenseitige Beobachtungsbeziehungen eintreten.[1] Rechtssicherheit wird in einem solchen polyzentrischen Rechtssystem nicht von einer hierarchischen Gerichtsinstanz im Zentrum des Rechts erzielt werden, sondern eine Unsicherheitsabsorption ist einigermaßen realistisch nur durch den iterativen Anschluss von Rechtsentscheidungen an Rechtsentscheidungen zu erwarten, die an die Tradition der Präjudizienbindung anschließen, sich aber in wichtigen Punkten davon unterscheiden.

Viertes Beispiel: Transnationales Strafrecht

Die menschenrechtswidrige Praxis des Verschwindenlassens ist ein relativ junges Phänomen. Die Technik ist zum ersten Mal in Hitlers »Nacht-und-Nebel-Erlass« vom 7. Dezember 1941 als Strategie dokumentiert. Das Nazi-Regime beabsichtigte, die Bevölkerung durch Maßnahmen, die das Schicksal der Opfer im Ungewissen halten, wirksam und nachhaltig abzuschrecken: »Die abschreckende Wirkung dieser Maßnahme liegt a) in dem spurlosen ›Verschwindenlassen‹ der Beschuldigten, b) darin, dass über ihren Verbleib und ihr Schicksal keinerlei Auskunft gegeben werden darf.«[2] Als systematische, staatliche Repressionstechnik wurde das Verschwindenlassen in den 60er und 70er Jahren in Lateinamerika angewendet. Guatemala und Brasilien waren die ersten Diktaturen, die sich der *desaparición forcada* bedienten. Kurze Zeit später kamen Chile und

1 Slaughter (2003), 191 ff.; Burke-White (2002), 1 ff.

2 IMT, Bd. XXXVII, 570 ff. (575), vom 7.12.1941, zusätzliche Erläuterung von Keitel; hierzu auch Keitels Aussage am einhundertsten Verhandlungstag des Nürnberger Prozesses, 6.4.1946: »Ich habe damals und gestern auch schon ausgesagt, dass ich persönlich der Ansicht war, dass die heimliche Abtransportierung für mein Gefühl außerordentlich viel grausamer war, als ein Todesurteil im Einzelfalle« (IMT, Band X, 702).

Argentinien hinzu.[3] Die interamerikanische Menschenrechtskommission und die UN-Menschenrechtskommission waren die ersten internationalen Institutionen, die sich mit dem Phänomen aus einer menschenrechtlichen Perspektive auseinander setzten. Die Ad-hoc-Arbeitsgruppe der Menschenrechtskommission der UN, die sich mit der Aufarbeitung der Vorwürfe im Zusammenhang mit dem Militärputsch Augusto Pinochets vom 11. September 1973 befasste, dokumentierte als erstes UN-Organ am 4. Februar 1976 einen Fall des Verschwindenlassens.[4] Kurze Zeit später folgte ein Bericht der interamerikanischen Menschenrechtskommission.[5] Beide Male ging es um das Verschwinden von Alphonse-René Chanfreau. Bis heute beschäftigt dieser Fall die internationalen Gerichte. Und nicht nur der spanische Ermittlungsrichter Baltasar Garcon, der mit der Ausstellung des Haftbefehls gegen Pinochet wegen spanischer Opfer der chilenischen Militärdiktatur im Jahr 2001 für Aufsehen gesorgt hatte, sondern beispielsweise auch der Pariser Richter Roger Le Loire hat im Fall Pinochet wegen des Verschwindens von Alphonse-René Chanfreau einen Auslieferungsantrag gestellt.[6] Wegen der Vielzahl der weltweiten Fälle richtete die Menschenrechtskommission im Jahr 1980 ihre erste deliktgebundene Arbeitsgruppe überhaupt ein. Die Arbeitsgruppe *On Enforced and Involuntary Disappearances* wurde mit Resolution 20 (XXXVI) vom 29. Februar 1980 begründet. Sie geht insbesondere auf den öffentlichen Druck von NGOs zurück.[7] In den zwanzig Jahren ihres Bestehens hatte die Arbeitsgruppe etwa 50 000 individuelle Fälle zu bearbei-

3 Zum Umgang dieser beiden Länder mit diesen Menschenrechtsverletzungen siehe zuletzt: Barcroft (2005), abrufbar unter ⟨www.asil.org/insights.htm⟩.

4 UN-Menschenrechtskommission, E/CN.4/1188, Ziff. 103; siehe auch: Tayler (2001), 62 ff.

5 Inter-Amerikanische Kommission für Menschenrechte, Second Report on the Situation of Human Rights in Chile, OEA/Ser.L/V/II.37 doc. 19 corr.1, 28. Juni 1976, insbes. Kapitel 7.

6 Zum Fall Pinochet: Byers (2000), 415 ff.; Ambos (1999), 16 ff.; zur Praxis des Verschwindenlassens unter der Pinochet-Diktatur siehe zuletzt den Bericht Informe de la Comisión Nacional sobre Prisión Política y Tortura, November 2004, abrufbar unter: ⟨http://www.servicios.gov.cl/comision⟩; siehe auch Barcroft (2005), abrufbar unter ⟨www.asil.org/insights.htm⟩.

7 Siehe den ersten Arbeitsbericht der Kommission E/CN.4/1435, 26.1981; Schmitz (2001), 7 ff., 8; siehe auch den Bericht der Arbeitsgruppe, E/CN.4/1997/34, vom 13. Dezember 1996.

ten.[8] Die Praxis des Verschwindenlassens ist ein Phänomen mit universellem Ausmaß. So hatte die Arbeitsgruppe bislang Fälle aus 90 Staaten zu bearbeiten, deren Aufklärungsrate bei lediglich zehn Prozent liegt. Als Länder mit der höchsten Rate unaufgeklärter Vorwürfe des Verschwindenlassens sind gegenwärtig Irak und Sri Lanka, gefolgt von Argentinien, Guatemala, Peru, El Salvador, Algerien, Kolumbien, Chile, Indonesien, Iran, die Philippinen, Libanon, Indien, Sudan, Mexiko, Russland, Yemen, Honduras, Marokko, Äthiopien, Nicaragua und Türkei zu nennen.[9] Aber auch die Vorwürfe gegen die USA, im Kampf gegen den Terror Kriegsgefangene an geheime Orte verschleppt zu haben, gehören in diesen Zusammenhang.[10]

Was hier interessiert, ist, wie das Weltrechtssystem mit der Praxis des Verschwindenlassens umgeht. Die Fälle werfen schwierige Rechtsfragen auf, und eine ganze Reihe von nicht-territorialen Gerichten ist am Knüpfen gordischer Knoten beteiligt, die manch einer gern durch das Schwert der Politik zerteilt wüsste.[11] Simplifiziert kann man die juristischen Herausforderungen in die Frage fassen, über welche Jurisdiktionsregeln welche Delikte in welchen Regimes unter welcher Behandlung der Immunitätsfrage gerichtlich beurteilt werden konnten. Die Diskussion wurde an anderer Stelle ausführlich behandelt.[12] Der Fall des Verschwindenlassens dient hier unter den Gesichtspunkten der Iteration und der Unsicherheitsabsorption als ein Beispiel für die Transformation von Kontingenzen im Völkerstrafrecht.

8 Siehe nur E/CN.4/2002/79 und E/CN.4/1983/14; E/CN.4/1986/18/Add.1; E/CN.4/1989/18/Add.1; E/CN.4/1990/13; E/CN.4/1991/20; E/CN.4/1992/18;E/CN.4/1997/34.

9 Siehe zum Ganzen: UN-Menschenrechtskommission, Bericht von Manfred Nowak, E/CN.4/2002/71, 8. Januar 2002, Ziff. 6 ff., m.w.N. Zu Verdachtsfällen in den Jahren 2000 und 2001 siehe: E/CN.4/2001/68 und E/CN.4/2000/64.

10 Zur Anzeige gegen US-Militärs in der Bundesrepublik: Fischer-Lescano (2005c), 72 ff.; speziell zu den Vorwürfen des Verschwindenlassens gegen US-Verantwortliche: Paust (2004), 79 ff.

11 Gegen »universal jurisdiction« z.B.: Kissinger (2001), 86 ff.; gegen Immunitätsausnahmen und die völkerstrafrechtliche Entwicklung insgesamt: Kahn (1999), ⟨www.bostonreview.net⟩.

12 Fischer-Lescano (2005b), 108 ff.; instruktive Zusammenfassung der dogmatischen Fragen und der Desiderata bei: Nowak (Anm. 9), 8 ff.; 25 ff.

Als eine der ersten Entscheidungen, die sich ausdrücklich dem Delikt des Verschwindenlassens widmen,[13] ist die Entscheidung des US-Bezirksgerichts in Nordkalifornien in der Sache Forti v. Suárez Mason zu nennen. Das Gericht kam zunächst, da ihm keine Präzedenzfälle genannt werden konnten, zu dem Ergebnis, dass sich nicht feststellen lasse, »dass der erforderliche Grad eines internationalen Konsenses besteht, der eine völkergewohnheitsrechtliche Norm nachweist«.[14] Doch die Kläger wollten sich mit dieser Entscheidung nicht zufrieden geben und im selben Fall wagte dasselbe Gericht einige Monate später ein nur auf Literaturmeinungen und die politische Deklarationslage abstellendes »fresh judgment«. Es entschied: »Die Rechtsgelehrten, deren Deklarationen in Verbindung mit diesem Antrag übermittelt wurden, stimmen darin überein, dass es einen universellen Konsens über die zwei grundlegenden Elemente eines Anspruchs auf Schutz vor Verschwindenlassen gibt. [...] Die Antragsteller zitieren unzählige internationale Autoritäten, die die Behauptung unterstützen, dass das Verschwindenlassen ein universelles Unrecht unter dem Recht der Völker ist.«[15]

In der Folgezeit gab es eine Fülle von Urteilen zum Delikt des Verschwindenlassens. Aus unterschiedlichem Anlass wurde diese Frage in den unterschiedlichsten Regimes behandelt, darunter nationale Gerichte, der Amerikanische Menschenrechtsgerichtshof, der Europäische Gerichtshof für Menschenrechte und der Menschenrechtsausschuss für Bosnien-Herzegowina.[16] Neben der Emer-

13 Vgl. schon den Ausschuss nach dem CCPR: Maria del Carmen Almeida de Quinteros v. Uruguay, 107/1981 (17. September 1981), U.N. Doc. Supp. No. 40 (A/38/40), Ziff. 216 (1983); Maria del Carmen Almeida de Quinteros v. Uruguay, Az. 107/1981 (15. Oktober 1982), U.N. Doc. CCPR/C/OP/2, Ziff. 11 (1990).

14 U.S. District Court, Forti v. Suárez Mason, 672 f. Supp. 1531 (N.D. Cal. 1987).

15 U.S. District Court, Forti v. Suárez Mason, 694 f. Supp. 707, 710 (N.D. Cal. 1987).

16 Statt aller: Amerikanischer Menschenrechtsgerichtshof, Caso Velásquez Rodríguez, 29. Juli 1988, Serie C, No. 4, insbes. Ziff. 153, I.L.M. 28 (1989), 294 ff.; später: Amerikanischer Menschenrechtsgerichtshof: Godínez Cruz/Honduras, 8097/1982, 20.1.1989; Caballero-Delgado y Santana/Colombia, 10319/1989, 8.12.1995; Blake/Guatemala, 11219/1993, 24.1.1998; Villigran Morales y Alcase/Guatemala, 11383/1994, 19.11.1999; Bámaca Velásquez/Guatemala, 11129/1993, 25.11.2000; Durán y Ugarte/Peru, 10009 und 10078/1987, 16.8.2000; Trujillo Oroza/Bolivien, 26.1.2000; Europäischer Gerichtshof für Menschenrechte: Kurt/Türkei, 24276/94, 25.5.1998; Kaya/Türkei, 22535/93, 28.3.2000; Cicek/Türkei, 25704/94, 27.2.2001; Zypern/Türkei, 25781/94, 10.5.2001; Ausschuss nach dem CCPR: Bau-

genz einer transnationalen Verbotsnorm, ja, gar einer Ius-cogens-Norm im Sinne von Artikel 53 der WVK in Bezug auf das Verschwindenlassen und der Rezeption dieser Entscheidungen durch nationale Gerichte sind die zu beobachtenden gegenseitigen Beobachtungen der Gerichte mit den unterschiedlichsten Regimezugehörigkeiten besonders bemerkenswert.[17] Nicht immer werden dabei die Vernetzungen explizit gemacht,[18] häufiger ist ein eher informaler Anschluss an die gegebene Transformationslage, der die in den vorangegangenen Entscheidungen erarbeiteten Aspekte aufnimmt. So ist auch die Entscheidung des IGH im Haftbefehlfall, in der das Gericht auf unterschiedliche Immunitätsausnahmeregelungen für staatliche Funktionsträger vor nationalen Gerichten abstellt, je nachdem, ob die Delikte in privater oder öffentlicher Funktion verübt wurden,[19] nur zu verstehen, wenn man die Entscheidungen in den argentinischen Fällen und im Pinochet-Fall kennt und weiß, dass diese Differenzierung nach privat und öffentlich ein normatives Konzept verbirgt, das der Verübung schwerer Menschenrechts-

tista de Arellana v. Colombia, Communication No. 563/1993, U.N. Doc. CCPR/C/55/D/563/1993 (1995); Menschenrechtsausschuss für Bosnien-Herzegowina: Palic/Republik Srpska, CH/99/3196, 11.1.2001; Unkovic/Bosnien Herzegowina, CH/99/2150, 9.11.2001.

17 Siehe beispielsweise die Entscheidung des argentinischen Corte Suprema, Buenos Aires, 14.6.2005, Az. 17.768, abrufbar unter ⟨www.mpf.gov.ar/Novedades/ Sim%F3n.pdf⟩; aus dem Verfahrensgang vgl. die Entscheidung des arg. Bundesgerichts, Az. 8686/2000, veröffentlicht in *Revista Argentina de Derecho Constitucional* 2 (2001), 129 ff. (252); vgl. auch die Entscheidung des chilenischen Corte Suprema, 17. November 2004 (Az. 2182-98, abrufbar über: ⟨www.poderjudicial.cl⟩), in der das Gericht das chilenische Amnestiegesetz von 1978 außer Kraft gesetzt hat.

18 Die ersten der in der oberen Anm. 16 genannten Entscheidungen verwiesen noch vornehmlich auf politische Erklärungen. Spätere Entscheidungen pflegen aber eine gegenseitige Verweisungstechnik. Im Bámaca Velásquez-Fall (Anm. 16) zitiert der AGMR in den Ziff. 162 ff. z. B. den EGMR und den Ausschuss nach dem CCPR. Der durch den AGMR mit seiner Entscheidung in der Sache Kurt v. Türkei zitierte EGMR (Anm. 16) verwies in dieser Entscheidung seinerseits unter anderem auf die Rechtsprechung des AGMR und des Ausschusses nach dem CCPR (siehe EGMR, Kurt v. Türkei [Anm. 16], Ziff. 65 f.). Auch der Menschenrechtsausschuss für Bosnien-Herzegowina verweist in den Ziff. 91 ff. der Entscheidung in der Sache Unkovic/Bosnien-Herzegowina (CH/99/2150, 9.11.2001) auf unter anderem den EGMR und den Ausschuss nach dem CCPR.

19 IGH, 14. Februar 2002, Haftbefehlfall (Democratic Republic of the Congo v. Belgium), ICJ Rep. 2002, 121 ff., und I.L.M. 41 (2002), 536 ff., Ziff. 61.

verbrechen den Charakter einer offiziellen Staatstätigkeit abspricht und sie daher als privat einstuft.[20] Die Frage, »wann gibt es ratione materiae keine Immunität für Personen, die ratione personae als immun zu betrachten sind«, wurde insbesondere vom House of Lords in den Pinochet-Entscheidungen in die Differenz privat/öffentlich transformiert, und an diese Differenz knüpfte der IGH an, auch wenn er im konkreten Fall, eines *amtierenden* Funktionsträgers, den Erlass eines Haftbefehls für völkerrechtswidrig betrachtete.[21] Insbesondere im Haftbefehlfall zwischen Belgien und Kongo kommt zum Ausdruck, dass das Völkerrecht in der Abwägung zwischen den Rechtsgütern des Individualschutzes (Aufklärung und Bestrafung von Menschenrechtsverletzungen, aut dedere aut iudicare) und des Funktionsschutzes des diplomatischen Verkehrs zu einer abgestuften Immunitätsdogmatik gelangt ist.[22] Diese versucht, beide Rechtskreise so miteinander zu verzahnen, dass weder die diplomatische Immunität noch der Menschenrechtsschutz grundsätzlich zurückstehen müssen.[23] Ein aktuelles Verfahren, das derzeit zwischen Frankreich und Kongo am IGH anhängig ist, betrifft dabei die Frage, wie sich diese Lösung auf Ermittlungsverfahren auswirkt. Der IGH hat diesen Fall noch nicht abschließend entschieden, auch wenn er den Antrag des Kongo, gegen dessen Minister ein französisches Ermittlungsverfahren lief, auf Erlass einer einstweiligen Anordnung zurückgewiesen hat. Da strafrechtliche Ermittlungen den diplomatischen Verkehr nicht behindern, wird eine diesbezügliche Immunität von Funktionsträgern nicht angenommen werden kön-

20 Zur darauf bezogenen Rechtspflicht des *aut dedere aut iudicare* statt aller: Tomuschat (2002), 315 ff.; zur Frage der Beachtlichkeit nationaler Amnestiegesetzgebung Slye (2002), 173 ff.; zum Immunitätsverbot jüngst: UN-Menschenrechtskommission, Resolution vom 21.4.2005, E/CN.4/2005/L.10/Add.17.

21 Zum Fall Pinochet: (1) Divisional Court-Entscheidung: Augusto Pinochet Ugarte [1999], I.L.M., 68 ff. (Q.B. Div'l Ct. 1998); (2) Pinochet 1: R v. Bow Street Metropolitan Stipendiary Magistrate, ex parte Pinochet Ugarte, 3 W.L.R. 1456 (H.L. 1998); für nichtig erklärt durch: (3) Pinochet 2: R v. Bow Street Metropolitan Stipendiary Magistrate, ex parte Pinochet Ugarte (No. 2), 2 W.L.R. 272 (H.L. 1999) und (4) Pinochet 3: R v. Bow Street Metropolitan Stipendiary Magistrate, ex parte Pinochet Ugarte, 2 W.L.R. 827 (H.L. 1999); Plädoyer für eine Transformation der Differenzierung private/official acts bei: Cassese (2002), 853 ff., 869 ff.

22 IGH, Haftbefehlfall, obere Anm. 19; siehe die instruktive Zusammenfassung bei Akande (2004), 407 ff.

23 Vgl. Bothe (1971), 246 ff.

nen.[24] Anders liegen die Dinge, wenn es um eine Anklageerhebung bzw. einen Haftbefehl geht. In diesen Fällen gilt für amtierende Staatsoberhäupter, dass sie (grundsätzlich und abgesehen von einzelnen regimespezifischen Ausnahmeregelungen, die als Spezialnormen, wie z. B. die Bestrafungspflichten der Genfer Konventionen, die allgemeinen Immunitätsregeln derogieren)[25] so lange nicht belangt werden können, wie sie ihr Amt ausüben. Mit dem Ende der Amtszeit endet die Immunität und auch die Vorwürfe hinsichtlich Menschenrechtsverbrechen, die in die Amtszeit als Minister fallen und als nicht-öffentliche Funktionsausübung zu werten sind, sind gerichtlich zu untersuchen.[26]

Bemerkenswert im vorliegenden Zusammenhang ist ferner, dass der IGH in seiner Entscheidung eine Stellungnahme zum Weltrechtsprinzip bewusst unterlassen hat. Gerade von denjenigen, die sich seit Jahren für eine universelle Verfolgbarkeit der diesem Grundsatz potentiell unterfallenden Delikte einsetzen, wurde dies heftig kritisiert. Diese Kritik hat ihren Ausdruck maßgeblich in der abweichenden Meinung von Richterin van den Wyngaert gefunden.[27] Generell ist zu diesem Weltrechtsprinzip zunächst festzuhalten, dass es neben dem Territorialitäts- (Tat- und Effekt-Prinzip), dem Personalitäts- (aktiv und passiv), dem Schutzprinzip und dem Prinzip der stellvertretenden Strafrechtspflege zu den international grundsätzlich anerkannten Jurisdiktionsgrundsätzen gehört.[28] Streit gibt es jedoch über die davon umfassten Delikte und insbesondere über die Fragen, ob die Anwendung des Grundsatzes eine völkervertragliche Vereinbarung voraussetzt, ob die Vereinbarung in der Genozidkonvention für die dezentrale Universaljurisdiktion ausreicht, ob der Grundsatz völkergewohnheitsrechtlich für alle Verletzungen der Fundamentalmenschenrechte anerkannt ist und ob es neben der Zugehörigkeit zu diesen Delikten einer weiteren legitimierenden Verbindung (z. B. der Aufenthalt des Tatverdächtigen im Forumsstaat) bedarf oder ob der verbindende Anknüpfungspunkt

24 Vgl. IGH, Certain Criminal Proceedings in France (Republic of the Congo v. France), Entscheidung vom 17. Juni 2003, ⟨www.icj-cij.org⟩.

25 So zu Recht kritisch zur Argumentation des IGH: Day (2004), 489 ff.

26 Fischer-Lescano (2005c), 72 f.

27 IGH, Haftbefehlfall, obere Anm. 19, abweichende Meinung der Richterin van den Wyngaert.

28 Oehler (1983), 367 ff. und 497 ff.

bereits in der Zugehörigkeit zu der Deliktsgruppe gesehen werden kann.[29] Die Zweifelsfragen gelten weniger für Kriegsverbrechen, da die Genfer Abkommen von 1949 im Fall von »grave breaches« explizit auf das Prinzip der Universaljurisdiktion verweisen (siehe nur Artikel 129 des Dritten Genfer Abkommens),[30] und auch in der Völkermordkonvention findet sich in Artikel 6 der Hinweis auf die Jurisdiktion eines »internationalen Strafgerichts«. Dem Wortlaut der Vereinbarung ist es zwar nicht unmittelbar zu entnehmen, aber insbesondere dieser Artikel 6 wird regelmäßig als Grundlage der Universaljurisdiktion im Fall von Völkermord genannt. Im Fall der übrigen Delikte des Völkerstrafrechts ist es umstritten, ob sie alle auch die Universaljurisdiktion ermöglichen. Die diesbezügliche Praxis der Gerichte ist uneinheitlich;[31] das Bundesverfassungsgericht tendiert, dies entgegen einer vorinstanzlichen Entscheidung des BGH,[32] zu der Auffassung, dass ein weiterer Anknüpfungspunkt rechtlich nicht zu verlangen sei.[33] Auch der am 30. Juni 2002 in Kraft getretene Paragraph 1 des Völkerstrafgesetzbuches (VStGB) erstreckt in der Bundesrepublik den Anwendungsbereich des deutschen Gesetzes auf alle im VStGB genannten völkerstrafrechtlichen Delikte, »auch dann, wenn die Tat im Ausland begangen wurde und keinen Bezug zum Inland aufweist.«[34] In materieller Hinsicht unterliegen der Universaljurisdiktion demnach alle Delikte des Völkerstrafrechts. Ganz allgemein gilt für das Völkerstrafrecht, dass die Charakterisierung und Strafbarkeit internationaler Verbrechen unabhängig von eventuell entgegenstehendem, anders lautendem staatlichen Recht sind.[35] Die Qualifikation als Verbrechen ergibt

29 Vyver (1999), 5 ff.

30 Genfer Abkommen vom 12. August 1949 über die Behandlung der Kriegsgefangenen (BGBl. 1954 II 781; 75 U.N.T.S. 135, 150).

31 Zur Diskussion: Hans (2002), 357 ff.; Committee on International Human Rights Law and Practice (2000), 1 ff.; King (2001), 281 ff.

32 BGH vom 30. April 1999, 3 StR 215/98, NStZ 1999, 396 ff.

33 BVerfG, 2 BvR 1290/99 vom 12.12.2000, Absatz-Nr. 1-49, 38, ⟨http://www.bverfg.de⟩. An fortgerückter Stelle lässt das BVerfG diese Frage dann wieder offen: BVerfG, ebd., Rdn. 44.

34 Der Gesetzgeber hat das sonst bei Auslandstaten bestehende Ermessen der Staatsanwaltschaft strukturiert und eingeschränkt. Der im Gesetzgebungsverfahren für das VStGB neu eingeführte § 153 f. der Strafprozessordnung sieht z. B. eine Verfolgungspflicht für den Fall vor, dass sich der Beschuldigte im Inland aufhält oder ein solcher Aufenthalt zu erwarten ist; hierzu Bothe und Fischer-Lescano (2005), 11.

sich vielmehr auf der Grundlage von Rechtsnormen, die Ausdruck in völkergewohnheitsrechtlich oder -vertraglich fixierten Straftatbeständen gefunden haben. Während die zuvor geschilderten Jurisdiktionsgrundsätze den Gerichten also Zuständigkeiten einräumen, dabei jedoch stets eine innerstaatliche Umsetzung nötig ist, damit die dezentralen Foren, den staatlichen Strafanspruch wahrnehmen können, folgt die Strafbarkeit nach Völkerstrafrecht unmittelbar aus der internationalen Rechtsnorm.[36] Zu diesen Delikten gehören unter anderem – im Statut des internationalen Strafgerichtshofs sind die Delikte zusammengeführt – Kriegsverbrechen (Artikel 8), Verbrechen gegen die Menschlichkeit, darunter Foltern, rechtswidrige Tötungen und das Verschwindenlassen[37] (Artikel 7), Genozid (Artikel 6) und das Verbrechen des Angriffskrieges (Artikel 1, Absatz 1, Buchstabe d), wobei die Deliktsmerkmale des Angriffskrieges noch zu präzisieren sind.[38]

Der IGH hätte in seiner Entscheidung im Haftbefehlfall Gelegenheit gehabt, zu den mit der Anwendung des Weltrechtsprinzips verbundenen Zweifelsfragen Stellung zu nehmen. Besonders in prozeduraler Hinsicht ist umstritten, ob das Prinzip einen weiteren Anknüpfungspunkt verlangt, mit anderen Worten, ob beispielsweise der Täter zumindest im jeweiligen Forumsstaat seinen Wohnsitz haben muss, und ob möglicherweise für das Weltrechtsprinzip eine Subsidiaritätsklausel zur Anwendung kommen sollte, das heißt, ob die Zuständigkeit internationaler Gerichte evtl. erst dann anzunehmen ist, wenn die lokalen Foren (technisch: »local remedies«) versagen.[39] Der IGH hat die Gelegenheit verpasst, dazu Klärendes zu kommunizieren. Die die Entscheidung tragenden Richter haben in separaten, das heißt im Ergebnis zustimmenden, in der Begründung

35 Werle (2003), 39 ff.

36 Pella, UN Doc. A/CN4/39 (1950), 17.

37 Brownlie (1998), 308.

38 Kritik am Versuch der ILC die Delikte im »Draft Code of Crimes against the Peace and Security of Mankind« (siehe ILC Report, A/51/10, 1996, Kap. II[2], Ziff. 46-48) zu systematisieren bei Allain und Jones (1997), 100 ff.; zum völkergewohnheitsrechtlich geltenden Delikt des Angriffskrieges vgl. Kreß (2003), 295 ff.

39 So explizit: Sentencia del Tribunal Supremo (Spanien) sobre el caso Perú por genocidio, Az. 712/2003, 20.05.2003, I.L.M. 42 (2003), 1200 ff.; unter Ziff. 6 verneint das Gericht die »Notwendigkeit« eines Prozesses in Spanien, da die Delikte aktuell in Peru verfolgt würden. Da die einschlägigen Konventionen eine solche Subsidiaritätsklausel nicht kennen, ist ihre Rechtsgeltung fraglich.

abweichenden Stellungnahmen ihren Dissens publik gemacht. In den Begründungen der Richterin Higgins und der Richter Kooijmans, Buergenthal auf der einen und des seinerzeitigen Präsidenten des IGH, Richter Guillaume, auf der anderen Seite, kommt dies zum Ausdruck. Richter Guillaume, der einer der maßgeblichen Befürworter einer Hierarchisierung der internationalen Gerichtsordnung ist,[40] malte ein düsteres Bild. Folge der Stärkung des Weltrechtsprinzips sei eine gerichtliche Chaossituation: »Im Gegensatz zu dem, was von gewissen Publizisten befürwortet wird, würde eine solche Entwicklung keinen Fortschritt des Rechts, sondern einen Schritt zurück darstellen.«[41] Dem hielten Richterin Higgins und die Richter Kooijmans und Buergenthal Effektivitätsfragen entgegen: »Zudem ist es ziemlich riskant, in dieser Hinsicht zu viel von einem zukünftigen internationalen Strafgerichtshof zu erwarten. Die einzig zuverlässige Alternative scheint dafür die Möglichkeit zu sein, Verfahren in einem ausländischen Gericht zu beginnen, wenn die verdächtigte Person aus dem Amt des Außenministers ausgeschieden ist.«[42]

Letzteres ist eine ernstzunehmende Einschätzung, da den existierenden internationalen Tribunalen sowohl in sachlicher (ICTY und ICTR) als auch in zeitlicher (das ICC ist nur für Delikte nach seiner Errichtung zuständig) Hinsicht nur eine eingeschränkte Jurisdiktionsgewalt übertragen ist und da die Auffassung von Richter Guillaume das Kohärenzprinzip absolut setzt, ohne anzuerkennen, dass es Alternativen zu einem Stufenbau des Rechts gibt, die in einer Vernetzung gerichtlicher Entscheidungen bestehen und die das ernst nehmen, was bereits Hersch Lauterpacht formulierte, dass nämlich die Funktionsweise des Rechts in der Gesellschaft »ein Prozess der graduellen Kristallisation der abstrakten Regel« ist.[43] Axel Halfmeier stellt dabei hinsichtlich der dezentralen Instaurationsprozesse im zivilrechtlichen Bereich ganz zu Recht und auf das Völkerstrafrecht übertragbar fest, dass die Zukunft rechtlicher Entscheidungsfindung unter den Bedingungen der Globalisierung nicht in einem

40 Siehe Guillaume (1995), 861 ff.

41 IGH, Haftbefehlfall, obere Anm. 19, separate Meinung von Richter Guillaume, Ziff. 15.

42 IGH, Haftbefehlfall, obere Anm. 19, gemeinsame separate Meinung der Richterin Higgins und der Richter Kooijmans, Buergenthal, Ziff. 75.

43 Lauterpacht (1933), 255.

zentralisierten System von Weltgerichten liegt, »sondern in einem dezentralen Flickenteppich aus Entscheidungen nationaler Zivilgerichte zu transnationalen Sachverhalten. Aus diesen dezentralen Entscheidungen entwickelt sich derzeit im Hinblick auf Menschenrechtsverletzungen ein transnationales Zivilrecht«.[44]

Die Fragmentierungsdiskussion im Völkerrecht geht darum an der Sache vorbei, wenn sie sich auf eine hierarchische Lösungsmöglichkeit des Problems konzentriert. Die Netzwerktheorie trägt hier die Einsicht bei, dass die wechselseitige Beobachtung der Knoten nicht als kollektive Willensbildung und kollektive Entscheidung im Gesamtnetz aktualisiert wird, sondern nur als iterative Sequenz von Knotenentscheidungen, die jeweils als Entscheidungsprämissen in die Entscheidungen anderer Knoten eingehen. Entscheidend ist dann die Frage: Wie wird ein Bindungseffekt erreicht, der aus einer bloßen Fremdbeobachtung eine interne Netzwerkbeobachtung macht? In der Jurisprudenz ist dies die Frage nach der Bindungswirkung von Präjudizien innerhalb eines vernetzten Zusammenhanges. Gibt es hier einen Weg zwischen der Scylla einer globalen Rechtsbindung durch Präjudizien und der Charybdis eines Präzedenzkonzepts, das auf bloße Persuasion oder gar lediglich auf zu harmonisierende Methodenkonzepte setzt?[45] In der Tat bietet sich die »default deference« an, also eine Vermutung, dass Entscheidungen internationaler Regimegerichte füreinander Präjudizcharakter haben.

Was in Ansätzen bereits für das Verhältnis nationalstaatlicher Gerichte zu Regimegerichten Eingang in die Rechtspraxis gefunden hat,[46] wäre darum auch für Interregimekonflikte zu fordern: Gegenseitige Beobachtung, Berücksichtigung und Auseinandersetzung mit den jeweiligen Urteilsgründen. Ähnlich hat beispielsweise auch das Bundesverfassungsgericht das Verhältnis nationaler Gerichte zum Europäischen Gerichtshof für Menschenrechte im Oktober 2004 neu justiert.[47] Die Entscheidung des BVerfGs ist dabei dafür

44 Halfmeier (2004), 653 ff., 685.

45 So Neumann (2001), 529 ff., 547.

46 Ein Beispiel jüngeren Datums ist die viel zitierte Entscheidung des US-amerikanischen Supreme Court (Lawrence v. Texas, 539 U.S. 558 [2003]), in der das Gericht eine Entscheidung des Europäischen Menschenrechtsgerichtshofs (Dudgeon v. United Kingdom, Eur. Ct. H. R. 45 [1981], 52) heranzieht.

47 BVerfG, 2 BvR 1481/04 vom 14.10.2004, BVerfGE 111, 307 ff.

zu kritisieren, dass das Gericht in hierarchischen Normstrukturen denkt und in dieser Logik die Normen der Europäischen Menschenrechtskonvention dem deutschen Verfassungsrecht subordiniert.[48] Das war ein Affront, der unmittelbare Gegenwehr insbesondere durch den Präsidenten des EGMR hervorgerufen hat.[49] Denn die Gefahr besteht, dass nach dem durch das Maastrichturteil des BVerfG ausgelösten Kräftemessen zwischen EuGH und BVerfG und der Fülle an Literatur zum Rangordnungsverhältnis der nationalen Verfassungsgerichte und dem EuGH nun eine erneute Subordinationsdebatte einsetzen könnte.[50] Eine solche Debatte wäre wahrlich fehlorientiert, da sie in den überholten Kategorien eines Stufenbaus der Institutionen denkt, wo stattdessen Theorie und Praxis des Interdependenzaufbaus durch Vernetzung von Kommunikationsakten im transnationalen Menschenrecht gefordert wäre.[51]

Marc Amstutz hat dies im Verhältnis des EuGH zu den nationalen Gerichten am Beispiel der EuGH-Rechtsprechung zur »richtlinienkonformen Auslegung« vorgeführt.[52] Und in dieser Logik wäre auch die Provokation im Urteil des Bundesverfassungsgerichts unnötig gewesen, wenn das Gericht den Normpluralismus ernst genommen und stattdessen auf die Kompatibilisierung heterogener Geltungsanordnungen gesetzt hätte. Ein solcher Ansatz findet sich durchaus auch in der Entscheidung des Gerichts, wenngleich die öffentliche Rezeption der Entscheidung durch die Hierarchisierungsfrage überlagert wird. Insbesondere die vom Bundesverfassungsgericht skizzierte Präjudizienlehre ist jedoch positiv hervorzuheben. Denn das Gericht gibt den nationalen Gerichten auf, »die Entscheidung des Gerichtshofs [des EGMR, die Verf.] im innerstaatlichen Bereich zu berücksichtigen, das heißt, die zuständigen Behörden oder Gerichte müssen sich mit der Entscheidung erkennbar auseinander setzen.«[53] Konsequenterweise verlangt das Bundesver-

48 Näher hierzu Mayer-Ladewig und Petzold (2005), 15 ff., 18.

49 Schelte aus Europa. Gespräch mit dem Präsidenten des Europäischen Gerichtshofs für Menschenrechte, Luzius Wildhaber, *Der Spiegel* 47/2004, 50 ff.

50 Aus der unübersehbaren Fülle der Literatur zum Verhältnis des EuGH zu den nationalen Verfassungsgerichten siehe Weiler (1996), 91 ff.; Mayer (2000), 19 ff. und 323 ff.

51 Unter Bezugnahme auf die genannte Entscheidung des Bundesverfassungsgerichts auch: Zumbansen (2004), 1499 ff.

52 Amstutz (2003b), 213 ff.

53 BVerfG, 2 BvR 1481/04 vom 14.10.2004, Ziff. 50, BVerfGE 111, 307 ff. (324).

fassungsgericht: »Die über das Zustimmungsgesetz ausgelöste Pflicht zur Berücksichtigung der Gewährleistungen der Europäischen Menschenrechtskonvention und der Entscheidungen des Gerichtshofs erfordert zumindest, dass die entsprechenden Texte und Judikate zur Kenntnis genommen werden und in den Willensbildungsprozess des zu einer Entscheidung berufenen Gerichts, der zuständigen Behörde oder des Gesetzgebers einfließen. Das nationale Recht ist unabhängig von dem Zeitpunkt seines Inkrafttretens nach Möglichkeit im Einklang mit dem Völkerrecht auszulegen.«[54] In einer Entscheidung aus dem Dezember 2004 hat das Bundesverfassungsgericht nunmehr auch klargestellt, dass sich die Bindungswirkung einer Entscheidung des Europäischen Gerichtshofs für Menschenrechte auf alle staatlichen Organe erstrecke und diese grundsätzliche verpflichte, im Rahmen ihrer Zuständigkeit »einen fortdauernden Konventionsverstoß zu beenden und einen konventionsgemäßen Zustand herzustellen. Gerichte sind zur Berücksichtigung eines Urteils, das einen von ihnen bereits entschiedenen Fall betrifft, jedenfalls dann verpflichtet, wenn sie in verfahrensrechtlich zulässiger Weise erneut über den Gegenstand entscheiden und dem Urteil ohne materiellen Gesetzesverstoß Rechnung tragen können.« Dabei habe sich das jeweilige nationale Gericht in einer nachvollziehbaren Form damit auseinander zu setzen, wie das betroffene Grundrecht in einer den völkerrechtlichen Verpflichtungen der Bundesrepublik Deutschland entsprechenden Art und Weise ausgelegt werden kann.[55]

Diese jüngere Praxis transnationaler Präjudizienjurisdiktion in der Bundesrepublik findet ihre Parallelen in zahlreichen anderen nationalen Rechtsordnungen. Für das Verhältnis US-amerikanischer Gerichte zu internationalen Spruchkörpern hat Alford eine Präjudizienlehre herausgearbeitet. Sein Ansatz unterscheidet dabei zwischen unterschiedlichen »Deference-Modellen«, die an der einschlägigen US-Rechtsprechung ansetzen und so ein differenziertes Bild von Inkorporationsmöglichkeiten bieten. Dabei reflektieren die nationalen Inkorporationsregeln die Heterogenität der Funktionsweisen internationaler Spruchkörper, indem die nationalen

54 Ebd., Ziff. 48, BVerfGE 111, 307 ff. (324); vgl. auch generell Martinez (2003), 487 ff.

55 BVerfG, 1 BvR 2790/04 vom 28.12.2004, Ziff. 28, abgedruckt in: NJW 2005, 1105 ff. (1107).

Gerichte graduierte Bindungsregeln implementieren.[56] Diesen Modellierungen ist, auch wenn sie zum Teil, insbesondere wenn es um den Prozess der Konkretisierung von nationalem Verfassungsrecht geht, normstrukturalistischen Denkkategorien einen überzogenen Tribut zollen, die Deference-Orientierung gemeinsam.

In der Tat scheint dies eine für die Praxis des transnationalen Rechts angemessene Verknüpfungsform und eine angemessene Strategie der Interdependenzreduktion darzustellen. Nicht die Umformung symmetrischer in asymmetrische Beziehungen wäre dann das Programm. Denn eine logische Hierarchisierung der Entscheidungsgesichtspunkte im Sinne einer eindeutigen Zuordnung eines jeden Satzes von Gesichtspunkten zu wechselseitig exklusiven Stellen im System ist nicht erreichbar. Stattdessen könnte sich das Weltrechtssystem mittels Vernetzung intern darüber hinweghelfen, dass eine vollständige logische Deduzierbarkeit von Entscheidungen aus Entscheidungen und eine Durchhierarchisierung von Gerichtsinstitutionen, der Grenzfall absoluter Interdependenz, nicht gewährleistet werden kann.[57] Um interne Entscheidungsprozesse zu vereinfachen und im Rechtssystem verschiedene Kombinationen von Kontinuität und Innovation zu ermöglichen, wäre die Stabilisierung eines transnationalen Präjudizienrechts eine adäquate Lösung.

»Default deference« ist dabei gegenüber dem formalen »stare decisis« der Präjudizienbindung schwächer, da sie nur eine Bindungsvermutung anordnet. Sie ist aber stärker als ein bloßer persuasiver Präzedenzfall, da sie Abweichungen nur unter starkem Begründungszwang erlaubt. Damit schließt man an das vieldiskutierte Phänomen der Unsicherheitsabsorption in Netzwerken und formalen Organisationen an, das heißt an die regelmäßige Abnahme von Vorentscheidungen mit der Ausnahmemöglichkeit zur Abweichung, wenn überzeugende Gründe es fordern.[58]

56 Alford (2003), 675 ff., 792 f., mit umfangreichen Nachweisen zur US-amerikanischen Rechtsprechung; die rechts-isolationistische Gegenmeinung wird repräsentiert von Posner (2004), abrufbar unter: ⟨http://www.legalaffairs.org/issues/July-August-2004/feature_posner_julaug04.html⟩.

57 Luhmann (1993a), 252 ff. Die Garantie referenzfähiger Darstellungen (Grundnorm/Verfassung) ist daher keine Voraussetzung des operativen Vollzugs des Rechtssystems, wenngleich sie als Beschreibung des Systems im System ein sinnvoller Reflexionsstopp ist (vgl. Luhmann [1993a], 73 ff.).

Die Vermutung kann aber widerlegt werden, woraus folgt, dass jedes »distinguishing« oder »overruling« unter Begründungs- und Legitimationszwang steht. Der Hintergrund dafür liegt, wie das ICTY in der Celebici-Entscheidung festhielt, darin, dass die Operationalisierung des Desiderats von Stabilität und Vorhersehbarkeit verlangt, dass die Gerichte den allgemeinen Zustand des Rechts in der internationalen Gemeinschaft, deren Interessen sie dienen, zur Kenntnis nehmen und angemessen berücksichtigen.[59] Unter diesem Gesichtspunkt hätte selbst das ICTY im Tadic-Fall[60] in prozeduraler Hinsicht alles richtig gemacht, als es das Kriterium der effektiven Kontrolle, das der IGH in der Nicaragua-Entscheidung für die Zurechnung von privater zu staatlicher Verantwortung entwickelt hatte,[61] durch eine neue Differenzierung ergänzte und die Differenzierung des IGH im konkreten Fall für unanwendbar erklärte, da man es nicht wie im Nicaragua-Urteil mit unorganisierten Individuen zu tun habe, sondern mit organisierten militärischen Gruppen. Und tatsächlich scheint die eigentliche Provokation der Tadic-Entscheidung auch gar nicht in der rechtlichen Frage zu liegen, zumal das ICTY guten Grund hatte, die lediglich im Kontext der Gewaltausnahme des Artikel 51 der UN-Charta sinnvolle restriktive Auslegung der Zurechnungskriterien durch eine im Kontext individueller Verantwortlichkeit im Rahmen des Anwendungsbereichs des humanitären Völkerrechts gebotene extensive Auslegung zu ergänzen.[62] Die Prominenz der Differenz von ICTY und IGH im Kontext der Fragmentierungsdiskussion ist unter sachlichen Gesichtspunkten daher

58 Dazu siehe Luhmann (2000a), 189 ff.

59 The Prosecutor v. Zejnil Delalic, Zdravko Mucic, Hazim Delic, Esad Landzo (Celebici Case), Decision, IT-96-21-A, A.Ch., 20.2.2001, Ziff. 26; die Entscheidung zitiert dabei die sep. opinion von Richter Shahabuddeen im Fall Laurent Semanza v. The Prosecutor, Decision, ICTR-97-23-A, 31.5.2000, Ziff. 25

60 The Prosecutor v. Dusko Tadic, Judgment, IT-94-1-A, A.Ch., 15.7.1999, Ziff. 115-145.

61 IGH, Military and Paramilitary Activities in and against Nicaragua (Nicaragua v. United States of America), Merits, ICJ Rep. 1986, 14 ff., Ziff. 115.

62 So auch die Begründung für die Abweichung vom Effective-controll-Test des IGH in der Entscheidung im Fall The Prosecutor v. Kvocak, Kos, Radfic, Zigic, Psac, Decision on the Defence »Motion regarding Concurent Procedures before International Criminal Tribunal for the Former Yugoslavia and International Court of Justice on the Same Questions«, IT-98-30/1, 5.12.2000.

nicht berechtigt.[63] Die Diskussion scheint denn auch eher darin begründet, dass der ICTY in der Tadic-Entscheidung zwar »mit Respekt« aber in der Sache divergierend »den Nicaragua-Test nicht für überzeugend« hält[64] und in der Celebici-Entscheidung insistierte, ein »autonomer Gerichtskörper« zu sein, der in keinem »hierarchischen Verhältnis« zum IGH stehe.[65] Das ist aber, anders als von den Befürwortern eines globalen Stufenbaus des Rechts skandalisiert, keine Provokation und schon gar keine richterliche Revolution, sondern eine komplexitätsadäquate Form gerichtlicher Vernetzung auf weltgesellschaftlicher Ebene.

63 Koskenniemi und Leino (2002), 566.

64 The Prosecutor v. Dusko Tadic, Judgment, IT-94-1-A, A.Ch., 15.7.1999, Ziff. 115.

65 The Prosecutor v. Zejnil Delalic, Zdravko Mucic, Hazim Delic, Esad Landzo (Celebici Case), Decision, Case No. IT-96-21-A, A.Ch., 20.2.2001, Ziff. 24, 26.

13. Recht der Normenkollisionen versus Metarecht der Rationalitätenkollisionen

Bis hierhin wurden Argumente entwickelt, die ausschließlich nach den Chancen des Rechts suchten, mit Regime-Kollisionen umzugehen. Doch setzt man sich mit politikwissenschaftlichen Studien der Interregimebeziehungen auseinander, so erlebt man eine wichtige Perspektivenverfremdung: die Marginalität des Rechts bei Regime-Kollisionen. Juristen überschätzen drastisch die Rolle des Rechts bei der Auflösung von Kollisionen, wenn sie meinen: »Letztlich« müssen Kollisionen entschieden werden! Und das heißt durch das Recht! Die Begriffstrias von »utilitarian«, »normative« und »ideational interplay« von Regimes, die in der Politikwissenschaft entwickelt wurde, macht dagegen deutlich, dass man solche Inkommensurabilitätsfragen nicht ausschließlich als Rechtskonflikte wahrnehmen sollte, sondern dass an vielen gesellschaftlichen Orten nicht-rechtliche, ja nicht-normative Kollisionsauflösungen entwickelt werden.[1] Das Wirtschaftssystem löst nicht mit Normen, sondern mit Kosten/Nutzen-Kalkülen gesellschaftliche Kollisionen auf. Die Wissenschaft entwickelt nicht Kollisionsnormen, sondern Ideen, Theorien, empirische Forschungen, Problemlösungsmodelle, um mit gesellschaftlichen Kollisionen umzugehen. Die Politik benutzt Gegenmacht und Verhandlungen zur Kollisionsbewältigung. Abstrakt: Jedes Teilsystem entwickelt dezentrale eigene Mechanismen, mit denen es intern Kollisionen mit fremden Rationalitäten auflöst.[2] Insgesamt bestätigt sich dabei der eingangs angesprochene Trend, der kognitiven Mechanismen den Vorrang vor normativen gibt.

An die gerichtsförmig organisierten Instanzen der Regimes werden dadurch neue Anforderungen gestellt. Wie kann sich das Recht

1 Schramm Stokke (2001), 2 ff.; weiterführende politikwissenschaftliche Regimeanalysen bei: Gehring und Oberthür (2004); Winham (2003), 131 ff.; Meinke (2002), 30 ff.; Chaytor, Palmer und Werksman (2003), 1 ff.; Krasner (2004), 1075 ff.; Müller (1993a), 46 ff.; zur politischen Lösung durch Regimeshifting: Helfer (2004a), 1 ff.; aus realpolitischer Perspektive und der damit verbundenen Skepsis: Mearsheimer (1995), 5 ff.

2 Zu den verschiedenen nicht-hierarchischen Auflösungen von Diskurskollisionen, Teubner (1996d), 901 ff.

darauf einstellen, dass nicht nur nationalstaatliche Rechtsordnungen und globale Rechtsregimes interne Kollisionsauflösungen entwickeln, sondern auch andere Funktionssysteme außerhalb des Rechts? Die Antwort wäre eine Art rechtstranszendierendes Metakollisionsrecht, also ein Intersystemkollisionsrecht der nicht-normativen Art, das bei Regime-Kollisionen nicht mehr auf das Recht verschiedener Regimes verweist, sondern auf nicht-rechtliche Kollisionslösungen. Das wäre die paradoxe Juridifizierung der Dejuridifizierung von Rationalitätenkollisionen: Das Recht verweist mit einer solchen Metakollisionsnorm statt auf rechtliche Kollisionsentscheidungen entweder auf politische Verhandlungen, auf dezentrale Lösungen durch Märkte, auf Erkenntnisse der Wissenschaft oder auf gesellschaftliche Selbstregulierung in Prozessen der öffentlichen Meinung. Es gibt durchaus schon auf manchen Rechtsgebieten Beispiele einer solchen Verweisungstechnik. Die Doktrin der »political questions« kann als ein solcher Versuch des Rechts angesehen werden, justizförmige Lösungen zu vermeiden und stattdessen ausschließlich politische Prozesse zur Entscheidung zu berufen.[3]

Allerdings gilt es hierbei, nicht die Fehler der realpolitisch inspirierten Rechtsschulen zu wiederholen, die in der Tradition Hans Morgenthaus das Politische ontologisieren und daraus die normative Konsequenz ableiten, dass es politische Streitigkeiten gäbe, die per se dem juristischen System entzogen bleiben müssten. New Haven School, der Rechtskulturalismus Paul Kahns, aber auch die Arbeiten der »New Generation of Interdisciplinary Scholarship« in den USA scheinen diesen blinden Fleck der klassischen politischen Theorien des Rechts zu reproduzieren. Indem sie etwa feststellen, dass es transnationale Streitigkeiten gibt, für die a priori ausscheide, dass eine *rechtliche* Antwort gefunden werden könne,[4] knüpfen sie an eine Formulierung von Morgenthau an, der in seiner Dissertationsschrift einen politischen Entscheidungsprimat konstatiert hatte: Politische Fragen seien nicht rechtlich sondern eben politisch zu entscheiden, ansonsten wirke man auf ein politisches Spannungsverhältnis mit Mitteln ein, »die für diesen Zweck gar nicht bestimmt

3 Zur »political question« vgl. Gruson (1988), 519 ff.; zur »act of state doctrin« als Kollisionsnorm: Henkin (1967), 175 ff., 178-80; zur »comity« in internationalen Institutionen: Perez (1998), 301 ff., 326 ff., und Wai (2005), 471 ff.

4 Siehe z. B. Kahn (1999), 1 ff.; siehe die grundsätzliche Kritik bei Koskenniemi (2000), 17 ff., und Fischer-Lescano (2005a), 313 ff.

sind«. Morgenthau hatte gar behauptet, den wissenschaftlichen Nachweis nicht-gerichtsfähiger Streitigkeiten gefunden zu haben: »Wir haben nachweisen können, dass die Scheidung der internationalen Streitigkeiten in zwei Kategorien, deren Fähigkeit, durch Richterspruch entschieden zu werden, verschieden ist, nicht in der Willkür böswilliger oder unfähiger Regierungen, sondern in einer mit Mitteln der Wissenschaft nachweisbaren sachlichen Notwendigkeit, die der Ausdruck einer bestimmten, empirisch gegebenen Situation ist, ihren Grund hat, und dass ferner die Verschwommenheit der Grenzlinie zwischen diesen beiden Kategorien [...] nicht mit Mitteln der juristischen Technik zu beseitigen ist, sich vielmehr ebenfalls mit Notwendigkeit aus dem gegenwärtigen Stand der zwischenstaatlichen Beziehungen ergibt.«[5]

Die rechtliche Sprengkraft dieser Aussage und der an sie anknüpfenden politischen Theorien des Rechts liegt darin, dass nicht nur nicht-justiziable Hoheitsakte konstatiert werden, sondern auch der Politik die Entscheidungshoheit über die Frage der Justiziabilität und Nicht-Justiziabilität zugewiesen wird. Morgenthau argumentiert hier ähnlich wie Carl Schmitt, der in nationalen Rechtsordnungen so genannte »politische Regierungsakte« der juristischen Überprüfbarkeit entzogen wissen wollte.[6] Hans Kelsen markierte, dokumentiert unter anderem in den Debatten der Vereinigung deutscher Staatsrechtslehrer,[7] die mittlerweile klassische Gegenposition. Kelsen, der sich engagiert den politischen Usurpationsversuchen Carl Schmitts und Heinrich Triepels entgegenstellte,[8] hatte erkannt, dass das »reine Recht« nicht insofern »rein« ist, dass rechtliche Entscheidungen unpolitische Entscheidungen seien.[9] Kelsen ging hier über die Schmittianische Intensitätslehre hinaus und sah, dass miteinander in Konflikt stehende Kommunikationen alterna-

5 Morgenthau (1929), 146 f.; den Gedanken verfolgte Morgenthau in seiner 1934 in Genf vorgelegten Habilitationsschrift weiter, siehe Morgenthau (1934), 23 ff.

6 Carl Schmitt (1994a), 227 ff., 230; siehe auch Morgenthau (1940), 261 ff.; zur Beziehung Morgenthau-Schmitt: Koskenniemi (2000), 17 ff.; Koskenniemi (2002), 465 ff.

7 Kelsen (1929), 30 ff. und 117 ff.; die Gegenposition des politischen Rechtsbegriffs vertritt Triepel (1929), 2 ff.

8 Siehe nur die Schmitt-Kelsen-Kontroverse: Carl Schmitt (1996), passim; explizit hiergegen: Kelsen (1968), 1873 ff.; Schmitts Intensitätsbegriff des Politischen wird präzisiert in Carl Schmitt (1930), 28 ff., 37; siehe Maschke (1994), 286 ff., 287 f.

9 Siehe auch: Gerhardt (1984), 485 ff.

tiv entweder politisch oder eben rechtlich betrachtet werden können. Er konstatierte: »Jeder Rechtskonflikt ist doch ein Interessen- bzw. Machtkonflikt, jeder Rechtsstreit daher ein politischer Streit, und jeder Konflikt, der als Interessen-, Macht- oder politischer Konflikt bezeichnet wird, kann als Rechtsstreit entschieden werden.«[10] Auch Hersch Lauterpachts bereits 1933 geäußertes Diktum, die Herrschaft des Rechts sei »eine a priori Voraussetzung eines jeden Rechtssystems, keine Beschreibung positiven Rechts«,[11] und sein Ausgangspunkt, dass alle internationalen Streitigkeiten, unabhängig von ihrer Schwere, Streitigkeiten rechtlichen Charakters seien,[12] zeigen, wie wenig kompatibel das Konzept der juristischen Abgabe der Konfliktentscheidungskompetenz an die gesellschaftliche Umwelt mit dem Argument in der Tradition Schmitts und Morgenthaus ist, es gäbe nichtjustiziable Hoheitsakte.

Kurz: Wenn man die Juridifizierung der Dejuridifizierung nachvollziehen will, kommt man mit einer Ontologisierung des Politischen nicht weiter. Stattdessen gilt es, die logischen Paradoxien gesellschaftlicher Systembildung in den Blick zu nehmen: Die Welt ist sowohl fundamentalpolitisch als auch fundamentaljuristisch, fundamentalökonomisch beobachtbar. Eine Monopolisierung einer der Perspektiven führt letztlich zur Totalisierung eines Funktionssystems. Es ist dies die Lehre aus »Grundrechte als Institution«: Die Vielheit ausdifferenzierter Funktionssysteme schafft individuelle Freiheitsgrade und ist, sofern es gelingt, die destruktiven Tendenzen der Systeme zu bändigen, letztlich die Bedingung der Möglichkeit der Selbstkonstituierung der Individuen.[13]

Die rechtliche Rückgabe von Entscheidungen an andere Systeme ist hierbei als rechtsinterne Angelegenheit zu begreifen. Sowohl die Doktrin der »political questions« als auch die des »act of state« sind Beispiele rechtlicher Selbstlimitierung, die wiederum selbstbestimmten und selbstgesetzten Grenzen unterliegen.[14] Als solche

10 Kelsen (1968), 1883.

11 Lauterpacht (1933), 64.

12 Lauterpacht (1933), 158; zu den »Lücken im Völkerrecht«: Fastenrath (1991), 213 ff.

13 Luhmann (1997b), 67 ff.; zu den »Grundrechten als Institution«: Luhmann (1965), 186 ff.

14 Zu diesen Grenzen der Selbstbegrenzung siehe zuletzt die bemerkenswerten Entscheidungen des US Supreme Court (Rasul et al. v. Bush und Hamdi v. Rumsfeld), 542 U.S. (2004), in denen allen (auch nicht-US-amerikanischen Staatsbürgern)

handelt es sich bei diesen rechtlichen Operationen um Rechtsentscheidungen, die die Entscheidung beinhalten, nicht rechtlich zu entscheiden, sondern den Konflikt in der gesellschaftlichen Umwelt abarbeiten zu lassen. In der Entscheidung des US Supreme Court im Fall Ricaud v. American Metal Co. hat Justice Clark genau dies zum Ausdruck gebracht, als er feststellte, dass eine solche Dejuridifizierungsentscheidung »keine Aufgabe der Jurisdiktion ist, sondern deren Ausübung.«[15] In diesem Sinne handelt es sich auch nicht um ein gerichtliches quod liquet, sondern um die Anwendung rein prozedural zu verstehender Metakollisionsnormen.

Luis Henkin hatte Vergleichbares im Sinn, als er die Doktrin des »act of states« in einem viel beachteten Aufsatz aus dem Jahr 1967 als eine Art Superkollisionsrecht konzipierte.[16] Die Probleme, die eine Systematisierung der Entscheidungen etwa des US Supreme Court im Hinblick auf die Rechtsfiguren »comity«, »political questions«, »act of state« und »judicial self-restraint« aufwerfen, die scheinbare Zusammenhangslosigkeit so unterschiedlicher Entscheidungen wie Banco Nacional de Cuba v. Sabbatino, Citybank v. Banco Nacional de Cuba, Dunhill v. Republic of Cuba und Kirkpatrick v. Environmental Tectonics Corp. International haben ihre tiefere Ursache darin, dass die Gerichte ihre gesellschaftliche Umwelt in der Regel auf das politische System des jeweils eigenen Nationalstaates reduzieren. Deshalb oszilliert der US Supreme Court derart eigenartig zwischen einerseits der Annahme, die Doktrin des »act of state« sei ein Prinzip der »internal deference«, d. h. sie betreffe das innerstaatliche Verhältnis der Gewalten zueinander, und andererseits der Anwendung einer eher kollisionsrechtlichen Konzeption.[17]

Würde in den nationalen Rechtssystemen stattdessen das Argument nachvollzogen, dass man es in den kollisionsrechtlichen Fäl-

auf Guantanamo Inhaftierten das Recht auf einen gesetzlichen Richter zugesprochen wird. Richterin O'Connor sieht dabei die Aufgabe des Rechts in einer Begrenzung totalisierender Systeme (Hamdi v. Rumsfeld, 542 U.S. 2004, 29). Siehe auch die Entscheidung des House of Lord vom 16. Dezember 2004, insbesondere Lord Bingham of Cornhill (2004), UKHL 56, Ziff. 42.

15 246 U.S. 304, 309 (1918).

16 Henkin (1967), 178-80.

17 Banco Nacional de Cuba v. Sabbatino (376 U.S. 398 [1964]), Citybank v. Banco Nacional de Cuba (406 U.S. 759 [1972]), Dunhill v. Republic of Cuba (425 U.S. 682 [1976]) und Kirkpatrick v. Environmental Tectonics Corp. International (493 U.S. 400 [1990]); umfassende Nachweise bei Holstein (1998), 100 ff.

len nicht lediglich mit der formaljuristischen Frage des »quis judicabit?« zu tun hat, sondern mit tiefer liegenden Rationalitätenkonflikten, eröffnete sich ein neuer Blick auf das herkömmliche Kollisionsrecht und die Operationalisierungen der Rückgabe von Entscheidungen durch das Recht an die Gesellschaft. Der Grundgedanke wäre dann: durch juridische Dejuridifizierung das Potential autonomer gesellschaftlicher Steuerung zu nutzen und prozedural einzuhegen. So haben etwa Ladeur und Vesting Vorschläge entwickelt, wie das Recht manche Konflikte der Meinungsfreiheit auf gesellschaftliche Selbstregulierung zurückverweisen sollte.[18] Ähnlich wird man es für die Rechtsentscheidungen im Hinblick auf den Bereich der klassischen »political questions« konzipieren müssen.

In unserem Zusammenhang der Regime-Kollisionen sollte diese Technik der Gesellschaftsverweisung systematisch genutzt werden, wenn sich abzeichnet, dass die justizförmige Verweisung auf das eine oder das andere Rechtsregime letztlich überfordert ist und dagegen die Kollisionsauflösungen anderer gesellschaftlicher Orte Erfolg versprechend erscheinen.[19] Eine solche Dejuridifizierung von Regime-Kollisionen muss die jeweiligen Entscheidungsverfahren aber durchaus nicht »rechtlos« stellen. Eine sich abzeichnende Rechtspraxis ist es, die Abgabe von Sachverhalten zu gesellschaftlichen Kollisionsauslösungen von rechtlichen Auflagen abhängig zu machen. Es sind prozedurale Normierungen von kognitiven Lösungsverfahren zu entwickeln, die auf Anhörung anderer Interessen, Machtneutralisierung, fairen Interessenausgleich und Gemeinwohlorientierung bei gesellschaftlichen Kollisionsauflösungen zielen. Auch für eine solche prozedurale Rechtsintervention gibt es schon eine lange Tradition der Verknüpfung von Normativität und Kognitivität. Ethikkommissionen sind ein neueres Beispiel dafür, dass prozedurale Rechtsregeln die Entscheidungsfindung in Fällen von Rationalitätenkollisionen vorstrukturieren.[20] Von solchen Erfahrungen sollte man im Falle der Regime-Kollisionen lernen. Wenn Regimekonflikte vor Gerichtsinstanzen gebracht werden, diese aber eine Rechtsentscheidung verweigern und auf politische Aushandlungsprozesse verweisen, dann sollten sie zugleich die Chance wahrnehmen und eine rechtliche Prozeduralisierung der

18 Ladeur (2000b), 67 ff.; Vesting (2000), 21 ff.

19 Siehe auch die Forderung von Guruswamy (1998), 287 ff.

20 Dazu eingehend: Calliess (1999), 224 ff.

politischen Lernprozesse über Beteiligung, Begründungserfordernisse, Verfahrensschritte und Anhörungsrechte anordnen.

Fünftes Beispiel: Lex Financiaria

Im November 2001 wurde die Republik Argentinien von der schwersten ökonomischen Krise ihrer Geschichte erfasst. Nur einen Monat später musste die argentinische Regierung hinsichtlich der internationalen Kreditverträge die Zahlungsunfähigkeit erklären. Dies war die bislang weltgrößte Insolvenz eines öffentlichen Gläubigers in der Geschichte. Die argentinische Wirtschaft befand sich zu diesem Zeitpunkt bereits seit einigen Jahren in einer tiefen Rezession. Das Bruttosozialprodukt verringerte sich kontinuierlich, im Jahr 2001 lag mehr als die Hälfte der argentinischen Bevölkerung mit dem Einkommen unterhalb der Armutsgrenze.[21] Auch wenn die Inflation bis zum Jahr 2001 wegen der Konvertibilität des argentinischen Peso mit dem US-Dollar gering gehalten werden konnte, so sanken innerhalb kürzester Zeit die internationalen Direktinvestitionen um etwa 90 Prozent und das Bruttoinlandsprodukt ging beharrlich zurück. Die Arbeitslosigkeitsquote wuchs auf etwa 20 Prozent an. Argentinien hatte zuvor wiederholt Maßnahmen zur wirtschaftlichen Konsolidierung ergriffen. Seit April 1991 war der Kurs des Peso durch den Konvertibilitätsplan an den Dollar gekoppelt und der Umrechnungskurs der beiden Währungen wurde im Verhältnis 1:1 fixiert. Ende 1992 hatte Argentinien das Brady-Abkommen paraphiert und mit der Einbeziehung Argentiniens in den Brady-Plan gelang es, die in den achtziger Jahren ausgegebenen Schuldtitel zu restrukturieren. Die neuen Verträge führten zunächst zu einer Reduzierung der Netto-Auslandsverschuldung um knapp 50 Prozent, brachten indes auch die gegenüber dem *Internationalen Währungsfonds* (IWF) und anderen internationalen Organisationen abgegebene Verpflichtung, die staatlichen Unternehmen etwa in den Sektoren Flugverkehr und Telekommunikation zu privatisieren. Nach diesem Prozess der Umstrukturierung, der in Argentinien als »endgültige Lösung des Schuldenproblems« kommuniziert wur-

21 IWF, Second Review under the Stand-by Arrangement, 12. März 2004, 24.

de,[22] kehrte Argentinien unter der Regierung von Carlos Menem auf die internationalen Finanzmärkte zurück. In der Folge nahm in den Jahren 1994 bis 1999 die Auslandsverschuldung explosionsartig zu, ohne dass sich die wirtschaftlichen Rahmendaten in Argentinien nachhaltig gebessert hätten. Im Gegenteil, in den Jahren 2000 bis 2001 verschloss sich der Zugang für Argentinien zu den internationalen Finanzmärkten erneut, da sich die finanzwirtschaftlichen Indikatoren des Landes verschlechtert hatten und die Ratingagenturen darum das Länderrisiko hochstuften. Trotz dreier Versuche, (1) »blindaje«, (2) »mega-canje«, (3) »préstamos garantizados«, mit der Unterstützung durch den IWF und andere Finanzinstitutionen den Zusammenbruch durch neuerliche Umschuldungen abzuwenden, zwang ein massiver Abfluss von Bankeinlagen die Regierung von Fernando de la Rúa, gegen Ende des Jahres 2001 Maßnahmen gegen den Ressourcenabfluss zu ergreifen.[23] Die Regierung reagierte auf die Problematik vor allem mit dem Einfrieren der Bankguthaben. Es war dies die letzte finanzpolitische Maßnahme der Regierung de la Rúa. Denn dieser Schritt traf vor allem die argentinischen Kleinsparer, die anders als die argentinische Finanzelite ihre Bankeinlagen nicht rechtzeitig ins Ausland transferiert hatten.[24] Das ver-

22 Siehe hierzu und zum folgenden die instruktive Darstellung bei Kulfas und Schorr (2004), 1 ff.

23 Die gescheiterten Stabilisierungsversuche beinhalteten: »Blindaje« – Abschirmung: Es handelt sich um den Versuch der Stabilisierung der argentinischen Währung durch eine konzertierte Finanzhilfe (insgesamt 39,7 Mrd. Dollar) durch IWF (13,7 Mrd. Dollar), Interamerikanische Entwicklungsbank (2,5 Mrd. Dollar), Weltbank (2,5 Mrd. Dollar), Spanien (1 Mrd. Dollar), Privatbanken (10 Mrd. Dollar), institutionelle Anleger (3 Mrd. Dollar), Umtausch bestehender Schulden (7 Mrd. Dollar); »mega-canje« – große Schuldenumwandlung: Zahlreiche Bonds wurden auf freiwilliger Basis in Bonds mit längeren Laufzeiten und höheren Zinsen umgetauscht; »préstamos garantizados« – verbürgte Anleihen: Der Umtausch von Schuldtiteln in verbürgte Anleihen mit geringeren Zinssätzen hätte in zwei Schritten (zunächst Umtausch für inländische Gläubiger dann für Inhaber internationaler Bonds) durchgeführt werden sollen. Zum zweiten Schritt kam es wegen der Ereignisse im Dezember 2001 dann allerdings nicht mehr.

24 Die Kapitalflucht durch argentinische Eliten und Unternehmer im Vorfeld der Einführung des »corralito« ist Gegenstand einer parlamentarischen Untersuchungskommission in Argentinien (*Comisión Investigadora de la Fuga de Divisas de la Honorable Cámara de Diputados*) und wird derzeit auch in einem Strafverfahren in Argentinien verhandelt (Rechtssache »Cavallo«, C.C.C.Fed., Sala II, Juzg. Fed.n 2, Sec.n 4., Causa n 20.375). Ferner hat das italienische Abgeordnetenhaus

schärfte die soziale Krise und mobilisierte Tausende. Die Proteste am 19. und 20. Dezember 2001, im Zuge derer es zu Plünderungen und Streiks gekommen war und die etwa 30 Menschen das Leben gekostet hatten, zwangen de la Rúa zum Rücktritt. Sein Nachfolger, Interims-Präsident Adolfo Rodríguez Saá, verkündete sodann am 23. Dezember 2001 die Einstellung der Zahlungen auf die Auslandsschulden. Dieser Schritt vermochte aber die argentinische Öffentlichkeit nicht zu beruhigen. Millionen fühlten sich um ihre Ersparnisse betrogen. Die Proteste dauerten an und zwangen letztlich auch Saá zum Rücktritt – am 30. Dezember 2001, nach nur acht Tagen im Amt. Am 31. Dezember trat auch der Senatspräsident Ramón Puerta zurück, so dass das Amt des Übergangspräsidenten an Eduardo Camano, den Vorsitzenden des Abgeordnetenhauses, fiel. Kurze Zeit später wurde das Präsidentenamt an den Peronisten Eduardo Duhalde, den ehemaligen Gouverneur der Provinz von Buenos Aires, übergeben. Fünf Präsidenten haben sich demnach in den letzten Wochen des Jahres 2001 an Argentiniens Wirtschaftskrise versucht.

Unmittelbar nach der Amtsübernahme legte die Regierung Duhalde den Entwurf eines Notstandsgesetzes (Gesetz Nr. 25.561) vor, das am 6. Januar 2002 verabschiedet wurde.[25] Das Konsolidierungspaket Duhaldes, wie auch das von Nestor Kirchner, der Duhalde im Mai 2003 nach den ersten Wahlen seit der Wirtschaftskrise als Präsident nachfolgte, beinhaltete eine ganze Reihe von Veränderungen auf makroökonomischer Ebene. Insbesondere wurde die Wechselkursparität mit dem Dollar aufgegeben und ein freies Kurssystem implementiert. Im Februar 2002 wurden die Pesifizierung der Dollarschulden bei einheimischen Banken und eine restriktive Haushaltspolitik beschlossen. Aber entscheidend war: Seit Anfang 2002 bedient die Republik Argentinien ihre Schulden bei privaten und öffentlichen Gläubigern nicht mehr. Der Anteil der Schulden stieg auf die Höhe von 150 Prozent des Bruttoinlandsproduktes. In absoluten Zahlen ausgedrückt: Im Jahr 2004 schuldet Argentinien in- und ausländischen, öffentlichen und privaten Gläubigern insgesamt 195,5 Mrd. US-Dollar. Das entspricht dem Wert der argentinischen

im Juli 2004 der Einrichtung eines Untersuchungsausschusses zugestimmt, der die Rolle italienischer Institutionen im argentinischen Default zu untersuchen hat, siehe Gesetz 14/3041.

25 *Emergencia Pública y Reforma del Régimen Cambiario*, Ley No. 25.561.

Exporte für einen Zeitraum von fünf Jahren bzw. den Steuereinnahmen für die Dauer von 14 Jahren. Die Lage scheint aussichtslos: »Argentinien steht einer hochkomplexen Reihe von Herausforderungen im wirtschaftlichen und finanziellen Bereich gegenüber. Ertrag und Beschäftigung sind rückläufig, die normale Funktion des Bankensystems ist gestört, die Regierung ist unfähig, ihre Schulden zu begleichen und Ersatzwährungen sind in der Wirtschaft im Umlauf. Die Krise hat zu substanziellen finanziellen Verlusten geführt«.[26]

Schon eine oberflächliche Lektüre des argentinischen Beispiels macht deutlich, dass die Probleme in der lex financiaria und in deren Regelungssektor der internationalen Finanzarchitektur, der, in der Formulierung des IWF, »aus Institutionen, Märkten und Verfahren von Regierungen, Unternehmen und Einzelpersonen bei der Durchführung von Wirtschafts- und Finanztätigkeiten«[27] besteht, einer wirtschaftlichen Logik folgen und zugleich eine genuin rechtliche Komponente haben. Im Bereich des transnationalen Finanzrechts manifestiert sich dabei, dass die Konstitutionalisierung des polykontexturalen Rechts der Weltgesellschaft nicht einfach die historischen Erfahrungen extrapolieren kann, die in den Nationalstaaten mit der rechtsstaatlichen Bändigung politischer Herrschaft durch eine Rechtsverfassung gemacht wurden.[28] »Limitierung des politischen Souveräns« ist in der postnationalen Konstellation nur eine konstitutionelle Dimension unter vielen. Auch Wirtschaft, Technologie und Forschung bedürfen konstitutioneller Schranken, um die destruktiven Universalisierungstendenzen einzudämmen. Das »Ende des argentinischen Nationalstaats«,[29] von dem im Zuge

26 Report für die Regierung Argentinies und den IWF durch ein Panel unabhängiger Experten, darunter Hans Tietmeyer, Luis Angel Rojo, John Crow und Andrew Crockett, ⟨http://www.imf.org/external/np/sec/nb/2002/nb0280.htm⟩; zur Entwicklung der Schuldenproblematik und den diversen Versuchen der Restrukturierung in Argentinien siehe aus der umfangreichen Literatur: Hornbeck (2004), 1 ff.; Fritz (2004), 67 ff., 72 ff.; Kulfas und Schorr (2004), 1 ff.; Lischinsky (2003), 81 ff.

27 IWF, Progress in Strengthening the Architecture of the International Financial System, 21. Juli 2000, ⟨http://www.imf.org/external/np/exr/facts/arcguide.htm⟩.

28 Teubner (1996c), 229 ff.

29 Manguel (2002), 28 ff.

der Wirtschaftskrise zu lesen war, verdeutlicht in dramatischer Form, dass die auch im Nationalstaat spürbaren Tendenzen totalisierender Sozialsysteme jenseits der Politik auf weltgesellschaftlicher Ebene ganze Volkswirtschaften samt ihrer politischen Systeme ruinieren können.

Es ist dabei keineswegs so, dass das Recht in diesen Rationalitätenkollisionen nur eine marginale Rolle spielte, oder dass man gar »die Aufdeckung sachverhaltsbezogener Rechtsnormen in diesem Kontext eher als Glasperlenspiel« einschätzen müsste.[30] Im Gegenteil. Gerade das Beispiel der lex financiaria zeigt, dass das Recht längst Teil des Problems ist, dass sich die Finanzakteure ständig des Weltrechts bedienen, um ihre wirtschaftlichen Transaktionen mittels hybrider Zwischenformen bi- und multilateraler, privat- und öffentlich-rechtlicher, völkerrechtlicher und nationalstaatlicher Rechtsakte durchzuführen: »Wir leben in einer Welt, in der hybride Herausforderungen in Myriaden spezifischer Kontexte entstehen.«[31] Eines der Beispiele, die Mathias Reimann für diese These wählt, ist die verschwimmende Abgrenzung von Völkerrecht und Privatrecht, wenn »ein Wirtschaftsunternehmen gegen eine ausländische Regierung Klage einreicht, letztere sich auf Jurisdiktionsimmunität beruft, den Prozess allerdings deshalb verliert, weil für wirtschaftliche Aktivitäten keine Staatenimmunität zugestanden wird.«

Letztlich ist es genau dies, was dem aktuellen Argentinien große Probleme macht. Ironischerweise waren es gerade die argentinischen Regierungen gegen Ende des letzten Jahrhunderts, die das Weltfinanzrecht in diesen Fragen auf den heutigen Stand mitgetrieben haben. So geht die Gründung des informalen Verfahrens im *Pariser Club*, in dem Umschuldungen zwischen Gläubiger- und Schuldnerstaaten multilateral verhandelt werden, drauf zurück, dass die argentinische Regierung 1956 eine beim Sturz Perons vorgefundene desolate Wirtschaftssituation zu bewältigen hatte.[32] Die Gläu-

30 So kritisierte Rudolf Dolzer Ende der 80er Jahre das Desinteresse an Fragen der Weltfinanzordnung im völkerrechtlichen Schrifttum (Dolzer [1989], 531 ff., 532 f.).

31 Reimann (2004), 397 ff., 397; siehe auch hinsichtlich des so genannten Baseler Komitees: Kerwer (2004), 205 ff.

32 Der Pariser Club besteht seit 1956. Seine Mitglieder sind die Länder der Organisation für wirtschaftliche Zusammenarbeit und Entwicklung (OECD) und andere Gläubigerstaaten. Der Pariser Club verfügt über ein ständiges Sekretariat, das vom französischen Finanzministerium zur Verfügung gestellt wird; siehe

bigervertreter traten seinerzeit unter französischem Vorsitz mit Argentinien zusammen. Beobachter der Weltbank, von UNCTAD, IWF und regionalen Entwicklungsbanken wurden hinzugezogen. Unter dem Einfluss des seinerzeitigen französischen Vorsitzenden Camdessus etablierte sich das Verfahren als maßgebliches Forum für die Behandlung der Umstrukturierungen.[33] Der Pariser Club, zuständig für die staatlichen Kredite, kooperiert eng mit dem gewöhnlich als *Londoner Club* bezeichneten informalen Abstimmungsverfahren, in dem etwa einhundert global agierende Großbanken zusammengeschlossen sind. Dieser befasst sich mit Umschuldungen in der Regel erst, wenn zuvor eine Übereinkunft im Rahmen des Pariser Clubs getroffen wird. Im Gegensatz zum Pariser Club hat der Londoner Club kein festes Sekretariat und seine Zusammensetzung wird von Fall zu Fall nach den beteiligten Gläubigerbanken und ihrem Kreditvolumen entschieden.

Neben dem Anlass zur Gründung der beiden »Clubs« ist der Republik Argentinien noch ein weiteres für aktuelle Schuldnerländer bedeutendes Ereignis zuzuschreiben, eine Entscheidung des US Supreme Courts aus dem Jahre 1992: Die Sache »Republic of Argentina v. Weltover, Inc., 504 U.S. 607 (1992)« hat transnationale Rechtsgeschichte gemacht.[34] Das Gericht entschied seinerzeit im rechtstechnischen Sinn eine Frage im Rahmen des *Foreign Sovereign Immunities Act* aus dem Jahr 1976 (FSIA). In diesem Gesetz werden Staaten der US-amerikanischen Gerichtsbarkeit unterworfen, sofern der in Frage stehende Akt »in Zusammenhang mit einer Wirtschaftsaktivität« steht und eine unmittelbare Wirkung in den USA entfaltet. Die Entscheidung im Fall Argentinien v. Weltover hat über den US-amerikanischen Rechtskreis hinaus Bedeutung erlangt, da sie eine der Initialentscheidungen dafür war, dass im internationalen Recht heute wirtschaftliche Tätigkeiten staatlicher Akteure in rechtlicher Hinsicht nicht mehr als acta iure imperii betrachtet werden. Vielmehr gelten sie nunmehr als »privates« Handeln, was einschneidende Konsequenzen für die Möglichkeiten der Gewährung von Immunitätsrechten nach sich zieht. Die mit Ar-

⟨www.clubdeparis.org/en⟩; Details bei Rieffel (1984), 83 ff.; Hudes (1986), 451 ff.; Carreau (1985), 5 ff.

33 Bothe, Brink, Kirchner und Stockmayer (1987), 117 ff. und 132 ff.

34 Abgedruckt in I.L.M. 31 (1992), 1220 ff.; siehe auch: Gohlke (1995), 261 ff.; Lew (1994), 726 ff.

gentinien v. Weltover einsetzende Form der Privatisierung von Völkerrechtssubjekten hat sich in der Folgezeit im transnationalen Wirtschaftsrecht etabliert und zur Verfestigung der völkergewohnheitsrechtlich geltenden Regel geführt, dass Staaten zwar unter Umständen eine Exekutionsimmunität zukommt, d. h. dass ihre Botschaftsgebäude vor Vollstreckungsmaßnahmen sicher sind, dass aber bei acta iure gestionis, also Staatshandelstätigkeiten, eine Jurisdiktionsimmunität nicht gewährt wird und Verurteilungen vor den Zivilgerichten anderer Staaten möglich sind.[35]

In praktischer Hinsicht sind aber nicht mehr nur die Schuldnerländer im immunitätsrechtlichen Sinne als Privatgläubiger zu behandeln, sondern auch auf Gläubigerseite gibt es Tendenzen, vormals Staatliches zu privatisieren: Ein weiter wachsender Anteil der Gläubiger sind gesellschaftliche Akteure. Zwischen dem ersten Default Argentiniens, der 1956 zur Gründung des Pariser Clubs geführt hatte, und der Entscheidung Argentinien v. Weltover lagen mehr als dreißig Jahre, in denen Argentinien größtenteils von Militärdiktaturen regiert worden ist. Die letzte Diktaturperiode ging 1983 zu Ende. Die demokratische Nachfolgeregierung unter Präsident Alfonsín war innenpolitischen Instabilitäten ausgesetzt. Außenpolitisch bemühte sie sich, einen größeren Affront zu vermeiden. Daher machte sie auch zu keiner Zeit geltend, dass die Schulden, die ihre

35 Von den Fragen der Jurisdiktionsimmunität ist diejenige der Vollstreckungsimmunität zu trennen. Das Amtsgericht Berlin-Mitte hat Argentiniens Berufung auf den völkerrechtlichen Grundsatz der Immunität im Vollstreckungsverfahren im September 2003 in einem Vorlageverfahren zum BVerfG gebracht (Vorlagebeschluss vom 10.09.2003 – Az: 32 M 4833/03, NJW-RR 2003, 1713). Der Verzicht auf Vollstreckungsimmunität, den Argentinien in den Anleiheverträgen ausgesprochen hat, ist generell und daher völkerrechtlich unwirksam. Es hätten spezifische Vermögensbestände benannt werden müssen, im Hinblick auf welche Argentinien auf Immunität verzichtet, vgl. auch: ILC, Kommentar, ILC Yearbook 1991 II [2], 59, und ILC Yearbook 1991 II [2], 12 ff. Das AG Berlin-Mitte hat in diesem Zusammenhang als Vorlagefrage formuliert, »welche Anforderungen das Völkergewohnheitsrecht, das die Wiener Übereinkommen ergänzt und mit ihnen zusammen das Diplomatenrecht als ›self-contained regime‹ (vgl. BVerfGE 96, 68 [83] = NJW 1998, 50) bildet, an einen Immunitätsverzicht in Bezug auf die Vollstreckung in Botschaftskonten stellt.« Zu den Rechtsfragen siehe Bothe, Brink, Kirchner und Stockmayer (1987), 96 ff.; Delaume (1997), 476 ff.; Tietje (2005), 9 ff.; In den deutschen Verfahren gegen Argentinien siehe ferner die noch nicht rechtskräftige Entscheidung des Landgerichts Frankfurt, Urteil vom 14.03.2003 – 2/21 O 294/02.

diktatorialen Vorgängerregierungen im Namen Argentiniens abgeschlossen hatten und die zumindest zum Teil zur Finanzierung einer menschenrechtswidrigen Junta und der Beschaffung von Mitteln zur Führung eines internen bewaffneten Konflikts dienten, ungültig seien. Rechtlich wäre dies durchaus nicht unplausibel gewesen.[36] Die demokratische Nachfolgeregierung der letzten argentinischen Junta hatte sich allerdings dazu entschlossen, den in der Juntazeit erfolgten Anstieg der Staatsverschuldung von knapp 8 auf 46 Milliarden US-Dollar rechtlich nicht in Frage zu stellen. Die Anleihen wurden weiterhin bedient, was rasch zur Zahlungsunfähigkeit der Regierung führte. 1986 entschloss man sich darum zur Suspendierung der Zahlungen und zur Aufnahme von Umschuldungsverhandlungen. Als einer von einundzwanzig Staaten nahm Argentinien am 1989 eingeführten Brady-Plan teil. Die US-Regierung hatte zwar die Großbanken massiv unter Druck gesetzt, die Umschuldungsbedingungen zu akzeptieren. Allerdings beteiligten sich nicht alle privaten Gläubiger an der Restrukturierung,[37] und Argentinien wurde darum in der Weltover-Entscheidung, die eine 1981, d. h. eine unter der Junta ausgestellte Anleihe betraf, zur Zahlung verurteilt. Schon hier wurde also das Problem virulent, dass Umschuldungen staatlicher Schuldner massiv erschwert werden, da diese sich einer rechtlich heterogen zusammengesetzten Gruppe transnationaler Gläubiger ausgesetzt sehen. Diese Tendenz verstärkte sich durch die Einführung der Brady-Bonds weiter. Mitte der 90er Jahre wurde bereits mehr als die Hälfte der weltweiten Anleihen von privaten Gläubigern gehalten.

Kurz: Man hat es im Fall des transnationalen Insolvenzregimes mit einem Prozess zu tun, der die herkömmlichen Gegensätze zwischen »privat« und »öffentlich«, Völkerrecht und internationalem Privatrecht, Individuen und Staaten, d. h. zwischen »individuell, staatlich/systemisch und strukturell«, transzendiert.[38] Das transna-

36 Denn nach der völkerrechtlichen Regel der »odious debts« binden Schuldverträge, die ein diktatoriales Regime abschließt und die der Finanzierung von Menschenrechtsverbrechen dienen, das Staatenkollektiv nicht, siehe Fischer-Lescano (2004b), 88 ff.; locus classicus zur Odious Debts-Doktrin: Sack (1927), 17 ff.; siehe auch: Frankenberg und Knieper (1983), 569 ff.; ferner Kremer und Jayachandran (2002), 1 ff.

37 Madrid (1990), 106 ff.

38 Wiener, abrufbar unter: ⟨http://www.kent.ac.uk/politics/research/kentpapers/wiener1.html⟩.

tionale Insolvenzregime als Teil der lex financiaria mit eigenen Sekundärregeln wird in einem verwobenen Netz aus souveränen Schuldnern, souveränen Gläubigern, privaten Gläubigern und multilateralen Institutionen (IWF, Weltbank) in formellen (IWF) und informellen (Pariser und Londoner Club) Verfahren gebildet. Die in den verschiedenen Regimes diskutierten Fragen beziehen sich stets auf die gleiche zugrunde liegende Kollisionslage, wobei die jeweils in Bezug genommenen Rechtstexte scheinbar nicht mehr als den kommunikativen Rahmen für den Streit um die Validierung der jeweiligen Kollisionsnorm bieten. Unabhängig davon, ob die insolvenzrechtliche Problematik »einem Gericht in den Vereinigten Staaten oder im Vereinigten Königreich, einem internationalen Konkursgericht oder einer internationalen Entwicklungsorganisation präsentiert wird«,[39] geht es doch immer um denselben weltgesellschaftlichen Grundkonflikt: Wirtschaftliche Rationalität v. Menschenrechte und nationalstaatliche Souveränität.

Die verschiedenen Institutionen und Nationalstaaten haben zur Entschärfung dieser Kollision einen beeindruckenden Aktionismus entfaltet, der auch eine alte Diskussion über ein globales, formelles Insolvenzverfahren neu belebt hat.[40] Sowohl in der Bundesregierung als auch im IWF findet der Gedanke eines Staateninsolvenzsystems, in dessen Zentrum ein globales Insolvenzgericht stehen soll, zunehmend Unterstützung.[41] Viele NGOs fordern dies bereits seit langem. Die bisherigen Entschuldungsinitiativen, wie das Verfahren im Rahmen des Konsenses über einen Schuldenerlass für die *Heavily Indebted Poor Countries* (HIPC)[42] gehen ihnen nicht weit genug. Sie verlangen darum eine Formalisierung des Verfahrens und eine Entkopplung von politischen Einflussmöglichkeiten, um einen

39 Fisch und Gentile (2004), 1043 ff., 1113; zu den grundsätzlichen Fragen siehe die instruktive Arbeit von Pogge (2002), 91 ff.

40 Guter Überblick bei: Rogoff und Zettelmeyer (2002), 1 ff.; siehe auch den Beitrag von Christoph Paulus, der aus einer Studie im Auftrag des Bundesministeriums für wirtschaftliche Zusammenarbeit und Entwicklung hervorgegangen ist: Paulus (2002), 725, ff., m.w.N.; ferner Falcone (2004), 357 ff.

41 Krueger (2002); siehe Fischer-Lescano (2004c), 195 ff.; siehe auch die Dokumentation des *International Insolvency Institut*: ⟨www.iiiglobal.org⟩.

42 Hierzu: ⟨www.worldbank.org/hipc⟩ und IWF, Die Logik der Schuldenerleichterung für die ärmsten Länder, September 2000, Az. IMF 00/07; zuletzt: IMF/Worldbank, *Heavily Indebted Poor Countries (HIPC), Status of Implementation*, 20. August 2004, abrufbar unter: ⟨www.imf.org⟩.

Rechtsanspruch auf Entschuldung einzuräumen. In Ermangelung eines solchen Forums haben zahlreiche NGOs gleich ein eigenes Verfahren durchgeführt, das an die Tradition der so genannten Russell-Tribunale anknüpft.[43] Im Rahmen dessen hat das *Internationale Völkertribunal* am 18. April 2002 in Washington ein Urteil getroffen, das auf vorherige Anhörungen im Rahmen des Weltsozialforums in Porto Alegre zurückgeht. Das Tribunal hielt fest, »(i) dass die Schulden des Südens an den Norden illegitim sind und tatsächlich bereits mehrfach zurückgezahlt worden sind; (ii) dass die Schuldenabhängigkeit [...] zu wirtschaftlichen wie politischen Bedingungen führt, die in einer sozialen Entmachtung enden, die sich zu einem schleichenden Prozess wirtschaftlichen und sozialen Genozids anhäuft; (iii) dass abgesehen von der Verwerflichkeit aus moralischen und humanitären Gründen, dies einen Verstoß gegen bestehendes internationales Recht darstellt«. Das zivilgesellschaftlich eingerichtete Völkertribunal hat aus diesem Grund erklärt: »(1) Alle externen Schulden, die illegitim und rechtlich nicht-existent sind, sind unverzüglich zu annullieren. (2) Im Gegenzug für den Wohlstand, der illegitim vom Süden in den Norden transferiert wurde, ist den Ländern des Südens eine vernünftige Kompensation zu zahlen; zur Bestimmung von Größe und Art der Bezahlung ist eine globale Schuldenkommission einzurichten. (3) Da unnatürliche Macht zu ungerechtfertigter Größe und Reichweite in Bezug steht, sind die Banken, Finanzinstitute, Industrieunternehmen und andere wirtschaftliche Akteure, die die Gewinne kontrollieren, aufzulösen, ihre Macht ist zu beschneiden, um ein erneutes Auftreten des Prozesses des Anwachsens illegitimer Schulden auszuschließen. (4) Internationale Institutionen, die an der Koordination, Beaufsichtigung und Garantie des Schuldenflusses beteiligt sind, wie der IWF und die Weltbank, sind abzusetzen und ihre Aufgaben sind von demokratisch geführten internationalen Institutionen auszuführen.«[44]

Im Prinzip sind alle Probleme, die die lex financiaria aufwirft, damit angesprochen. Freilich ist die Entscheidung des gesellschaftlichen Gerichts nur eine singulär gebliebene Entscheidung im Rah-

43 Zu den Russell-Tribunalen siehe Rigaux (1995), 142 ff.; zu zivilgesellschaftlichen Entschuldungsinitiativen: ⟨www.odiousdebts.org; www.jubilee2000uk.org⟩ und ⟨www.erlassjahr.de⟩.

44 18. April 2002, Final Judgement des International Peoples' Tribunal on Debt, abrufbar über: ⟨www.jubileeusa.org/international_partners/peoples_tribunal.html⟩.

men eines kontingent verlaufenden Signifikationsprozesses über die Behandlung der globalen Schuldenproblematik und die hier des ökonomischen Genozids angeklagten Akteure denken nicht daran, sich dem Urteil des Völkertribunals zu unterwerfen. Stattdessen versuchen sie, ihre Strukturen an die weltwirtschaftliche Situation anzupassen, d. h., sie reagieren auf die gesellschaftliche Problemlage, indem sie die altera pars intern zu reformulieren suchen, jedes Regime in seiner eigenen Sprache.[45] So hat Anne Krueger, IWF, die Bemühungen um ein Staateninsolvenzverfahren unter anderem mit den Gefahren der aktuellen Situation begründet: »Diese kann Schuldenländern unnötige schwere wirtschaftliche Kosten aufbürden; sie kann den Wert der Ansprüche des Kreditgebers unterlaufen; und sie kann die internationale Gemeinschaft zu einer Konfrontation zwischen einer Unruhe stiftenden unilateralen Nichterfüllung oder dem Abspringen von privaten Kreditgebern führen, und zur moralischen Gefährdung beitragen. Das Problem resultiert zum großen Teil aus der Art, wie sich internationale Kapitalmärkte in den letzten zwei Jahrzehnten entwickelt haben. Die Kapitalmärkte sind stärker integriert und es gab eine Verschiebung von Konsortialbankanleihen zu Privatanleihen. Als Ergebnis geben souveräne Schuldner in wachsendem Maße Schulden im Bereich unterschied licher Jurisdiktionen, indem sie eine Vielheit von Instrumenten nutzen, im Verhältnis zu einer Vielheit von verschiedenen Kreditgebern.«[46] Dem IWF und auch der Weltbank hat mittlerweile eine unabhängige Expertenkommission bescheinigt, im Zuge der Behandlung des argentinischen Defaults Fehler im Krisenmanagement gemacht zu haben, indem wichtige Rahmenbedingungen missachtet wurden: »Vorhandene analytische Werkzeuge wurden nicht benutzt, um die Schadensanfälligkeit in genügender Tiefe zu untersuchen. […] So fehlte dem IWF eine objektive Grundlage um für eine grundlegende Änderung des politischen Rahmens einzutreten – durch eine Abwertung, Schuldenrestrukturierung oder am wahr-

45 In IWF und Weltbank gibt es unter dem Primat der ökonomischen Logik denn auch zunehmende Bestrebungen, durch Konditionierung der Kredite Prinzipien von Nachhaltigkeit und sozialer Ausgewogenheit einzubeziehen (siehe nur: IWF und World Bank, Gemeinsame Erklärung von Horst Köhler und James Wolfensohn [5. September 2000], abrufbar unter ⟨www.imf.org⟩; zur Konditionalisierung siehe Michaelis [2003], 81 ff.).

46 Krueger (2002).

scheinlichsten beides – und diese Beurteilung gegenüber den Behörden wie den Anteilseignern durchzusetzen.«[47]

Und natürlich widmet sich eine ganze Reihe weiterer Regimes den Kernfragen der lex financiaria und den aus den Defaults von Nationalstaaten resultierenden Folgeproblemen von Armut und Hunger. Während für den IWF die Hauptsorge auf der Funktionstüchtigkeit und der Umweltadäquanz des internationalen Finanzsystems liegt, ihr »Linkages-Programm«[48] also ein um einige Menschen- und Umweltrechte angereichertes Finanzierungsprogramm ist, stehen für die Entscheidungsträger in anderen Regimekontexten ihre je spezifischen Rationalitäten im Mittelpunkt. Im Bereich des Menschenrechtsregimes und des UN-Regimes kommt dabei insbesondere der globalen Armutsproblematik maßgebliches Gewicht zu. In Ausführung der Abschlusserklärung des Weltsozialgipfels aus dem Jahr 1995[49] hat es vielfältige Normsetzungsaktivitäten im globalen »Kampf gegen den Hunger« gegeben, die von der *UN-Organisation für Ernährung und Landwirtschaft* (FAO) koordiniert werden.[50] Der Rat der FAO hat im November 2004 Richtlinien für die Realisierung des Rechts auf Nahrung verabschiedet.[51] Unter Berufung auf die Millenniumsdeklaration der Generalversammlung der Vereinten Nationen vom September 2000, in der das Ziel einer Halbierung der Zahl der Hungerleidenden formuliert worden war,[52] und unter Bezugnahme unter anderem auf Artikel 25, Absatz 1 der Universellen Menschenrechtsdeklaration, Artikel 11 des Internationalen Pakts für wirtschaftliche, soziale und kulturelle Rechte und Artikel 55 der UN-Charta hat der Rat der FAO im Hinblick auf die globale Schuldenproblematik festgestellt: »Staaten und relevante internationale Organisationen haben externe Schuldenerlassmittel energisch und schnell zu verfolgen, um Ressourcen freizusetzen, um Hunger zu bekämpfen, städtische und ländliche Armut zu lindern und eine nachhaltige Entwicklung zu fördern. Gläubiger wie Schuldner müssen sich die Verantwortung für die Verhinderung und Auflösung unhaltbarer Schuldensitua-

47 International Monetary Fund (2004), 67.

48 Zum Begriff »linkages«: Charnovitz (2002), 28 ff., 31 ff.; Trachtman (2002), 77 ff.

49 UN Dok. A/Conf.166/9.

50 ⟨http://www.fao.org⟩.

51 Rat der FAO, CL 127/10-Sup.1.

52 UN Dok. A/55/L.2 v. 8.9.2000.

tionen teilen. Schnelle, effektive und volle Implementierung der HIPC-Initiative, die durch zusätzliche Quellen voll finanziert werden sollte, ist unbedingt notwendig. Weiter werden alle offiziellen und kommerziellen Gläubiger aufgefordert, in dieser Initiative mitzuwirken.«[53] Eine Vielzahl weiterer Stellungnahmen widmet sich konkret den Implikationen des Internationalen Pakts für wirtschaftliche, soziale und kulturelle Rechte für die Arbeit der Finanzinstitutionen,[54] wobei insbesondere die Arbeit des zu diesem Pakt eingerichteten Komitees hervorzuheben ist, das betont, dass die internationalen Finanzinstitutionen, insbesondere der IWF und die Weltbank, den Fragen des Rechts auf Nahrung größere Aufmerksamkeit zu widmen haben, dies sowohl im Rahmen der Kreditvergabe als auch bei internationalen Maßnahmen, die der Bewältigung von Schuldenkrisen dienen.[55]

Dass die Armutsquote in Argentinien im Zuge der Schuldenkrise von 16 auf über 50 Prozent angestiegen ist und der Anteil der Bevölkerung in absoluter Armut bei etwa 25 Prozent liegt, dass im fünftgrößten Agrarexportland der Welt Menschen verhungern und insgesamt 260.000 Kinder als akut unterernährt gelten, manifestiert paradigmatisch für andere universelle Menschenrechte, die das Recht auf individuelle Selbstkonstituierung betreffen (z. B. Wohnen, Gesundheit), die Schwierigkeiten und Herausforderungen der Einlösbarkeit der relevanten Normtexte in akuten Krisensituationen. Gerade der argentinische Fall macht dabei auch deutlich, wie notwendig die Schaffung eines Fakultativprotokolls im Rahmen des Pakts für wirtschaftliche, soziale und kulturelle Rechte ist, um die menschenrechtlichen Implikationen problemspezifisch artikulieren zu können.[56] Denn hinsichtlich der aktuellen argentinischen Krisensituation gibt es zwar eine ganze Reihe juristischer Foren, in de-

53 »The international financial institutions, notably the International Monetary Fund (IMF) and the World Bank, should pay greater attention to the protection of the right to food in their lending policies and credit agreements and in international measures to deal with the debt crisis« (Rat der FAO, [Fn. 51 in diesem Kapitel], Ziff. 11).

54 Morgan-Foster (2003), 577 ff.; Gianviti (2002).

55 Committee on Economic, Social and Cultural Rights, General Comment Nr. 12, Art. 11 – The right to adequate food, E/C.12/1999/5, 26.4.-14.5.1999, Ziff. 41; siehe auch den General Comment Nr. 3, 14. Dezember 1990, E/1991/23, Ziff. 10.

56 So auch die Forderung von Schneider (2004), 1 ff.; ablehnend Dennis und Stewart (2004), 462 ff.

nen die betreffenden Rechtsfragen der lex financiaria zur Diskussion stehen. Im Menschenrechtsregime gibt es aber kaum eine Möglichkeit, den Normenbestand anhand von Entscheidungen des konkreten argentinischen Falles weiterzuentwickeln, da sich die Nationalstaaten und allen voran die EU bislang beharrlich weigern, ein Individualbeschwerdeverfahren einzurichten.[57]

Lediglich im vertraulichen (der Öffentlichkeit wird keine Mitteilung über Gegenstand und Ergebnis der Untersuchung gemacht, nur der Staat, an den die Vorwürfe gerichtet sind, wird benannt) »1503-Verfahren«[58] können Verletzungsvorwürfe behandelt werden. Und tatsächlich haben daher auch hunderte argentinische Betroffene am 30. Januar 2003 einen solchen Antrag auf Aufnahme eines »1503-Verfahrens« an die UN-Menschenrechtskommission gerichtet und fordern ein Verfahren gegen das Land wegen der Verletzung der sozialen und wirtschaftlichen Menschenrechte im Zuge der Behandlung der Schuldenproblematik.[59]

Lex semper dabit remedium? In anderen Regimekontexten wird der Grundsatz des ubi ius, ibi remedium jedenfalls merklich konsequenter realisiert, und genau darauf richtet sich die normative Forderung zur Konstitutionalisierung der gesellschaftlichen Regimes: Schaffung prozeduraler Zugangsmöglichkeiten in den diversen Spezialregimes, um die Artikulation der jeweiligen altera pars zu ermöglichen, und dabei eine reflexive Verknüpfung der Regimes mit ihren außerregimischen Umwelten zu erreichen. Auf das Beispiel der argentinischen Schuldenproblematik angewendet, heißt dies insbesondere, dass in den Prozessen, in denen die Fragen der argentinischen Staateninsolvenz virulent werden, die im Kontext des Menschenrechtsregimes gebildeten Normen Berücksichtigung fin-

57 Mit der zweifelhaften Begründung, dies geschehe aus Sorge um mögliche Jurisdiktionsüberschneidungen, siehe Fischer-Lescano (2004c), 226 f.

58 Benannt nach der *Economic and Social Council Resolution* 1503 (XLVII) vom 27. Mai 1970, die das Verfahren einrichtete. Mittlerweile wurde das Verfahren novelliert (Economic and Social Council resolution 2000/3 vom 16. Juni 2000), es bleibt allerdings bei den Grundsätzen der Vertraulichkeit, siehe die weiteren Informationen und die Liste der Staaten, deren Maßnahmen Gegenstand der jeweiligen Untersuchungen waren, zum 1503-Verfahren unter: ⟨http://www.unhchr.ch/ html/menu2/8/1503.htm⟩.

59 Die Betroffenen stellen darin die Legalität der lex financiaria vor dem Hintergrund der Menschenrechtsverletzungen in Frage (ECOSOC, Anzeige argentinischer Betroffener, 30. Januar 2003, 171, liegt den Verf. vor).

den müssen und dass die prozedurale Möglichkeit der Geltendmachung dieser Rechte im Zuge akuter Krisensituationen gesichert werden muss.

Die Rechtsforen, auf die diese Forderung zielt, d. h. also diejenigen Gerichte, die primär mit der Behandlung des transnationalen Insolvenzregimes befasst sind, lassen sich dabei im argentinischen Fall vornehmlich in zwei Gruppen einteilen.[60] Einerseits ist das in zahlreichen bilateralen Investitionsabkommen eingesetzte *International Center for Settlement of Investment Disputes* (ICSID) zu nennen,[61] andererseits nationale Zivilgerichte, vor denen mehrere Hundert Verfahren gegen die Republik Argentinien unter anderem in New York, Frankfurt und Rom anhängig sind.[62]

Im Zuge der Pesifizierung der lokalen Dollarvermögen in Argentinien haben bislang etwa dreißig Unternehmen das bei der Weltbank angegliederte Schiedsgericht ICSID angerufen.[63] Nachdem die Bestrebungen gescheitert waren, ein multinationales Investitionsabkommen im Rahmen der WTO abzuschließen,[64] ist im Hinblick auf die Investitionsabkommen ein zunehmender bilateraler Aktionismus zu beobachten. Ein weltweites Netz von etwa 2000 solcher Abkommen weist die betreffenden Streitigkeiten entweder dem ICSID oder der *UN Commission on International Trade Law*

60 Dass die ökonomische und politische Situation Argentiniens auch in anderen Regimekontexten virulent wird, soll damit nicht bestritten werden, siehe z. B. Shanker (2004), 565 ff.

61 Der *International Center for Settlement of Investment Disputes* (ICSID) wurde mit der *Convention on the Settlement of Investment Disputes between States and Nationals of other States*, die am 14.10.1966 in Kraft trat, errichtet. Der Vorsitz im Verwaltungsrat des ICSID fällt auf die Weltbank. Jeder Mitgliedstaat der Konvention entsendet einen Repräsentanten. Alle ICSID-Mitglieder sind Mitglieder der Weltbank und das ICSID wird durch die Weltbank finanziert. Alle Mitgliedstaaten haben sich zur gegenseitigen Anerkennung der Entscheidungen des Schiedsgerichts verpflichtet. Im Hinblick auf die Welle von Prozessen in Argentinien siehe den Überblick bei di Rosa (2004), 41 ff.

62 Ein Überblick findet sich bei García Hamilton, Olivares Caminal und Zenarruza (2003), 1 ff.; zu den Prozessen in der Bundesrepublik, das heißt in erster Linie in Frankfurt: Keller und Kolling (2005), 1 ff.; Baars und Böckel (2004), 445 ff.

63 Die registrierten ICSID-Fälle sind hier einsehbar, ebenso Volltexte vorliegender Entscheidungen: ⟨www.worldbank.org/icsid/cases/pending.htm⟩; siehe auch Rosatti (2004), 1 ff.

64 Zu diesem Scheitern: Albert und Hessler (2002), 381 ff.

(UNCITRAL)[65] zu. Die bilateralen Investmentabkommen »vermehren sich wie Fruchtfliegen«.[66] Im Fall Argentiniens wurde die ICSID Konvention am 21. Mai 1991 unterzeichnet und trat am 18. November 1994 in Kraft.[67] Die ausländischen Unternehmen, die in Argentinien im Zuge der vom IWF geforderten und geförderten Privatisierungspolitik weite Bereiche der vormals von staatlichen Unternehmen beherrschten Sektoren Telekommunikation, Wasserwirtschaft, Elektrizität und Flugverkehr übernommen haben, klagen nun über die ihnen in den bilateralen Investitionsabkommen vermittelten Rechte auf Kompensation des im Zuge der Pesifizierung erlittenen Verlustes. Dabei geht es um einen Gesamtwert von geschätzten 16 Mrd. US-Dollar. Wie kreativ das ICSID im Hinblick auf Zugangsrechte hierbei ist, zeigt sich insbesondere auch an der Jurisdiktionsentscheidung im Fall CMS v. Argentinien, in der das ICSID sogar Minderheitengruppen von Anteilseignern betroffener Unternehmen eine Zugangsmöglichkeit eröffnet.[68] Die bilateralen Investmentabkommen, darunter ist auch ein Abkommen mit den USA aus dem Jahr 1994, befreiten die ausländischen Investoren und ihre Shareholder von den Beschränkungen der so genannten Calvo-Doktrin, die eine exklusive Zuständigkeit der nationalen Gerichte vorsah. Stattdessen werden die Streitigkeiten nunmehr von internationalen Instanzen entschieden. Nachdem das ICSID in zahlreichen Fällen die Fragen der Jurisdiktion positiv beantwortet hat,[69] wird es in den genannten Fällen nunmehr darauf ankommen, dass die soziale Responsivität auch im Weltbankregime über den Tellerrand von »fair and equitable treatment«, »most favored nations clause« und Expropriationsverbot hinaus sichergestellt wird. Dafür ist auch in

65 Details zur UNCITRAL unter ⟨www.uncitral.org⟩; siehe auch: U.N. Conference on Trade und Development, Bilateral Investment Treaties, 1959-1999, 18, U.N. Doc. UNCTAD/ITE/IIA/2.

66 Mit der These, dass man es in diesen Investmentverträgen mit je eigenen secondary rules zu tun habe: Lowenfeld (2003), 42 ff.

67 Details bei Santiago Tawil (2000), 1 ff.

68 CMS Gas Transmission Co. v. Argentina, ICSID Case No. ARB/01/8 P 48 (17. Juli 2003), abrufbar unter: ⟨www.asil.org/ilib/cms-argentina.pdf⟩.

69 Siehe z. B. Azurix Corp. v. Argentine Republic (Case No. ARB/01/12), Decision on Jurisdiction of December 8, 2003, 43 I.L.M. 262 (2004). Siemens A.G. v. Argentine Republic (Case No. ARB/02/8), Decision on Jurisdiction of August 3, 2004, ist zu finden unter International Law in Brief, ⟨http://www.asil.org/ilib/Siemens_Argentina.pdf⟩.

den jeweiligen Texten ausreichend Raum. So sieht beispielsweise das Investitionsabkommen zwischen Argentinien und den USA vor, dass eine Derogation von völkerrechtlichen Pflichten (hierzu gehören die genannten menschenrechtlichen Implikationen) nicht erfolgt (Artikel 10, Buchstabe b).[70]

»Dreißig Schiedsverfahren, ein Problem, dreißig Lösungen«, um eine viel zitierte Feststellung von Brigitte Stern zu paraphrasieren,[71] ist nicht das einzige Risiko, das droht, sollte sich das ICSID der Responsivitätszumutung entziehen.[72] Es scheint sich vielmehr auch eine Kollision mit den Grundzügen des transnationalen Insolvenzrechtes, so wie es die nationalen Gerichte derzeit operationalisiert haben, anzubahnen.[73] Sowohl in der Bundesrepublik, wo derzeit die Verfahren, die private Gläubiger gegen Argentinien angestrengt haben, ausgesetzt sind und eine Entscheidung des Bundesverfassungsgerichtes über Vorlagefragen nach Artikel 100, Absatz 2 des Grundgesetzes über die Implikationen der völkerrechtlichen Notstandsregel, die über Artikel 25 des Grundgesetzes ins deutsche Recht inkorporiert wurde, erwartet wird, als auch in den USA und

70 USA-Argentina Bilateral Investment Treaty, in Kraft seit 20.10.1994.

71 Stern (1980), 3 ff., formulierte: »Trois arbitrages, un même problème, trois solutions«.

72 Generell zu Akzeptanzschwierigkeiten des ICSID: Garcia (2004), 301 ff.; mehrere NGOs, darunter der *Center for Legal and Social Studies* (CELS) und die *Civil Association for Equality and Justice* (ACIJ) haben im Januar 2005 beantragt als amicus curiae am Verfahren Aguas Argentinas S.A. v. Republik Argentinien (ARB/03/19) beteiligt zu werden. Sie fordern: »The civil society organizations requested access to the hearings and to the documents produced in the arbitration. Additionally, they requested that the tribunal take into consideration fundamental international and internal rights and standards relating to public health, access to essential services, adequate standards of living, housing and consumer rights. The petitioning organizations – experts in such subject matters – requested leave from the tribunal to submit an amicus curiae brief to aid the tribunal in resolving these issues« (siehe die Presseerklärung und den Text des Schreibens an das ICSID vom 27. Januar 2005, abrufbar unter ⟨http://www.ciel.org/Tae/Suez_ICSID_8Feb05.html⟩).

73 So wurden in einer ersten Entscheidung im Mai 2005 der *CMS Gas Transmission Company* Schadensersatzansprüche zugestanden, wobei das ICSID sowohl die völkergewohnheitsrechtliche Notstandsnorm (Artikel 25 der Artikel zur Staatshaftung) als auch die in Artikel XI des bilateralen Investmentabkommens vereinbarte Notstandsnorm sehr restriktiv auslegte (ICSID, Az. ARB/01/08, Entscheidung vom 12.5.2005).

Italien haben die Gerichte dabei regelmäßig ein Regelungsschema angewendet, dessen wesentliche Grundbestandteile der Logik der juridifizierten Dejuridifizierung folgen.[74]

Dieses insolvenzrechtliche Metakollisionsrecht im Fall des Defaults eines Staates auf Ebene der Weltgesellschaft kann man derzeit wie folgt zusammenfassen: (1) Recht des Schuldnerstaates auf Verhandlungen über Schuldenmanagement, (2) Feststellung der Zahlungsunfähigkeit in einem kooperativen Verfahren, Einbezug aller wesentlichen Gläubiger zu gleichen oder jedenfalls vergleichbaren Bedingungen, (3) Bindung der Restrukturierung der Schulden an ein vom IWF gebilligtes oder überwachtes Sanierungsprogramm.

Diese oder jedenfalls ähnliche Prinzipien prägen auch die Bankenumschuldungen und in neuester Zeit die Umschuldungen von Obligationen.[75] Dabei werden diese Fragen in der Bundesrepublik als Spezialregime des generellen völkerrechtlichen Notstandsrechts verhandelt, so wie es in Artikel 25 der Kodifizierung zur Verantwortlichkeit der Staaten für völkerrechtswidrige Handlungen formuliert wurde.[76] Für die Auffassung, dass ein Staat eine Zahlungsverweigerung mit der Berufung auf eine finanzielle Notstandslage rechtfertigen kann, sprechen hierbei in der Tat zahlreiche Präzedenzfälle.[77] In den nationalen Rechtsordnungen ist zwar die dogmatische Verankerung je dem spezifisch nationalen Recht angepasst, das normative Ergebnis ist indes identisch; sei es, dass das Tribunale di Roma entscheidet, dass im Fall einer Staateninsolvenz

74 BRD: Bis Ende 2005 war das Vorlageverfahren zum BVerfG zur Prüfung der Frage, ob Regeln des Völkerrechts einer Verurteilung der Beklagten in den Prozessen 31 C 2966/02-83, 21 C 3476/02 – 83, 31 C 3474/02-83, 31 C 3475/02-83 und 31 C 150/03-83 vor dem Amtsgericht Frankfurt/M. entgegenstehen (2 BvM 1-5/03) und ob ein vom Schuldnerstaat ausgerufener Staatsnotstand zur Verweigerung bestehender und fälliger Zahlungsverpflichtungen berechtigt (2 BvM 6-7/03), noch nicht entschieden; Italien: In der Entscheidung der Corte Suprema di Cassazione, 31.5.2005, Az. 11225/2005, hat das Gericht eine Notstandslage in Argentinien festgestellt und aus diesem Grund die Klage der Privatgläubiger abgewiesen.

75 Nachweise bei Bothe, Brink, Kirchner und Stockmayer (1987), 212 ff.; siehe auch: Goldman (2000), 159 ff.; in Bezug auf Argentinien: Tietje (2005), 16 ff.; Ohler (2005), 590 ff., der von einem bislang nicht-verregelten »Ausnahmezustand« (a. a. O., 599) spricht und damit die Bedeutung der juridifizierten Dejuridifizierung schon im Ansatz verkennt.

76 Zu diesem Text siehe die Resolution der UN-Generalversammlung A/RES/56/83 und den Bericht der International Law Commission 2001, UN Doc. A/56/10, 194.

77 Nachweise bei Pfeiffer (2003), 141 ff.

eine Jurisdiktion über die jeweiligen Verträge ausgeschlossen ist, wenn der betreffende Staat mit allen Gläubigern verhandelt;[78] sei es, dass US-amerikanische Gerichte die Prozesse aussetzen und dabei alternativ eine konkrete Frist festlegen oder so lange nicht entscheiden, »bis die Republik ihren privaten Gläubigern ihr endgültiges Angebot in den gegenwärtigen Umschuldungsverhandlungen präsentiert«.[79] In den USA werden – z. B. in der Entscheidung Pravin v. Peru – die einschlägigen Fragen vor allem als Comity-Probleme diskutiert. Aber auch Argumente, die die Doktrin der »act of state« betreffen, werden in den Kollisionslagen angeführt.[80] Dabei sehen die US-Gerichte regelmäßig das Problem, dass der Erfolg der Klage eines Außenseitergläubigers den Erfolg laufender Umschuldungsverhandlungen in Frage stellen kann. Die Gerichte formulieren das aber nicht als ein Problem transnationaler Rationalitätenkollisionen, sondern betrachten diese Frage unter »policy considerations«.[81]

78 Das Gericht stellt einen Nexus zwischen dem prozeduralen Argument der Einbeziehung der Betroffenen und der konkreten gerichtlichen Maßnahme her, im Hinblick auf die Tatsachenfeststellung hält das Gericht die prozeduralen Erfordernisse für nicht erfüllt (Tribunale Ordinaria di Roma, Sezione 9° Civile, 3468/1988, n.919/96 e n.1150/2000, 22.7.2002); in diesem Sinne auch: Dorigo (2002), 958 ff., 962.

79 Allan Applestein v. Republic of Argentina, Defendant 02 Civ. 4124 (TPG), United States District Court for the Southern District of New York, 19.11.2003; siehe auch: Lightwater Corporation Limited, Plaintiff v. The Republic of Argentina, Defendant. Old Castle Holdings, Ltd., Plaintiff v. The Republic of Argentina, Defendant. Macrotecnic International Corporation, Plaintiff v. The Republic of Argentina, Defendant. 02 Civ. 3804 (Tpg), 02 Civ. 3808 (Tpg), 02 Civ. 5932 (Tpg). United States District Court For The Southern District of New York, 14.4.2003.

80 Comity: Pravin Banker Assoc. v. Banco Popular del Peru, 109 f.3rd 850 (2nd Cir. 1997); formuliert als act of state-Frage vor allem in Allied Bank International v. Banco Credito Agricola, 757 f.2d 516 (1985); die Entscheidung CIBD Bank and Trust Co. v. Banco Central do Brasil (886 f.Supp. 1105 [S.D.N.Y. 1995]) ist hingegen in erster Linie auf New Yorker Zivilrecht gestützt, wonach der Erwerb einer Aktie dann kein subjektives Recht einräumt, wenn der Erwerber das Recht mit der Absicht erstanden hat zu prozessieren. Es ist dies eine lex specialis zum Rechtsmissbrauchsgrundsatz.

81 Pravin Banker Ass. v. Banco Popular del Peru, 109 f.3rd 850 (2nd Circuit 1997); Elliott Associates v. Republic of Peru, 12 f.Supp. 2nd 328 (S.D.N.Y. 1998); Elliott Associates v. Banco de la Nación, 194 f.3rd 363 (2nd Cir. 1999); National Union Fire Insurance v. Republic of Congo, 729 f.Supp. 936 (1989), 944; Elliott Asss. v. Banco de la Nación, 194 f.3rd 363 (1999), 379 f.

Gemeinsam ist diesen Verfahren jedoch, dass sie eine juridische Dejuridifizierungstechnik anwenden. Sie entscheiden, materiell über die Ansprüche zunächst nicht zu entscheiden, und verpflichten die Finanzakteure auf ein pactum de negotiando, wofür sie prozedurale Anforderungen aufstellen.[82] In der Politik finden diese Bestrebungen Unterstützung. So haben die Finanzminister und Notenbankchefs der G 20 (Gruppe der 20) im Abschlusscommunique ihres Treffens im November 2004 in Berlin die Ergebnisse einer informellen Arbeitsgruppe von Emissionsländern – darunter Brasilien, Mexiko, Korea, Türkei – und Vertretern des Privatsektors zu den »Grundsätzen für stabile Kapitalströme und gerechte Umschuldung in Schwellenländern« ausdrücklich begrüßt. Die genannten Grundsätze beinhalten Richtlinien hinsichtlich der Prinzipien von Transparenz, Treu und Glauben, Diskriminierungsverbot und Kooperation, die im Zuge der Umschuldungsprozesse Beachtung finden sollen.[83] Sie begrüßen auch, dass neuere Anleiheverträge zunehmend »collective action clauses« aufnehmen.

Gerade diese Klauseln gibt es im argentinischen Fall nur vereinzelt. Für Argentinien existieren rund 83 verschiedene Auslandsanleihen unter vier Jurisdiktionen (England, New York, Deutschland und Japan). Während die Anleihen nach englischem und japanischem Recht diese Klauseln enthalten und damit Änderungen der Anleihebedingungen in jeder Hinsicht (d. h. von Zahlungs- und Nichtzahlungsbedingungen) mit Mehrheit der Gläubiger verbindlich beschlossen werden können, sehen die Anleihen nach dem Recht des Staates New York und der Bundesrepublik diese Regelung grundsätzlich nicht vor. Gerade die Anleihen nach den letzten beiden Rechtsordnungen begünstigen demnach umschuldungsfeindliche Hold-Out-Strategien einzelner Anleger, die auf Kosten der Mehrzahl der Gläubiger und zu Lasten des Konsolidierungskurses des Schuldners individuellen Höchstnutzen durchzusetzen suchen.[84] Auch eine Arbeitsgruppe der G-10-Staaten hat darum unlängst die Forcierung der Implementationsmöglichkeiten für »collective action clauses« gefordert.[85] Und die deutsche Bundesregie-

82 Zur Frage einer völkerrechtlichen Verhandlungspflicht: Reinisch (1995), 19 ff.

83 Zu substantiven Pflichten siehe Böttger (2002), 133 ff.

84 Keller (2003), 313 ff., 314.

85 Report of the Group of Ten Working Group on Contractual Clauses, Quarles-Bericht, 26.9.2002, abrufbar unter: ⟨www.imf.org/external/np/g10/2002/cc.htm⟩.

rung arbeitet, so Hans Eichel im Oktober 2004 vor dem *International Monetary and Financial Committee*, an der Einführung einer solchen Klausel. Im Blick auf die argentinische Zahlungskrise fügte er hinzu: »Wir drängen die argentinischen Behörden eine übergreifende und nachhaltige Restrukturierung der Staatsverschuldung mit den privaten Gläubigern abzuschließen, unterstützt von einem stichhaltigen mittelfristigen fiskalischen Rahmen. Weiter appellieren wir an die argentinische Regierung, eine enge Kooperation mit dem Fonds sobald wie möglich mit dem Ziel, das vereinbarte Programm zu reaktivieren und vollständig zu implementieren, fortzusetzen.«[86] Eichels Äußerung, wenige Tage vor dem geplanten G-20-Treffen in Berlin, war den argentinischen Verantwortlichen offenbar Grund zur Warnung. Obwohl es Mitglied der Gruppe der 20 war, blieb Argentinien dem Treffen in Berlin, auf dem die »Grundzüge eines fairen Umschuldungsverfahrens« beschlossen wurden, fern.

Grund der Kritik an Argentinien ist, dass Gefahr besteht, dass das Land nach 1956 (Gründung des Pariser Clubs) und 1992 (Weltover v. Argentinien) abermals einen neuen Präzedenzfall setzen könnte. Denn mit der Gleichbehandlungspflicht aller Gläubiger und der tradierten Zentralrolle des IWF im Rahmen des Restrukturierungsverfahrens werden durch Argentinien aktuell gleich zwei maßgebliche Säulen des transnationalen Insolvenzrechts unter Berufung auf den finanziellen Staatsnotstand in Frage gestellt. Argentinien kämpft dabei mit dem Problem, dass die allseits geforderten kollektiven Handlungsmöglichkeiten derzeit noch nicht in allen Anleiheverträgen verankert sind, dass also einzelne Gläubiger durch Blockadestrategien versuchen können, den gesamten Umschuldungsprozess zu desavouieren, obwohl nicht nur die Anleiheverträge,[87] die Gerichte, politische Gremien und auch die »initiative clause« in den Vertragsvorlagen des Pariser Clubs,[88] sondern auch der

86 Hans Eichel, Statement beim IWF, Washington, 2.10.2004, 3; abrufbar unter: ⟨www.imf.org/External/AM/2004/imfc/statem/eng/deue.pdf⟩.

87 Zu den so genannt Pari Passu-Klauseln und den Entscheidungen hierzu in den USA (Elliott Assocs. v. Banco de la Nación, 194f.3d 363 [2nd Cir. 1999]) und in Belgien (Elliott Assocs. L.P., General Docket Nr. 2000/QR/92, Court of Appeals of Brussels).

88 Die entsprechende Formulierung lautet regelmäßig: »In order to secure comparable treatment of public and private external creditors on their debts, the Government of XX commits itself to seek from its external creditors, in particular banks and suppliers, rescheduling or refinancing arrangements on terms comparable to

IWF, der im bisherigen Insolvenzregime eine zentrale Rolle hat, beharrlich von allen Beteiligten einen offenen Verhandlungsprozess einfordern. Nach dem offiziellen Abschluss des IWF-Abkommens in Dubai,[89] das Argentinien die Refinanzierung von 21 Milliarden Dollar anstehender Zahlungen an internationale Kreditgeber, darunter der IWF, die Weltbank und die Interamerikanische Entwicklungsbank, gestattete, geriet das Umschuldungsverfahren mit den privaten Gläubigern allerdings ins Stocken. Das liegt insbesondere daran, dass das System der Umschuldungen privater Gläubiger wesentlich komplexer ist als das der öffentlichen Gläubiger,[90] da die Zahl der relevanten Gläubiger erheblich größer ist und die Heterogenität der Gläubiger, von Kleinanlegern, mittelständischen Unternehmern bis zu »venture fonds«,[91] die Kooperationschancen vermindert. Argentinien hat zwar mehrfach mit den relevanten Gläubigerkomitees verhandelt, dabei jedoch keinen durchschlagenden Verhandlungserfolg erzielt.[92]

those set forth in this Agreed Minute for credits of comparable maturity, making sure to avoid inequality between different categories of creditors.«

89 Memorandum of Understanding (EBS/03/130), vom 12. September 2003.

90 Vgl. Dolzer (1989), 538 f.

91 Hierzu: Fisch und Gentile (2004), 1043 ff. Die italienischen Kleinanleger, die mit Forderungen von über 14,5 Milliarden Dollar gegen Argentinien die größte Gruppe unter den Geschädigten bilden, gründeten die *Task Force Argentina*. In Deutschland entstanden die *Interessengemeinschaft Argentinien*, die *Initiative Argentine Bond Restructuring Agency* (ABRA) unter Führung der HypoVereinsbank und der Deutschen Schutzgemeinschaft für Wertpapiere. Die ABRA vertritt die Interessen deutscher, österreichischer, luxemburgischer, schweizer und niederländischer Anleger, die ihre Anleihen im Wert von 1,2 Milliarden Euro übertragen haben. Die institutionellen Anleger sind vor allem im *Argentina Bondholder Committee* organisiert, das die 30 größten US-Banken und Investmentfonds vertritt, die zusammen Forderungen über 7,5 Milliarden Dollar gegen Argentinien halten. Seit Anfang 2004 existiert eine übergeordnete Dachorganisation, der alle internationalen Vereinigungen angeschlossen sind: das *Global Committee of Argentina Bondholders* (GCAB), das 500 000 Einzelanleger und 100 institutionelle Investoren vertritt und Forderungen im Wert von 37 Milliarden Dollar gegen Argentinien repräsentiert, fast die Hälfte der gesamten nominalen Umschuldungssumme von gut 80 Milliarden Dollar. Weitere 40 Prozent halten argentinische Anleger, vor allem private argentinische Rentenfonds, mit denen die Regierung jedoch gesondert verhandelt. Zu weiteren Gruppen siehe: IWF, Second Review under the Stand-By Arrangement, Juli 2004, IMF Country Report, 04/195, Annex 1.

92 Nachweise in IWF, Second Review under the Stand-By Arrangement, Juli 2004, IMF Country Report, 04/195.

Das Schicksal des von den Verantwortlichen vorgelegten Angebots eines 75-prozentigen Kapitalschnitts war darum lange ungewiss. Der Zeitplan für die Durchführung des Umtauschangebots wurde mehrfach verschoben. Die Zeichnungsfrist lief von Mitte Januar bis Mitte Februar 2005. Ein Großteil der Privatanleger hat das Angebot letztlich akzeptiert.[93] Die Position der privaten Gläubiger war dabei insbesondere dadurch geschwächt, dass Argentinien das IWF-Abkommen bis zum Vorliegen der Resultate der Schuldenrestrukturierung ausgesetzt hat: »Somit dürfte Argentinien erneut Pionierarbeit leisten: Zum ersten Mal wird ein Land eine Schuldenrestrukturierung ohne IWF-Auflagen durchführen.«[94]

Das Problem der Hold Outs ist aber ganz unabhängig von diesem Kräftemessen zwischen der argentinischen Regierung, den Privatgläubigern und dem IWF von Relevanz. Denn die juridische Rückgabe der Entscheidung über das Schuldenproblem an die gesellschaftlichen Akteure ist nur eine temporale. Unabhängig vom Ausgang des Restrukturierungsprozesses werden in Ermangelung eines effektiven Mechanismus zur Mehrheitsentscheidung Privatgläubiger, die das Umtauschangebot ablehnen, einseitige Rechtsdurchsetzungen vor den Gerichten anstreben. Teilweise gibt es auch bereits Entscheidungen, die nahe legen, dass die Gerichte im argentinischen Beispiel in den Prozess der Eigenrationalitätsmaximierung der Betroffenen wieder einzugreifen beabsichtigen.[95] Dabei ist derzeit offen, vor welchen Foren sich der Unmut der Betroffenen wird entladen können. Zahlreiche NGOs fordern die Einsetzung eines neuen Schiedsverfahrens und schon mehrfach haben argentinische Verantwortliche dabei die Möglichkeit ins Spiel gebracht, die Schuldenfrage vor den Internationalen Gerichtshof zu bringen.[96] Dahin führen im Prinzip zwei Wege: Eine Resolution der Generalversammlung könnte ein Gutachten des IGH einfordern (so wie im Mauerfall zwischen Israel und Palästina). Ein anderer Weg wäre, die Legalität der argentinischen Schulden noch viel grundsätzlicher in Frage zu stellen und die Zugangsmöglichkeit nach Artikel 66, Buch-

93 Frankfurter Allgemeine Zeitung, 25.02.2005, 24.

94 Grüttner (2004).

95 Siehe statt aller: EM Ltd. v. The Republic of Argentina, United States Court of Appeals for the Second Circuit, 382 f.3d 291, 31.8.3004; Lightwater Corp. v. Republic of Argentina, 2003 U.S. Dist., S.D.N.Y., 7. Mai 2003.

96 Siehe beispielsweise die Forderung in: Erlassjahr (2003), 27 ff.

stabe a der WVK zu nutzen. Dafür müsste Argentinien behaupten können, dass die aktuellen Schuldverträge zwingendes Völkerrecht verletzen bzw. der rechtlichen Verfestigung einer solchen Verletzung dienen. In diese Richtung geht das Gesetzgebungsprojekt, das eine Gruppe argentinischer Abgeordneter im Oktober 2004 in den argentinischen Kongress eingebracht hat und das den Anteil der Schulden, der auf Umschuldungen der Juntakredite zurückführbar ist, für nichtig erklärt, da damit massive Menschenrechtsverletzungen verbunden gewesen seien, deren Umschuldung den Sittenwidrigkeitszusammenhang nicht habe unterbrechen können.[97] Dieses Argument haben NGOs auch vor dem deutschen Bundesverfassungsgericht geltend gemacht. Neben dem Hinweis auf die Rückführbarkeit der Schuldenproblematik auf das argentinische Militärregime und dem Vorwurf einer Vertiefung des Finanzproblems durch Fehlentscheidungen internationaler Finanzinstitutionen, wie sie auch im genannten Bericht der Expertenkommission des IWF artikuliert worden sind, weisen die NGOs darauf hin, dass im Hinblick auf die Prozesse der Verschuldung und späteren Umschuldung relevant sei, »dass mit der Ausarbeitung und Durchführung der Umschuldung der auf die Juntazeit zurückgehenden Anleihen Bankinstitute und internationale Organisationen beauftragt wurden, die bereits in die Kreditvergabe an das diktatoriale Argentinien verwickelt waren. Die diesbzgl. Kontinuitäten kommen in den Feststellungen in der Entscheidung ›Olmos, Alejandro s/Denuncia‹ (Az. 14.467) des Juzgado Criminal y Correccional No. 2, Richter Dr. Jorge Ballestero, vom 13. Juli 2000 zum Ausdruck, unter anderem wird dort auf die Rolle der Deutschen Bank eingegangen. Ferner sind in der derzeit vor den argentinischen Gerichten anhängigen Rechtssache ›CAVALLO, Domingo F. y otros s/falta de mérito‹ (C.C.C.Fed., Sala II, reg. 22.469, rta. 20-5-04. Juzg. Fed.n 2, Sec.n 4., Causa n 20.375) deliktische Handlungen im Zuge der Umschuldung Untersuchungsgegenstand. Die zuständige Kammer entschied mit Beschluss vom 20. Mai 2004, deliktische Handlungen der beteiligten Funktionäre (d. h. insbesondere Amtsmissbrauch und Betrug zu Lasten der öffentlichen Kassen) im Zuge der Restrukturierungsmaßnahmen der Schulden in den Jahren 1997, 1998 und 2000 zu untersuchen.«[98]

97 Der Gesetzentwurf ist abrufbar über ‹http://www.odiousdebts.org›.

98 Cafiero, attac und Erlassjahr (2004), abrufbar unter ‹www.uni-kassel.de/fb10/frieden/regionen/Argentinien/schulden4.html›.

Kurzum: Das Weltrecht wird, wenn es nach Abschluss der rechtlich strukturierten Verhandlungsprozesse zu einer Rückverweisung der Sachprobleme in rechtliche Verfahren kommt, in den Verfahren vor nationalen Gerichten, den ICSID-Verfahren, in Verfahren vor einem möglichen Insolvenzschiedsgericht oder gar dem IGH im Streit der beteiligten Schuldner und Gläubiger die Rechte der altera pars zur Geltung bringen müssen. Es wird dann darum gehen, den insolvenzrechtlichen Gedanken der Schuldenrestrukturierung in diesem polyzentrischen System durchzusetzen, die in Frage stehenden Menschenrechte in den Entscheidungen zu schützen und auf diese Weise die soziale Responsivität des transnationalen Insolvenzregimes zu stärken. Es ist absehbar, dass es dabei auch zu komplexen Rückabwicklungsverhältnissen kommen wird, in denen die Risikoverteilung nicht ausschließlich zwischen Gläubigern und Schuldnern, sondern auch unter Einbeziehung der Finanzintermediäre stattfinden wird. Um dieses System weiter zu ordnen, sind die politisch angestrebten Lösungen, d. h. Ausweitung der Verfahren der Mehrheitsentscheidung unter den Gläubigern, Ausweitung der Anforderungen an eine wirksame Schuldentstehung und der Vorschlag eines internationalen Insolvenzgerichtes,[99] erste sinnvolle Schritte. Nicht nur dann, wenn die Verhandlungen im konkreten Fall des Hold Outs bezüglich bereits abgeschlossener Anleiheverträge ohne Ergebnis bleiben, sondern auch dann, wenn die Staatsverschuldung auf Verträge diktatorischer Regierungen zur Finanzierung weltrechtswidriger Projekte zurückgeht, wird die nackte Regel des pacta sunt servanda durch weltgesellschaftliche Responsivitätspflichten anzureichern sein.

99 Die prozeduralen Anforderungen an eine rechtswirksame Schuldentstehung werden z. B. von Vertretern der Odious-Debt-Doktrin artikuliert, siehe die an der McGill-Universität, Montreal, durchgeführte Studie: Khalfan, King und Thomas (2002), 1 ff.; zum Staateninsolvenzverfahren siehe: Häusler, Gianviti und Geithner (2003), 1 ff.

14. Globale Homogenität versus konfliktuelle Weltgesellschaft

Es ist eine der Errungenschaften des 20. Jahrhunderts, dass dem horizontalen Völkerrecht eine vertikale Dimension hinzugefügt wurde, dass die »Barcelona Traction-Entscheidung« des IGH und die WVK einen internationalen Rechtsprozess instauriert haben, im Zuge dessen man »Verpflichtungen für Staaten, die ohne oder gegen ihren Willen entstehen«, beobachten kann.[1] Bereits wenn man sich auf eine Analyse der Genese völkerrechtlicher Normen konzentriert, greift es daher zu kurz, diese Rechtsnormen als Ergebnis eines Staatenkonsenses darzustellen. Die Prozesse sind sehr viel komplexer, an der Generierung völkerrechtlicher Normen sind die Staaten nur als ein Akteur unter vielen beteiligt und auch der IGH setzt eher auf Generalisierung denn auf tatsächliche Uniformität.[2] Die Prämisse »Staatenkonsens als Quelle der Legitimität des Rechts« ist darum schon für völkerrechtliche Verpflichtungen äußerst fragwürdig.[3] Wichtiger aber ist, dass man sich einer Vielzahl sozialer Phänomene verschlösse, wenn man die rechtlichen Dimensionen der Kommunikationsakte nicht-staatlicher Akteure negierte; wenn man, mit anderen Worten, nicht zur Kenntnis nimmt, dass wir »gegenwärtig Zeuge ernster Herausforderungen für staatliche Souveränität aus drei Richtungen sind. Erstens beeinträchtigen supranationale Normen und Strukturen (Menschenrechte, WTO) die Souveränität in noch nie da gewesener Weise. Die Behauptung ist nicht, dass die Staaten bisher hermetisch abgeriegelt waren, sondern geht dahin, dass die Intervention in staatliche Souveränität nun durch rechtliche Bedingungen, die ein immer größer werdendes Gewicht in der Welt tragen, gerechtfertigt wird. Zweitens verlangen (und erhalten) subnationale Gruppen wachsende Grade an Autonomie. [...] Die dritte Dimension, mit der die Souveränität vor neue Herausforderungen gestellt wird, kann man als ›Transnationalismus‹ bezeich-

1 Tomuschat (1993), 195 ff., 197; die Barcelona Traction-Entscheidung des IGH ist abgedruckt in ICJ Rep. 1970, 4 ff.

2 Nicaragua v. US (Military and Paramilitary Activities in and against Nicaragua), Merits, 1986, ICJ 1, Ziff. 186.

3 Vgl. das auf Staatenkonsens abstellende Globalkonstitutionalismuskonzept von Schilling (2005), 49 ff.

nen.«[4] Dabei handelt es sich nicht um ein Absterben der Staatlichkeit, aber doch um einen fundamentalen Funktionswandel in den Prozessen der Disaggregation gesellschaftlicher Teilsysteme.[5]

Sechstes Beispiel: Transnationales Cybercrime

Nach der viel beachteten Entscheidung des Tribunal de Grande Instance de Paris, Beschluss vom 20. November 2000, muss die *Yahoo Inc.* den Zugang zu Versteigerungen von Naziobjekten für französische Nutzer sperren.[6] Der Fall impliziert eine Fülle von fundamentalen Problemen, welche die Digitalisierung der Kommunikation aufwirft. Nicht nur technische juristische Fragen einer Prüfungspflicht für private Provider, einer Zensur missliebiger Inhalte durch Private, eines Aufnahmeanspruchs in verschiedenen Einrichtungen des Internet, der Geltung und Durchsetzung nationaler Normen im transnationalen Internet und der Drittwirkung von Grundrechten im Cyberspace stehen zur Debatte.[7] Vielmehr stellt sich die grundsätzliche Frage eines universalen Zugangsrechts zur digitalen Kommunikation.

Eine der einschneidendsten Reaktionen des internationalen poli-

4 Aleinikoff (2000), 201-02.

5 Für Recht und Politik gibt es dafür zunehmend Anerkenntnis in der Völkerrechtslehre: Kischel (2001), 269 ff.; generell: Slaughter (2004a), 12, die allerdings die Dramatik und Polykontexturalität der Differenzierungsprozesse unterschätzt und eine Netzwerktheorie appliziert, die einseitig auf den gesellschaftlichen Organisationsbereich setzt und den gesellschaftlichen Spontanbereich vernachlässigt. Dies impliziert nicht geringe demokratische Folgeprobleme.

6 T.G.I. Paris, 20.11.2000, Ordonnance de Référé, UEJF, LICRA v. Yahoo!, Inc., No. 00/05308, 〈http://www.juriscom.net〉, engl. Übersetzung unter: 〈http://www.cdt.org/speech/international/001120yahoofrance.pdf〉. Die Entscheidung bestätigt die erste Entscheidung vom 22. Mai 2000, in der Yahoo verpflichtet wurde, den Zugang zu bestimmten Seiten mit nationalsozialistischen Bezügen zu verhindern. T.G.I. Paris, May 22, 2000, Ordonnance de Réferé, UEJF, LICRA v. Yahoo!, Az. 00/05308, 00/05309, abrufbar unter: 〈http://www.juriscom.net〉. Zu den darauf folgenden Vollstreckungsverfahren vor den US-Gerichten, siehe Yahoo! Inc. v. La Ligue Contre Le Racisme et L'Antisemitisme, 145 f. Supp. 2d 1168, 1171 (N.D. Cal. 2001); Yahoo! Inc. v. La Ligue Contre Le Racisme et L'Antisemitisme, 169 f. Supp. 2d 1181, 1192 (N.D. Ca. 2001); eine instruktive Diskussion der diesbzgl. Rechtsfragen findet sich bei Greenberg (2003), 1191 ff.

7 Teubner (2003a), 1 ff.; Goldstone (1998), 1 ff.

tischen Systems auf diese Herausforderungen war der Abschluss der Europäischen Cybercrimekonvention.[8] Die Konvention und der diese erläuternde Bericht wurden auf der 109. Sitzung des Ministerausschusses des Europarats am 8. November 2001 angenommen und anlässlich der Internationalen Konferenz zu Cybercrime am 23. November 2001 zur Unterzeichnung aufgelegt. Die Konvention ist auch für Nichtmitglieder des Europarats offen und wurde bereits von mehr als 30 Staaten gezeichnet, darunter auch die USA.[9] Die Cybercrimekonvention ist das erste internationale Vertragswerk, das sich den Spezifika von Verbrechen widmet, die mittels des Internet und anderer Computer-Netzwerke verübt werden. Sie regelt insbesondere Copyright-Verletzungen, Verfolgung von Kinderpornographie, Computer-bezogener Betrugsfälle und Verletzungen der Netzwerk-Sicherheit. Ihr wichtigstes Ziel ist, wie die Präambel der Konvention statuiert, die Förderung einer »gemeinsamen Kriminalpolitik, die auf den Schutz der Gesellschaft vor Cybercrime zielt, unter anderem, indem eine angemessene Gesetzgebung eingeführt und internationale Kooperation gefördert wird.« Ein erstes Zusatzprotokoll zu dieser Konvention widmet sich den Fällen rassistischer und xenophobischer Propaganda.[10] Die im Hinblick auf das deliktische Handlungsmedium des Internet bedeutsamste Regelung der Konvention betrifft die Frage der Jurisdiktion. Artikel 22 der Cybercrimekonvention sieht insofern in Absatz 1 vor, dass die Vertragsparteien legislative Maßnahmen zu ergreifen haben, um die Jurisdiktion ihrer Gerichte in den Fällen zu ermöglichen, in denen das Delikt (a) auf dem Teritorium des Forumsstaates, (b) auf einem Schiff unter der Flagge des Forumsstaates, (c) einem Flugverkehrsmittel unter dem Recht des Forumsstaates oder (d) von einem seiner Staatsangehörigen begangen wurde, wenn die Tat nach dem Recht des Staates, in dessen Territorium sie begangen wurde, strafbar ist, oder wenn die Tat außerhalb der territorialen Jurisdiktion der Staatengemeinschaft begangen wurde.

8 ETS Nr. 185.

9 Treaty Doc. 108-11, 11/17/2003.

10 Zusatzprotokoll zur Cybercrimekonvention, ETS Nr. 189; zur Vorbereitung dieses Protokolls siehe: *European Committee on Crime Problems* (CDPC), Committee of Experts on the Criminalisation Acts of Racist or Xenophobic Nature Committed through Computer Networks (PC-RX), Zusammenfassender Bericht, PC-RX (01) 02.

Das wird ergänzt durch die Statuierung einer eingeschränkten Verhandlungspflicht in Fällen überlappender Jurisdiktionsbereiche, wenn mehr als eine Vertragspartei die Jurisdiktion für eine mutmaßliche Verletzung von in der Konvention geschützten Rechtsgütern beansprucht. In diesem Fall sollen die Vertragsparteien »in geeigneten Fällen im Hinblick auf die Festlegung der geeignetsten Jurisdiktion für die Verfolgung in Konsultationen eintreten« (Artikel 22, Absatz 5). Solche Überschneidungen werden schon deshalb eher Regel denn Ausnahme sein, da das in Artikel 22, Absatz 1, Buchstabe a der Konvention genannte Territorialitätsprinzip eine doppelte Ausprägung hat, die sich sowohl auf die Ausführung der Tat als auch das Eintreten des Unrechtserfolges beziehen kann. Dies wird auch in den Erläuterungen klargestellt.[11] Hinsichtlich der in Artikel 22, Absatz 5 geregelten eingeschränkten Verhandlungspflicht stellt der erläuternde Bericht klar, dass dann, wenn die Jurisdiktion mehrerer Vertragsparteien für eine Tat gegeben ist, die Staaten im Wege gegenseitiger Konsultationen eine Koordinierung ihrer Verfolgungs- und Ermittlungsbemühungen herbeiführen sollen: »In manchen Fällen wird es für die betroffenen Staaten am effektivsten sein, eine unilaterale Verfolgung anzustrengen, in anderen mag es für einen Staat am besten sein, einige Teilnehmer zu verfolgen, während ein oder mehrere andere Staaten andere verfolgen. Beide Ergebnisse sind unter dieser Vorschrift erlaubt. Letztendlich ist die Verpflichtung, sich zu konsultieren nicht absolut, sondern soll erfolgen, wenn es angemessen ist.«[12]

Dieser Versuch der Koordinierung nationalstaatlicher Rechtsordnungen wird jedoch wegen der Anwendung des Territorialitätsprinzips die Kollisionsproblematik nicht lösen können. Schon im Hinblick auf die nunmehr 30 Mitgliedstaaten der Konvention kann man die Leistungsfähigkeit einer solchen Lösung in Frage stellen. Effektivität und Sachgerechtheit dieses politischen Vorstoßes sind aber noch zweifelhafter, wenn man bedenkt, dass mehr als 160 Staaten der Internationalen Gemeinschaft nicht Mitglied der Konvention sind. Die Schwierigkeit problemadäquate globale Rechtsnormen hinsichtlich der Cybercrimes auszumachen, wird dadurch er-

11 Explanatory Report, ETS Nr. 185, Ziff. 233.
12 Ebd., Ziff. 239.

höht, dass man wohl kaum behaupten kann, dass die Konvention völkergewohnheitsrechtliche Normen kodifizierte. Um den vielbeschworenen »race to the bottom« zu chinesischen Vorstellungen der Kompatibilisierungen des Spannungsverhältnisses von Freiheit und Sicherheit zu verhindern, wird es daher vor den verschiedenen Regimeforen vor allem darum gehen, transnationale Sachnormen zu entwickeln, die antizipieren, dass lokale und funktionale Rechtsentscheidungen globale Auswirkungen haben können. Die gerichtlichen Foren müssen sich, wie beschrieben, als Teil transnationaler Rechtsordnungen begreifen und den Blick über ihre nationalstaatlich instaurierten Normordnungen hinaus auf den transnationalen Rechtsetzungsprozess lenken, in dem Staaten, NGOs, internationale Organisationen und spontane gesellschaftliche Akteure unter Berufung auf unterschiedlichste Quellen der Legitimation globales Recht zu setzen suchen.[13]

All diese Akteure streben danach, spezifische Prinzipien zur Entfaltung zu bringen und Wertentscheidungen zu universalisieren. Die Unabhängigkeitserklärung für das Cyberspace reproduziert das verfassungspolitische Pathos nationalstaatlicher Verfassungsakte und erklärt gegenüber den »Regierungen der Industriellen Welt, ihr müden Giganten aus Fleisch und Stahl, ich komme aus dem Cyberspace, der neuen Heimat des Geistes. [...] der globale gesellschaftliche Raum, den wir bauen, um natürlich unabhängig von den Tyranneien zu sein, die ihr versucht uns aufzuerlegen. Ihr habt kein moralisches Recht, uns zu beherrschen noch besitzt ihr irgendwelche Methoden der Durchsetzung, die wir wirklich fürchten müssten«.[14] Und die Cybercrimekonvention des Europarats gibt als Leitprinzipien an, das »Bedürfnis eine richtige Balance zwischen den Interessen der Rechtsdurchsetzung und der Achtung fundamentaler Menschenrechte zu gewährleisten, wie sie in der Menschenrechtskonvention des Europarats von 1950, des UN-Pakts über bürgerliche und politische Rechte von 1966, und anderen anwendbaren internationalen Menschenrechtsverträgen zum Ausdruck kommen, einschließlich der Freiheit, Informationen und Ideen jeder Art zu suchen, zu erhalten und weiterzugeben, unabhängig von

13 Zum transnationalen Rechtsprozess im Bereich des Internet ausführlich: Berman (2005b), 1819 ff.

14 Barlow (2002), abrufbar unter: ⟨http://www.eff.org.//Publications/John_Perry_Barlow⟩.

Grenzen, und einschließlich des Rechts auf die Respektierung der Privatsphäre«.[15]

Die hier evozierten Prinzipien sind nicht Teil des zwingenden Völkerrechts im Sinne von Artikel 53 der WVK. Wenn man tatsächlich argumentieren wollte, dass allen in der *International Bill of Rights* genannten Rechten diese besondere Dignität zukommen könnte bzw. sollte, wäre eine Akzeptabilität für eine derartige Weiterentwicklung des ius cogens wohl kaum gegeben, denn bereits die aktuelle Ausgestaltung des Prinzips stößt bekanntlich auf den Widerstand so einflussreicher Staaten wie Frankreich. Unter anderem daher rührt die hier vorherrschende Skepsis gegenüber einer Ausweitung des Geltungs- und Anwendungsbereiches von Artikel 53 der WVK, der, das sei nachdrücklich betont, im Rahmen der UN und des Menschenrechtsregimes durchaus seine Funktion hat und eines der maßgeblichsten Elemente der Konstitutionalisierung dieser Regimes darstellt.[16]

Die Pluralisierung der Referenzpunkte nichtdispositiven Rechts bedeutet allerdings nicht, dass eine polyzentrische Sicht der Weltgesellschaft die Ausdifferenzierung eines Weltrechtssystems in Frage stellte.[17] Durch die Verwendung der gemeinsamen Unterscheidungsform Recht/Unrecht werden die Systemgrenzen stabilisiert, und es gehört zu den vordringlichsten Aufgaben des globalen Konstitutionalismus, dass das Recht in den unterschiedlichen strukturellen Kopplungen zu den Funktionssystemen Politik, Wirtschaft, Religion seine Unabhängigkeit bewahrt. Die Herausforderung der Interlegalität liegt dabei darin, dass »die Weltgemeinschaft von Myriaden von Rechtsordnungen (in der heutigen Redeweise würde man sie ›Subsysteme‹ nennen) durchsetzt ist; diese leben nicht für sich selbst, jedes in seinem Bereich, sondern kreuzen und überlagern sich gegenseitig.«[18] Mit anderen Worten: Die Fragmentierung des globalen Rechts kann nur deshalb als solche wahrgenommen werden, da die Rechtsregimes innerhalb dieses Weltrechts den gleichen Code nutzen. Die Binnendifferenzierung des Weltrechtssystems folgt dabei zunehmend einem funktionalen Muster. In Bezug auf die Einheiten dieser Interlegalität bedeutet Konstitutionalisierung,

15 Cybercrime Convention, ETS Nr. 185, Präambel.

16 Fischer-Lescano (2003a), 737.

17 So aber das Missverständnis bei Paulus (2004b), 1047 ff.

18 Cassese (1990), 210 ff.

dass sich die jeweiligen sozialen Prozesse reflexiv auf ihre gesellschaftlichen Umwelten einstellen und so ein *altera pars* in ihre Systemkomponenten aufnehmen. Nur über diese internen Rekonstruktionen mittels eines Re-entry fremder Rationalitäten kann die soziale Responsivität sichergestellt werden. Die hier auftretenden Problemlagen sind in ihrer Struktur denen des Verhältnisses von nationalstaatlichem Recht und Friedensvölkerrecht im westfälischen Staatensystem durchaus verwandt. Auch hier ist das Verhältnis von Staatsrecht und Völkerrecht paradox und die monistischen, dualistischen und gemäßigt dualistischen Deparadoxierungsprogramme, die die Völkerrechtstheorie hierfür entwickelt hat, können jeweils die Zirkularität nicht aufheben, die darin besteht, dass zwar einerseits die Staaten das Völkerrecht konstituieren, andererseits indes das Völkerrecht die Staaten konstituiert.

Der Regimepluralismus führt dazu, dass Kollisionen jeweils nur noch in jeweils perspektivischer Verstrickung entschieden werden können. Die Perspektive des UN-Regimes mit dem IGH im Zentrum ist nur eine unter anderen.[19] Im neuartigen konstitutionellen Pluralismus des Weltrechtssystems gibt es kein einheitliches Zentrum, keine hierarchisch übergeordnete Instanz. ICANN und andere Foren des Weltrechts treffen heterogene Entscheidungen über Fragen des Cybercrime und eine Konstitutionalisierung der jeweiligen Regimes muss jeweils neu ein voraussetzungsreiches Zusammenspiel von autonomen Sozialprozessen und autonomen Rechtsprozessen stabilisieren, in systemtheoretischer Sprache: auf Dauer gestellte strukturelle Kopplungen von teilbereichsspezifischen Ordnungsmustern und Rechtsnormen einrichten.[20] Dann

19 »Likewise, statements by the Presidents of the ICJ are to be seen as defensive moves in a changing political environment. ›[S]pecialized courts [...] are inclined to favour their own disciplines.‹ Judge Guillaume stated in 2000. This is true – but it applies equally to his own Court. If the Presidents argue that other tribunals should request advisory opinions from their Court, then surely this should be read as an effort to ensure position at the top of the institutional hierarchy. But if the conflict has to do with preferences for future development, then it is unsurprising that not one body has expressed interest in submitting its jurisdiction to scrunity by the ICJ [...] Today's institutional struggles do not favour the interests of sovereign equality represented by ›generalist lawyer diplomats‹« (Koskenniemi und Leino [2002], 562).

20 Zur strukturellen Kopplung des Rechts mit anderen Sozialsystemen: Teubner (2002), 161 ff.; Luhmann (1993a), 440 ff.

erst findet man die merkwürdige Verdoppelung des Verfassungsphänomens vor, die für strukturelle Kopplungen kennzeichnend ist, und die das verbreitete Verständnis ausschließt, das von der Verschmelzung in einem einheitlichen Verfassungsbegriff, der Rechtsordnung und Sozialordnung übergreift, ausgeht. Verfassung ist immer erst die Verknüpfung zweier realer Prozesse: Aus der Sicht des Rechts ist sie Rechtsnormenproduktion, die eigentümlich mit Grundstrukturen des Sozialsystems verflochten ist; aus der Sicht des verfassten Sozialsystems ist sie Erzeugung von Grundstrukturen der Sozialordnung, die zugleich das Recht informieren und ihrerseits vom Recht normiert werden.[21] Der Clou struktureller Kopplung ist, dass sich dadurch beide Prozesse, Rechtsprozess und Sozialprozess, in ihren Beeinflussungsmöglichkeiten wechselseitig beschränken und anregen. Es werden Überwältigungen der einen Ordnung durch die andere blockiert, ihre jeweiligen Autonomien ermöglicht und wechselseitige Irritationen auf eng begrenzte und offen institutionalisierte Einflusswege konzentriert.

Bereits ein oberflächlicher Blick auf diese komplexen und eigendynamischen Kommunikationsprozesse zeigt, dass das Argument, aus demokratietheoretischen Erwägungen könnten nur die durch Staatenkonsens entstandenen Rechtsnormen globale Geltung erlangen, zu kurz greift. Es führte dazu, dass nicht einmal für die fundamentalsten Menschenrechte wie Apartheid-, Sklaverei- und Genozidverbot der Rechtsnormcharakter gesichert werden könnte: Nicht alle Staaten sind Mitglied der Genozidkonvention, nicht alle Staaten, man denke an Frankreich, sind Mitglied der das ius cogens zur Geltung bringenden WVK und der wichtigste Adressat des Apartheidverbots, die Republik Südafrika der 80er und 90er Jahre, hat sich in »persistent objection« geübt. Bereits wenn man das Völkerrecht isoliert betrachtet, stehen Demokratie und transnationale Rechtsordnung (auch wenn man sich auf das Paradox einer Heteronormierung zur Selbstnormierung einlässt), in einem zirkulären Verhältnis, auf das die Völkerrechtslehre insofern reagiert hat, dass entweder

– eine Rückkehr des post-westfälischen Systems zum Koordinationsvölkerrecht eingefordert,[22]

21 Luhmann (1990b), 176 ff., für den Fall der Kopplung von Politik und Recht.
22 Böckenförde (1999b), 103 ff., 116.

– eine Intensivierung des Kooperationscharakters des Internationalen Staatenrechts verlangt,[23]
– eine Reduktion des internationalen Rechtsprozesses auf Demokratien als Rechtsetzer[24] oder
– eine kosmopolitische Demokratie, gar eine Weltrepublik,[25] postuliert wird.[26]

Der vorliegende Ansatz geht von der Beobachtung aus, dass politikzentrierte Beschreibungen nicht komplexitätsadäquat sind, da die globale Rechtsentwicklung eine Eigendynamik genommen hat, die selbst der mächtigste politische Akteur nicht zu kontrollieren im Stande ist. Sowohl Friedensvölkerrecht als auch alle anderen globalen Funktionalregimes verweigern sich politischer Determination und man fängt die Folgeprobleme der Globalisierung des Rechts nicht ein, wenn man seine Betrachtung auf einen globalen Gesellschaftsvertrag der Staaten beschränkt; mit anderen Worten: Wenn man das globale Recht begrifflich darauf reduziert, dass man darunter lediglich die Rechtsentwicklungen fasst, die im Staatenkonsensverfahren entstehen, katapultiert man eine Vielzahl sozialer Phänomene aus Problembeschreibung und Lösungsszenarium heraus. Dem Leitziel normativer Einheit fiele so die problemadäquate Beschreibungsform zum Opfer, und auf dieser Folie kann man dann zwar möglicherweise weiterhin an dem Ideal einer durch die Staaten legitimierten und einheitlichen Völkerrechtsordnung festhalten. Man betreibt aber insofern eine kognitive Dissonanzreduktion, dass man viele Phänomene aus der Beobachtung herausfiltert: Die Mehrzahl der am völkerrechtlichen Rechtsetzungsprozess beteiligten Staaten vermittelt keine demokratische Legitimation.[27] Deshalb, wie Anne-Marie Slaughter das tut, normativ zu fordern, dass den Demokratien eine privilegierte Stellung im System der internationalen Gemeinschaft eingeräumt werden müsse, ist indes, da es auf die Strategien der Exklusion und Marginalisation setzt, der falsche Ansatzpunkt.[28] Ähnliches gilt für den Vorschlag, dass es die Eli-

23 Siehe hierzu: Paulus (2001), 181 ff.
24 Slaughter (1995), 503 ff.
25 Held (1995), 278 ff.; Höffe (2002), 267 ff.
26 Siehe die nützliche Zusammenfassung von Bogdandy (2003), 853 ff.
27 Siehe die Kritik bei: Chimni (2004), 1 ff.; Buckel (2003), 177 ff.
28 Simpson (2001), 537 ff.

tennetzwerke oder die koordinierten Exekutiven in internationalen Organisationen wie UN, WTO, IWF sein könnten,[29] die für die Legitimation des globalen Rechts sorgen.

Am Beispiel der Cybercrimekonvention expliziert: Die Konvention wurde im Rahmen der Verfahren des Europarats erarbeitet, nachdem das Ministerkomitee bereits im Jahr 1995 auf die Notwendigkeit einer Harmonisierung nationaler Vorschriften hingewiesen hatte.[30] Den USA war dabei in frühem Stadium ein Beobachterstatus bewilligt worden und die EU hatte bereits 1999 einen gemeinsamen Standpunkt festgelegt.[31] Im Hinblick auf den letzten Konventionsentwurf gab der Rechtsausschuss der Parlamentarischen Versammlung am 10. April 2001 seine Stellungnahme ab. Zwei Wochen später, am 24. April 2001, wurde der 25. Entwurf dann direkt der Parlamentarischen Versammlung des Europarats zur Stellungnahme vorgelegt.[32] Trotz der teilweise massiven Kritik von Experten und Datenschützern wurde nur ein einziger Änderungsantrag angenommen.[33] Der Entwurf wurde dann ein letztes Mal von dem *European Committee on Crime Problems* (CDPC) überarbeitet und beim nächsten Plenum genehmigt. Zuletzt nahm das Ministerkomitee am 8. November 2001 die Konvention an. Davon dass in diesem geschlossenen europäischen Zirkel, der Außenstehenden bestenfalls Beobachterstatus einräumt, eine globale demokratische Legitimation verschafft wird, kann man wohl schwerlich sprechen. In der Stellungnahme des Landeszentrums für Datenschutz Schleswig-Holstein wird bereits im Hinblick auf die Mitgliedstaaten des Europarats ganz zu Recht kritisiert: »Der in der Kommissions-Mitteilung angesprochene Europarats-Entwurf einer Cybercrimekonvention wurde ausgearbeitet, ohne die in diesem rechtspolitisch sensiblen

29 Kritik darum bei Allott (2003), 309 ff.

30 COE Recommendation No. R (95) 13, 11. September 1995.

31 1999/364/JHA, 27. Mai 1999, Abl. L 142, 05/06/1999, 1-2.

32 Europarat, Parlamentarische Versammlung, Wortprotokolle, 24.4.2001, Ziff. 6.

33 Auszugsweise dokumentiert in: Center for Democracy and Technology, ⟨http://www.cdt.org/international/cybercrime/001211cdt.shtml⟩; Netzwerk Global Internet Liberty Campaign Member Letter on Council of Europe Convention on Cyber-Crime Version 24.2, at ⟨http://www.gilc.org/privacy/coe-letter 1200.html⟩; American Civil Liberties Union, the Electronic Privacy Information Center and Privacy International on Draft 27 of the Proposed CoE Convention on Cybercrime, unter: ⟨www.privacyinternational.org/issues/cybercrime/coe/ngo _letter_ 601.htm⟩.

Bereich erforderliche Transparenz und Beteiligung demokratisch legitimierter Entscheidungsträger sicherzustellen.«[34]

Das demokratische Defizit der internationalen Gemeinschaft und der völkerrechtlichen Rechtsetzungsmechanismen ist aktuell genauso groß wenn nicht größer als das der funktionalen Teilsysteme, die ihrerseits nicht-territoriale Einheiten repräsentieren.[35] Die entscheidende Aufgabe ist dann gerade, sicherzustellen, dass den exkludierenden Tendenzen der Funktionsregimes entgegengewirkt wird. Dabei ist einerseits das Universalisierungspotential der Regimes freizusetzen. Andererseits ist in den Prozessen, in denen sich das Weltrecht mit hochspezialisierten, isolierten Diskursen strukturell koppelt, dafür zu sorgen, dass diese Funktionsregimes sich mit ihren sozialen Umwelten reflexiv verknüpfen. In diesen Konstitutionalisierungsprozessen könnten auch die bislang unausgeschöpften Demokratisierungspotentiale der gesellschaftlichen Teilsysteme freigesetzt werden, indem der Dualismus von formal organisierter Rationalität und informaler Spontaneität als dynamisches Zusammenspiel ohne den Primat des einen oder des anderen rechtlich abgesichert würde. In den Regimes wäre es die verfassungsrechtliche Herausforderung, die Dualität gesellschaftlicher Autonomie in den Teilsystemen, also eine Kontrolldynamik von Spontanbereich und Organisationsbereich, normativ zu etablieren. Und es würde dann darum gehen, die Differenz spontan/organisiert als solche zu stabilisieren und institutionell abzusichern. Die Verfassung des Internet würde zwischen Spontanbereichen des Öffentlichen (ähnlich dem Grundrechtsteil politischer Verfassungen oder dem Marktverfassungsrecht) und hochformalisierten Organisationsbereichen (ähnlich dem Staatsorganisationsrecht oder dem Gesellschaftsrecht) unterscheiden, beide in ihrer Eigenlogik stabilisieren und ihre Hauptaufgabe darin sehen, deren wechselseitige Kontrollen auszubauen.[36] Dabei gilt es, eine Rückbindung der hochkomplexen

34 Unabhängiges Landeszentrum für Datenschutz Schleswig-Holstein, Stellungnahme zur Mitteilung der Kommission KOM(2000) 890, zugleich Kritik des Entwurfs einer »Convention on Cybercrime« des Europarats (PC-CY [2000] Draft No. 25 Rev.), ⟨http://europa.eu.int/ISPO/eif/InternetPoliciesSite/Crime/Comments/DatenschutzzentrumSchleswigHolstein.html⟩. Siehe auch: ⟨www.europa. eu.int/ISPO/eif/InternetPoliciesSite/ Crime/crime1.html⟩.

35 Siehe auch: Perez (2003), 25 ff.

36 Teubner (2003a), 1 ff.; siehe auch: Ottolia und Wielsch (2004), 174 ff., 199.

Rechtsprozesse an die Weltgesellschaft und nicht nur an die internationale (Staaten-)Gemeinschaft, konzeptionell einzubeziehen.

Hier und bei der prozeduralen Absicherung des fragilen Wechselspiels weltpolitischer Öffentlichkeit, heterarchischer Weltgerichtsbarkeit und funktionalen Entscheidungszentren wäre anzusetzen, will man die jeweiligen Totalisierungsdispositionen durch verfahrensmäßig abgesicherte Gegenkräfte, die die zivilgesellschaftliche Partizipation an der globalen Rechtsetzung und den individuellen Zugang der Betroffenen zu den dezentralen und zentralen Gerichtsinstanzen gleichermaßen betreffen, entschärfen und eine einigermaßen realistische Alternative zum hegemonialen Recht der internationalen Gemeinschaft konzipieren.[37]

37 Anders als in der Theorie eines »funktionalen Zweckverbands«, wie ihn beispielsweise Hans Peter Ipsen für die EWG konzipiert hatte (Ipsen [1994], 1 ff., 7, und ders. [1972], 196 ff.), geht es hier also gerade nicht darum, die konkreten Ordnungen normativ abzusichern, indem Stratifikationsmuster rechtlich geschützt, von demokratischer Kontrollmöglichkeit ausgenommen und demokratischen Kontrollbestrebungen funktionale und einzelstaatlich mediatisierte Modelle des funktionalen Zweckverbandes entgegengesetzt werden, sondern es geht im Gegenteil um ein Aufbrechen der gefestigten, exklusiven und partialen Interessen verpflichteten Strukturen durch zivilgesellschaftlich unterstützte Konstitutionalisierungsprozesse.

15. Fazit: Das Selbstverständnis eines neuen Kollisionsrechts

Was bedeutet dies alles für ein neues Selbstverständnis des Rechts angesichts der Fragmentierung des transnationalen Rechts in autonome Regimes? Die Konsequenz heißt, hochgetriebene Ansprüche an den Umgang mit der Rechtsfragmentierung deutlich herunterzuschrauben, weil jene ihren Ursprung gar nicht im Recht, sondern in den gesellschaftlichen Umwelten hat. Das Recht ist nur ein Kollisionsmanagementinstrument unter vielen. Neben den rechtlichen stehen ökonomische, wissenschaftliche und politische Kollisionsmechanismen bereit, die Konflikte zu bearbeiten.[1] Wenn die Konflikte nicht an Wissenschaft, Politik, Wirtschaft abgegeben werden, wird man sich, statt über rechtsbegriffliche, normative und institutionelle Hierarchien die Einheit des internationalen Rechts herzustellen, darauf beschränken müssen, eine bloße Kompatibilität der Rechtsfragmente anzustreben.[2] Anstelle einer illusorischen Integration der differenzierten Weltgesellschaft kann das Recht allenfalls Schadensbegrenzung leisten. Denn mit Rechtsmitteln lassen sich die Widersprüche unterschiedlicher gesellschaftlicher Rationalitäten nicht versöhnen, bestenfalls kann das Recht, um eine treffende Kennzeichnung des internationalen Rechts zu variieren, als »gentle civilizer of social systems« wirken.[3] Die Widersprüche »sind nicht zu vermeiden, aber es ist in der Tat Aufgabe einer neuen Form der Selbstbeobachtung und Selbstbeschreibung des Rechtssystems, unterschiedliche ›Rechtsarenen‹ kompatibel zu halten und füreinander durchlässig zu machen.«[4] Realistisch besteht nur die Chance, selbstzerstörerische Tendenzen der Rationalitätenkollisionen durch ihre rechtliche »Formalisierung« einzudämmen. Denn wie kann das Recht mit den Rationalitätenkonflikten der Gesellschaft sinnvoll umgehen? Wenn es gut geht, wird es, wie in den Beispielen gezeigt, einen – begrenzten – Teil dieser Rationalitätenkonflikte in die quaestio juris übersetzen und dadurch ein Forum für die friedliche Austragung zur Verfügung stellen. Aber selbst in diesem Fall ist das

1 Dazu besonders Schramm Stokke (2001), 8 ff.

2 So auch für das nationale Recht: Müller (1979), 225 ff.

3 Koskenniemi (2002), 494 ff.

4 Ladeur (1992), 159-160.

Recht nicht als übergeordnete Koordinationsinstanz tätig; es wäre schon viel, wenn es rechtsförmige Garantien wechselseitiger Autonomie gegen totalisierende Tendenzen und einseitige Überwältigungen der Gesellschaftsfragmente liefern könnte. Und gegenüber dem Gefährdungspotential gesellschaftlicher Fragmentierung wird sich das Recht auf die begrenzte Aufgabe zurückziehen müssen, Kompensationen für wechselseitige Schädigungen und Eindämmung von Schäden für die menschlichen und natürlichen Umwelten zu leisten.

Abkürzungsverzeichnis

AcP	Archiv für die civilistische Praxis (Zs.)
AGMR	Amerikanischer Gerichtshof für Menschenrechte
AIA	American Institute of Architects
ARSP	Archiv für Rechts- und Sozialphilosophie (Zs.)
ARV	Antiretroviral
BGB	Bürgerliches Gesetzbuch
BGH	Bundesgerichtshof
BVerfG	Bundesverfassungsgericht
BVerfGE	Entscheidungen des Bundesverfassungsgerichts, Amtliche Sammlung
CBD	Convention on Biological Diversity
CCR	Center for Constitutional Rights
CDPC	Europäisches Komitee zur Verbrechensproblematik
CCPR	Internationaler Pakt über bürgerliche und politische Rechte
CIPRDP	Commission on Intellectual Property Rights and Development Policy
Der Staat	Der Staat. Zeitschrift für Staatslehre und Verfassungsgeschichte, deutsches und europäisches öffentliches Recht (Zs.)
DSB	Dispute Settlement Body
DSU	Dispute Settlement Understanding
EAPC	Eurasian Patent Convention
EAPO	Eurasisches Patentoffice
ECOSOC	Economic and Social Council – Wirtschafts- und Sozialrat der UN
EFTA	European Free Trade Association – Europäische Freihandelsassoziation
EGBGB	Einführungsgesetz zum Bürgerlichen Gesetzbuch
EGMR	Europäischer Gerichtshof für Menschenrechte
EJIL	European journal of international law (Zs.)
ENAA	Engineering Advancement Association of Japan

ETS	European Treaty Series
EU	Europäische Union
EuGH	Europäischer Gerichtshof
EuGH Slg.	Amtliche Sammlung der Entscheidungen des Gerichtshofs (Bd. I) und des Gerichts erster Instanz (Bd. II)
EuGV-VO	Verordnung (EG) Nr. 44/2001 des Rats über die gerichtliche Zuständigkeit und die Anerkennung und Vollstreckung von Entscheidungen in Zivil- und Handelssachen
EuGVÜ	Übereinkommen über die gerichtliche Zuständigkeit und die Vollstreckung gerichtlicher Entscheidungen in Zivil- und Handelssachen
EUV	EU-Vertrag
EVÜ	Übereinkommen von Rom über das auf vertragliche Schuldverhältnisse anzuwendende Recht
EWG	Europäische Wirtschaftsgemeinschaft
FAO	Organisation für Ernährung und Landwirtschaft der Vereinten Nationen
FIEC	International European Construction Federation
FIDIC	International Federation of Consulting Engineers
FSIA	Foreign Sovereign Immunities Act
GATT	Allgemeines Zoll- und Handelsabkommen
GG	Grundgesetz
HIPC	Heavily Indebted Poor Countries
ICANN, UDRP	Internet Corporation for Assigned Names and Numbers, Uniform Dispute Resolution Policy
ICC	International Criminal Court – Ständiger Internationaler Strafgerichtshof
ICE	British Institution of Civil Engineers
ICJ Rep.	International Court of Justice, Reports – Amtliche Entscheidungssammlung des IGH
ICSID	International Centre for Settlement of Investment Disputes – Internationales Zentrum für die Beilegung von Investitionsstreitigkeiten

ICTR	International Criminal Tribunal for Rwanda
ICTY	International Criminal Tribunal for the former Yugoslavia
IGH	Internationaler Gerichtshof
ILO	International Labour Organisation
I.L.M.	International Legal Materials (Zs.)
IMT	International Military Tribunal of Nuremberg
IWF	Internationaler Währungsfonds
JZ	Juristenzeitung (Zs.)
KJ	Kritische Justiz (Zs.)
KOM	Mitteilungen der Kommission
KritV	Kritische Vierteljahresschrift für Gesetzgebung und Rechtswissenschaft (Zs.)
NJW	Neue Juristische Wochenschrift (Zs.)
NJW-RR	Neue Juristische Wochenschrift – Rechtsprechungs-report (Zs.)
NGO	Non Governmental Organization, Nichtregierungs-organisation
OECD	Organisation für wirtschaftliche Zusammenarbeit und Entwicklung in Europa
PMASA	Pharmaceutical Manufacturers' Association of South Africa
RabelsZ	Rabels Zeitschrift für ausl. und internationales Privatrecht (Zs.)
RJ	Rechtshistorisches Journal (Zs.)
StGB	Strafgesetzbuch
TRIPS	Abkommen über handelsbezogene Aspekte der Rechte des geistigen Eigentums
UN	Vereinte Nationen
UNCITRAL	United Nations Commission on International Trade

	Law – Kommission der Vereinten Nationen für internationals Handelsrecht
UNCTAD	United Nations Conference on Trade and Development
UNESCO	United Nations Educational, Scientific and Cultural Organization
UNIDROIT	International Institute for the Unification of Private Law – Internationales Institut für die Vereinheitlichung des Privatrechts
U.N.T.S.	United Nations Treaty Series
VStGB	Völkerstrafgesetzbuch
VVDStRL	Veröffentlichungen der Vereinigung der Deutschen Staatsrechtslehrer (Zs.)
WHO	World Health Organisation – Weltgesundheitsorganisation
WIPO	World Intellectual Property Organization – Weltorganisation für geistiges Eigentum
WTO	World Trade Organisation – Welthandelsorganisation
WVK	Wiener Übereinkommen über das Recht der Verträge, Wiener Vertragsrechtskonvention
ZaöRV	Zeitschrift für ausl. öffentl. Recht und Völkerrecht (Zs.)
ZfRSoz	Zeitschrift für Rechtssoziologie (Zs.)
ZHR	Zeitschrift für das gesamte Handels- und Wirtschaftsrecht (Zs.)
ZIB	Zeitschrift für internationale Beziehungen (Zs.)
ZPO	Zivilprozessordnung
ZRP	Zeitschrift für Rechtspolitik (Zs.)
ZRph	Zeitschrift für Rechtsphilosophie (Zs.)

Literaturverzeichnis

Abbott, Frederick (2002): »The Doha Declaration on the TRIPS Agreement and Public Health: Lighting a Dark Corner at the WTO«, in: *Journal of International Economic Law* 5, 469 ff.

Abbott, Kenneth W., Keohane, Robert O., Moravcsik, Andrew, Slaughter, Anne-Marie und Snidal, Duncan (2000): »The Concept of Legalization«, in: *International Organisation* 54, 401 ff.

Abegg, Andreas (2006): »Evolutorische Rechtstheorie«, in: Sonja Buckel, Ralph Christensen und Andreas Fischer-Lescano (Hg.), *Neue Theorien des Rechts*, Stuttgart: Lucius & Lucius (UTB), 371 ff., i.E.

Abi-Saab, Georges (1999): »Fragmentation or Unification: Some Concluding Remarks«, in: *New York University Journal of International Law and Politics* 31, 919 ff.

Aceves, William (2000): »Liberalism and International Legal Scholarship: The Pinochet Case and the Move toward a Universal System of Transnational Law Litigation«, in: *Harvard International Law Journal* 41, 129 ff.

Agamben, Giorgio (2002): *Homo Sacer: Die souveräne Macht und das nackte Leben*, Frankfurt/M.: Suhrkamp.

Agamben, Giorgio (2004): *Ausnahmezustand (Homo Sacer II.I)*, Frankfurt/M.: Suhrkamp.

Akande, Dapo (2004): »International Law Immunities and the International Criminal Court«, in: *American Journal of International Law* 98, 407 ff.

Albert, Mathias (2002): *Zur Politik der Weltgesellschaft: Identität und Recht im Kontext internationaler Vergesellschaftung*, Weilerswist: Velbrück.

Albert, Mathias und Hessler, Stephan (2002): »Das Multilateral Agreement on Investment (MAI) – ein Beispiel für ›failed governance‹?«, in: Peter Nahamowitz und Rüdiger Voigt (Hg.), *Globalisierung des Rechts II: Internationale Organisationen und Regelungsbereiche,* Baden-Baden: Nomos, 381 ff.

Albert, Mathias und Hilkermeier, Lena (2004): *Observing International Relations. Niklas Luhmann and World Politics*, London: Routledge & Kegan.

Aleinikoff, T. Alexander (2000): »Sovereignty Studies in Constitutional Law: A Comment«, in: *Constitutional Commentary* 17, 197 ff.

Alexander, Barbara Cochrane (2001): »Lack of Access to HIV/AIDS Drugs in Developing Countries: Is There a Violation of the International Human Right to Health?«, in: *Human Rights Brief* 8, 12 ff.

Alford, Roger P. (2003): »Federal Courts, International Tribunals, and the Continuum of Deference«, in: *Virginia Journal of International Law* 43, 675 ff.

Allain, Jean und Jones, John (1997): »A Patchwork of Norms: A Commentary on the 1996 Draft Code of Crimes against the Peace and Security of Mankind«, in: *European Journal of International Law* 8, 100 ff.

Allott, Philip (2003): »The Emerging International Aristocracy«, in: *New York University Journal of International Law and Politics* 35, 309 ff.

Alston, Philip (2002): »Resisting the Merger and Acquisition of Human Rights by Trade Law: A Reply to Petersmann«, in: *European Journal of International Law* 13, 815 ff.

Altvater, Elmar, Brunnengräber, Achim, Haake, Markus und Walk, Heike (1997): *Vernetzt und Verstrickt: Nicht-Regierungs-Organisationen als gesellschaftliche Produktivkraft*, Münster: Westfälisches Dampfboot.

Alvarez, José (2001): »Do Liberal States Behave Better? A Critique of Slaughter's Liberal Theory«, in: *European Journal of International Law* 12, 183 ff.

Ambos, Kai (1999): »Der Fall Pinochet und das anwendbare Recht«, in: *Juristenzeitung* 1, 16 ff.

Amstutz, Marc (2003a): »Vertragskollisionen: Fragmente für eine Lehre von der Vertragsverbindung«, in: Marc Amstutz (Hg.), *Festschrift für Heinz Rey*, Zürich: Schulthess, 161 ff.

Amstutz, Marc (2003b): »Zwischenwelten. Zur Emergenz einer interlegalen Rechtsmethodik im europäischen Privatrecht«, in: Gunther Teubner und Christian Joerges (Hg.), *Rechtsverfassungsrecht*, Baden-Baden: Nomos, 213 ff.

Anderson, Benedict (1991): *Imagined communities: reflections on the origin and spread of nationalism*, 2. Aufl., London: Verso.

Appadurai, Arjun (1996): »Disjuncture and Difference in the Global Cultural Economy«, in: Arjun Appadurai (Hg.), *Modernity at Large: Cultural Dimensions of Globalization*, Minneapolis: University of Minesota Press, 27 ff.

Arthurs, Harry und Kreklewich, Robert (1996): »Law, Legal Institutions, and the Legal Profession in the New Economy«, in: *Osgoode Hall Law Journal* 34, 1 ff.

Arts, Bas (2000): »Regimes, Non-State Actors and the State System: A ›Structurational‹ Regime Model«, in: *European Journal of International Relations* 6, 513 ff.

Auyang, Sunny Y. (1999): Foundations of Complex-system Theories, in: *Economics, Evolutionary Biology, and Statistical Physics*, Cambridge: Cambridge University Press.

Aviram, Amitai (2003): »A Network Effects Analysis of Private Ordering«, in: *Berkeley Program in Law and Economics Working Paper Series* 80/2003, abrufbar unter: ⟨http://repositories.cdlib.org/blewp/⟩.

Baars, Alf und Böckel, Margret (2004): »Argentinische Auslandsanleihen vor deutschen und argentinischen Gerichten«, in: *Zeitschrift für Bankrecht und Bankwirtschaft* 16, 445 ff.
Baecker, Dirk (2003): »Organisation und Gesellschaft«, in: Dirk Baecker (Hg.), *Organisation und Management: Aufsätze*, Frankfurt/M.: Suhrkamp, 293 ff.
Barcroft, Peter (2005): The Slow Demise of Impunity in Argentina and Chile, in: *ASIL insights January 2005*, abrufbar unter: ⟨www.asil.org/insights.htm⟩.
Barlow, John P. (2002): *Cyberspace Declaration of Independence*, abrufbar unter: ⟨http://www.eff.org.//Publications/John_Perry_Barlow⟩.
Barton, John H. (2004): »Issues posed by a World Patent System«, in: *Journal of International Economic Law* 7, 341 ff.
Bass, Naomi (2002): »Implications of the TRIPS Agreement for Developing Countries: Pharmaceutical Patent Laws in Brazil and South Africa in the 21st Century«, in: *George Washington International Law Review* 34, 191 ff.
Beck, Ulrich (1986): *Risikogesellschaft: Auf dem Weg in eine andere Moderne*, Frankfurt/M.: Suhrkamp.
Beck, Ulrich (1991): »Umweltpolitik in der Risikogesellschaft«, in: *Zeitschrift für angewandte Umweltforschung* 4, 117 ff.
Beck, Ulrich (2004): *Der kosmopolitische Blick oder: Krieg ist Frieden*, Frankfurt/M.: Suhrkamp.
Becker, Dietrich Claus (2005): *Von Namen und Nummern. Kollisionen unverträglicher Handlungslogiken*, Baden-Baden: Nomos.
Becker, Florian und Lehmkuhl, Dirk (2004): »Multiple Strukturen der Regulierung: Ursachen, Konflikte und Lösungen am Fall des Leichtathleten Baumann«, in: Adrienne Héritier, Michael Stolleis und Fritz Scharpf (Hg.), *European and International Regulation after the Nation State. Different Scopes and Multiple Levels*, Baden-Baden: Nomos, 225 ff.
Benvenisti, Eyal (1999): »Margin of Appreciation, Consensus, and Universal Standards«, in: *New York University Journal of International Law and Politics* 31, 843 ff.
Benz, Arthur (1996): »Regionalpolitik zwischen Netzwerkbildung und Institutionalisierung: Zur Funktionalität paradoxer Strukturen«, in: *Staatswissenschaften und Staatspraxis* 1, 23 ff.
Berman, Harold (1994-1995): »World Law«, in: *Fordham International Law Journal* 18, 1617 ff.
Berman, Paul Schiff (2002): »Globalization of Jurisdiction«, in: *University of Pennsylvania Law Review* 151, 311 ff.
Berman, Paul Schiff (2005a): »From International Law to Law and Globalization«, in: *Columbia Journal of Transnational Law* 43, 458 ff.
Berman, Paul Schiff (2005b): »Choice of Law and Jurisdiction on the Inter-

net. Towards a Cosmopolitan Vision of Conflict of Laws: Redefining Governmental Interests in a Global Era«, in: *University of Pennsylvania Law Review* 153, 1819 ff.

Bernstein, Edward A. (1995): »Law and Economics and the Structure of Value Adding Contracts: A Contract Lawyer's View of the Law of Economics Literature«, in: *Oregon Law Review* 74, 189 ff.

Betlem, Gerrit und Nollkaemper, André (2003): »Giving Effect to Public International Law before Domestic Courts. A Comparative Analysis of the Practice of Consistent Interpretation«, in: *European Journal of International Law* 14, 569 ff.

Bieber, Daniel (1997): »Probleme unternehmensübergreifender Organisation von Innovationsprozessen«, in: Daniel Bieber (Hg.), *Technikentwicklung und Industriearbeit: Industrielle Produktionstechnik zwischen Eigendynamik und Nutzerinteressen,* Frankfurt/M.: Campus, 111 ff.

Blumenwitz, Dieter (1999): »Souveränität – Gewaltverbot – Menschenrecht. Eine völkerrechtliche Bestandsaufnahme nach Abschluß des nicht-mandatierten NATO-Einsatzes in Ex-Jugoslawien«, in: *Politische Studien – Sonderheft* 4, 19 ff.

Böckenförde, Ernst-Wolfgang (1974): »Grundrechtstheorie und Grundrechtsinterpretation«, in: *Neue Juristische Wochenschrift* 24, 1529 ff.

Böckenförde, Ernst-Wolfgang (Hg.) (1999a): *Staat. Nation. Europa*, Frankfurt/M.: Suhrkamp.

Böckenförde, Ernst-Wolfgang (1999b): »Die Zukunft politischer Autonomie«, in: Ernst-Wolfgang Böckenförde (Hg.), *Staat, Nation, Europa,* Frankfurt/M.: Suhrkamp, 103 ff.

Böckenförde, Markus (2003): »Zwischen Sein und Wollen – Über den Einfluss umweltvölkerrechtlicher Verträge im Rahmen eines WTO-Streitbeilegungsverfahrens«, in: *Zeitschrift für ausländisches und öffentliches Recht und Völkerrecht* 63, 971 ff.

Bodeker, Gerard (2003): »Traditional Medical Knowledge, Intellectual Property Rights, and Benefit Sharing«, in: *Cardozo Journal of International and Comparative Law* 11, 785 ff.

Bogdandy, Armin von (2001): »Law and Politics in the WTO – Strategies to Cope with a Deficient Relationship«, in: *Max Planck Yearbook of United Nations Law* 5, 609 ff.

Bogdandy, Armin von (2003): »Demokratie, Globalisierung, Zukunft des Völkerrechts – eine Bestandsaufnahme«, in: *Zeitschrift für ausländisches und öffentliches Recht und Völkerrecht* 63, 853 ff.

Bothe, Michael (1971): »Die strafrechtliche Immunität fremder Staatsorgane«, in: *Zeitschrift für ausländisches und öffentliches Recht und Völkerrecht* 31, 246 ff.

Bothe, Michael (2004): »The Historical Evolution of International Hu-

manitarian Law, International Human Rights Law, Refugee Law and International Criminal Law«, in: Horst Fischer, Ulrike Froissart, Wolf Heintschel von Heinegg und Christian Raap (Hg.), *Krisensicherung und Humanitärer Schutz – Crisis Management and Humanitarian Protection – Festschrift für Dieter Fleck,* Berlin: Berliner Wissenschaftsverlag, 37 ff.
Bothe, Michael, Brink, Josef, Kirchner, Christian und Stockmayer, Albrecht (1987): *Rechtsfragen der internationalen Verschuldungskrise*, Frankfurt/M.: Lang.
Bothe, Michael und Fischer-Lescano, Andreas (2005): »Grenzenlos. Ein deutscher Prozess gegen US-Verantwortliche für Abu Ghraib?«, in: *Süddeutsche Zeitung* v. 19. August 2005, 11.
Böttger, Katja (2002): *Die Umweltpflichtigkeit von Auslandsdirektinvestitionen im Völkerrecht*, Baden-Baden: Nomos.
Branstetter, Lee G. (2004): »Do Stronger Patents Induce More Local Innovation?«, in: *Journal of International Economic Law* 7, 359 ff.
Bratton, William W. und McCahery, Joseph A. (1997): »The New Economics of Jurisdictional Competition: Devolutionary Federalism in a Second-Best World«, in: *Georgetown Law Journal* 86, 201 ff.
Braune, Fernando und Menezes, Naira (1999): »The Patentability of Chemical, Biochemical, Pharmaceutical and Biotechnological Inventions in Brazil«, in: *Patent World* 108, 46 ff.
Brems, Eva (1996): »The Margin of Appreciation Doctrine in the Case-Law of the European Court of Human Rights«, in: *Zeitschrift für ausländisches und öffentliches Recht und Völkerrecht* 56, 240 ff.
Brilmayer, Lea (1995): »The role of substantive and choice of law policies in the formation and application of choice of law rules«, in: *Recueil des Cours* 252, 9 ff.
Brock, Lothar (2004): »Frieden durch Recht. Zur Verteidigung einer Idee gegen ›die harten Tatsachen‹ der internationalen Politik«, in: *HSFK Standpunkt 3*, abrufbar unter: ⟨www.hsfk.de⟩.
Brodocz, André (1996): »Strukturelle Kopplung durch Verbände«, in: *Soziale Systeme* 2, 361 ff.
Brownlie, Ian (1998): *Principles of Public International Law*, 5. Aufl., Oxford: Oxford University Press.
Brunkhorst, Hauke (1999): »Heterarchie und Demokratie«, in: Hauke Brunkhorst und Peter Niesen (Hg.), *Das Recht der Republik*, Frankfurt/M.: Suhrkamp, 373 ff.
Brunkhorst, Hauke (2000): »Ist die Solidarität der Bürgergesellschaft globalisierbar?«, in: Hauke Brunkhorst (Hg.), *Globalisierung und Demokratie: Wirtschaft, Recht, Medien,* Frankfurt/M.: Suhrkamp, 274 ff.
Brunkhorst, Hauke (2002): *Solidarität. Von der Bürgerfreundschaft zur globalen Rechtsgenossenschaft*, Frankfurt/M.: Suhrkamp.

Brunnée, Jutta und Toope, Stephen (2000): »International Law and Constructivism: Elements of an Interactional Theory of International Law«, in: *Columbia Journal of Transnational Law* 39, 19 ff.
Bucher, Andreas und Tschanz, Pierre-Yves (1989): *International Arbitration in Switzerland*, Basel: Helbig & Lichtenhahn.
Buckel, Sonja (2003): »Empire oder Rechtspluralismus? Recht im Globalisierungsdiskurs«, in: *Kritische Justiz* 36, 177 ff.
Buergenthal, Thomas (2001): »Proliferation of International Courts and Tribunals: Is it Good or Bad?«, in: *Leiden Journal of International Law*, 14, 267 ff.
Bull, Hedley (1995): *The Anarchical Society. A Study of Order in World Politics (1977)*, 2. Aufl., London: Macmillan.
Burke-White, William W. (2002): »A Community of Courts: Toward a System of International Criminal Law Enforcement«, in: *Michigan Journal of International Law* 24, 1 ff.
Burke-White, William W. (2003): »Toward a System of International Criminal Law Enforcement«, in: *Michigan Journal of International Law* 24, 1 ff.
Buzan, Barry, Waever, Ole und de Wilde, Jaap (1998): *Security: A New Framework for Analysis*, London: Lynne Rienner Publishers.
Byers, Michael (2000): »The Law and Politics of the Pinochet Case«, in: *Duke Journal of Comparative and International Law* 10, 415 ff.
Byers, Michael (2003): »Introduction: the complexities of foundational change«, in: Michael Byers und Georg Nolte (Hg.), *United States Hegemony and the Foundations of International Law*, Cambridge: Cambridge University Press, 1 ff.

Cafiero, Mario, und Erlassjahr (2004): *Argentiniens Diktatur-Schulden sind sittenwidrig, Schreiben an das Bundesverfassungsgericht vom 17. November 2004*, abrufbar unter: ⟨www.uni-kassel.de/fb10/frieden/regionen/Argen tinien/schulden4.html⟩.
Calliess, Gralf-Peter (1999): *Prozedurales Recht*, Baden-Baden: Nomos.
Calliess, Gralf-Peter (2002): »Reflexive Transnational Law: The Privatisation of Civil Law and the Civilisation of Private Law«, in: *Zeitschrift für Rechtssoziologie* 24, 185 ff.
Calliess, Gralf-Peter (2004): »Transnationales Verbrauchervertragsrecht«, in: *Rabels Zeitschrift* 68, 244 ff.
Cameron, Edwin und Berger, Jonathan (2004): »Patents and Public Health: Principle, Politics and Paradox. Inaugural British Academy Law Lecture«, in: *Script-ed* 1, 556 ff.
Campagna, Julie (2004): »United Nations Norms on the Responsibilities of Transnational Corporations and other Business Enterprises with Regard to Human Rights: The International Community Asserts Binding

Law on the Global Rule Makers«, in: *John Marshall Law Review* 37, 1205 ff.
Carr, Edward H. (1939): *The Twenty Years' Crisis 1919-1939: An Introduction to the Study of International Relations*, London: Macmillan.
Carreau, Dominique (1985): »Le rééchelonnement de la dette extérieure des Etats«, in: *Journal du Droit International* 112, 5 ff.
Cass, Deborah Z. (2001): »The ›Constitutionalization‹ of International Trade Law: Judicial Norm-Generation as the Engine of Constitutional Development in International Trade«, in: *European Journal of International Law* 12, 39 ff.
Cassese, Antonio (1990): »Remarks on Scelle's Theory of ›Role Splitting‹ (dédoublement fonctionnel) in International Law«, in: *European Journal of International Law* 1, 210 ff.
Cassese, Antonio (1999): »Ex iniuria ius oritur: Are We Moving towards International Legitimation of Forcible Humanitarian Countermeasures in the World Community?«, in: *European Journal of International Law* 10, 23 ff.
Cassese, Antonio (2002): »When May Senior State Officials be Tried for International Crimes? Some Comments on the Congo v. Belgium Case«, in: *European Journal of International Law* 13, 853 ff.
Castells, Manuel (2000): *The Rise of the Network Society: The Information Age: Economy, Society and Culture, Band 1,* Malden/Mass.: Blackwell.
Charney, Jonathan (1998): »Is International Law Threatened by Multiple International Tribunals«, in: *Hague Recueil des Cours* 271, 101 ff.
Charney, Jonathan (1999): »The Impact on the International Legal System of the Growth of International Courts and Tribunals«, in: *New York University Journal of International Law and Politics*, 697 ff.
Charnovitz, Steve (2002): »Triangulating the World Trade Organisation«, in: *American Journal of International Law* 96, 28 ff.
Charnovitz, Steve (2004): »The Legal Status of the Doha Declarations«, in: *Journal of International Economic Law* 5, 207 ff.
Chaumont, Charles (1970): »Cours général de droit international public«, in: *Hague Recueil des Cours* 129 1, 335 ff.
Chaytor, Beatrice, Palmer, Alice und Werksman, Jacob (2003): *Interactions with the World Trade Organisation: The CartagenaProtocol on Biosafety and the International Commission for the Conservation of Atlantic Tunas*. Foundation for International Environmental Law and Development, abrufbar unter: ⟨http://www.ecologic.de/download/projekte/850-899/890/in-depth/world_trade_organization.pdf⟩.
Checkel, Jeffrey (1998): »The Constructivist Turn in International Relations Theory«, in: *World Politics* 50, 324 ff.
Chimni, Bhupinder (2004): »International Institutions Today: An Imperi-

al Global State in the Making«, in: *European Journal of International Law* 15, 1ff.

Christie, Nils (1977): »Conflicts as Property«, in: *The British Journal of Criminology* 17, 1ff.

Committee on International Human Rights Law and Practice (2000): *Final Report on the Exercise of Universal Jurisdiction in Respect of Gross Human Rights Offences*, abrufbar unter: ⟨http://www.ila-hq.org/pdf/Human%20Rights%20Law/HumanRig.pdf⟩: International Law Association (ILA).

Conway, Gerard (2002): »Breaches of EC Law and International Responsibility of Member States«, in: *European Journal of International Law* 13, 679ff.

Cooter, Robert D. (1994): »Decentralized Law for a Complex Economy«, in: *International Review of Law and Economics* 23, 443ff.

Correa, Carlos (2000a): *Intellectual Property Rights, the WTO and Developing Countries. The TRIPS Agreement and Policy Options*, London: Zed Books.

Correa, Carlos (2000b): *Integrating Public Health Concerns into Patent Legislation in Developing Countries*, Genf, abrufbar unter: ⟨ http://www.southcentre.org/publications/publichealth/publichealth.pdf⟩: South Center.

Correa, Carlos (2002): »Implications of the Doha Declaration on the TRIPS Agreement and Public Health. World Health Organisation«, in: *EDM Series* 12, WHO/EDM/PAR/2002.3.

Correa, Carlos und Musungu, Sisule (2002): *The WIPO Patent Agenda: The Risk for Developing Countries*, abrufbar unter: ⟨http://www. southcentre.org/publications/wipopatent/toc.htm: South Center Working Papers 12/2002⟩.

Cottier, Thomas und Hertig, Maya (2003): »The Prospects of 21st Century Constitutionalism«, in: *Max Planck Yearbook of United Nations Law* 7, 261ff.

Cutler, Claire A. (1999): »Public meets private: the international unification and harmonisation of private international trade law«, in: *Global Society* 13, 25ff.

Cutler, Claire A. (2003): *Private Power and Global Authority*, Cambridge: Cambridge University Press.

Dahrendorf, Ralf (1998): »Anmerkungen zur Globalisierung«, in: Ulrich Beck (Hg.), *Perspektiven der Weltgesellschaft*, Frankfurt/M.: Suhrkamp, 31ff.

D'Amato, Anthony (2005): »International Law as an Autopoietic System«, in: Rüdiger Wolfrum und Volker Röben (Hg.), *Developments in International Law of Treaty Making*, Berlin: Springer, 335ff.

Darcy de Oliveira, Miguel und Tandon, Rajesh (1994): »An Emerging Global Civil Society«, in: Miguel Darcy de Oliveira und Rajesh Tandon (Hg.), *Citizens Strengthening Global Civil Society*, Washington D.C.: Civicus, 1 ff.

Day, Adam (2004): »Crimes Against Humanity as a Nexus of Individual and State Responsibility: Why the ICJ Got Belgium v. Congo Wrong«, in: *Berkeley Journal of International Law* 22, 489 ff.

Deitelhoff, Nicole (2003): *Talking States into Persuasion. Norm-entrepreneurs and the Manipulation of Discursive Settings in Norm-construction instances, Jahreskonferenz des Internationalen Promotions-Centrums Gesellschaftswissenschaften (IPC),* Universität Frankfurt/M..

Delaume, Georges (1997): »Recognition and enforcement of state contract awards in the United States«, in: *American Journal of International Law* 91, 476 ff.

Deleuze, Gilles und Guattari, Félix (1977): *Rhizom*, Berlin: Merve.

Deleuze, Gilles und Guattari, Félix (1992): *Tausend Plateaus*, Berlin: Merve.

Dennis, Michael J. und Stewart, David P. (2004): »Justiciability of Economic, Social, and Cultural Rights: Should There be an International Complaints Mechanism to Adjudicate the Rights to Food, Water, Housing, and Health?«, in: *American Journal of International Law* 98, 462 ff.

Derrida, Jacques (2003): *Schurken*, Frankfurt/M.: Suhrkamp.

Deutsches Institut für Menschenrechte (2005): *Die General Comments zu den VN-Menschenrechtsverträgen, Deutsche Übersetzung und Kurzeinführung*, Baden-Baden: Nomos.

Dicke, Klaus (2000): »Erscheinungsformen und Wirkungen von Globalisierung in Struktur und Recht des internationalen Systems auf universaler und regionaler Ebene sowie gegenläufige Renationalisierungstendenzen«, in: *Berichte der deutschen Gesellschaft für Völkerrecht* 39, 13 ff.

Dickinson, Laura (2003): »The Promise of Hybrid Courts«, in: *American Journal of International Law* 97, 295 ff.

Diehl, Paul, Ku, Charlotte und Zamora, Daniel (2003): »The Dynamics of International Law: The Interaction of Normative and Operating Systems«, in: *International Organization* 57, 43 ff.

Dinwoodie, Graeme B. (2000): »A New Copyright Order: Why National Courts Should Create Global Norms«, in: *University of Pennsylvania Law Review* 149, 469 ff.

Dinwoodie, Graeme B. (2001): »The Development and Incorporation of International Norms in the Formation of Copyright Law«, in: *Ohio State Law Journal* 63, 733 ff.

Di Rosa, Pablo (2004): »The Recent Wave of Arbitrations Against Argentina under Bilateral Investment Treaties: Background and Principal Legal Issues«, in: *University of Miami Inter-American Law Review* 36, 41 ff.

Dolzer, Rudolf (1989): »Staatliche Zahlungsunfähigkeit: Zum Begriff und zu den Rechtsfolgen im Völkerrecht«, in: Jürgen Jekewitz (Hg.), *Des Menschen Recht zwischen Freiheit und Verantwortung, Festschrift für Karl Josef Partsch,* Berlin: Duncker & Humblot, 531 ff.

Dorigo, Stefano (2002): »The Public Debt of Argentina before Italian Courts«, in: *Rivista di Diritto Internazionale* 85, 958 ff.

Douglas, Mary (1986): *How Institutions Think,* Syracuse: Syracuse University Press.

Dupuy, Pierre-Marie (1999): »The Danger of Fragmentation or Unification of the International Legal System and the International Court of Justice«, in: *New York University Journal of International Law and Politics* 31, 791 ff.

Dupuy, Pierre-Marie (2002): »L'unité de l'ordre juridique international«, in: *Recueil des Cours* 291, 1 ff.

Durner, Wolfgang (2001): *Common Goods. Statusprinzipien von Umweltgütern im Völkerrecht,* Baden-Baden: Nomos.

Eckersley, Robyn (2004): »The Big Chill: The WTO and Multilateral Environmental Agreements«, in: *Global Environmental Politics* 4, 24 ff.

Eco, Umberto (2003): *Dalla Periferia dell'Impero: Cronache da un Nuovo Medioevo (1977),* Mailand: Bompiani.

Ehrlich, Eugen (1913): *Grundlegung der Soziologie des Rechts,* München: Duncker & Humblot.

Ellickson, Robert C. (1989): »Bringing Culture and Human Frailty to Rational Actors: A Critique of Classical Law and Economics«, in: *Columbia Law Review* 65, 23 ff.

Engel Merry, Sally (1988): »Legal Pluralism«, in: *Law and Society Review* 22, 869 ff.

Erlassjahr u. a. (2003): *Handbuch Illegitime Schulden,* Düsseldorf.

Evans, Tony und Wilson, Peter (1992): »Regime Theory and the English School of International Relations«, in: *Millenium: Journal of International Studies* 47, 330 ff.

Falcone, Jayson J. (2004): »Argentina's Plight – An Unusual Temporary Solution to a Sovereign Debt Crisis«, in: *Suffolk Transnat'l L. Rev.* 27, 357 ff.

Falkner, Robert (2003): »Private Environmental Governance and International Relations: Exploring the Links«, in: *Global Environmental Politics* 3, 72 ff.

Fassbender, Bardo (1998): »The United Nations Charter as Constitution of the International Community«, in: *Columbia Journal of Transnational Law* 36, 529 ff.

Fastenrath, Ulrich (1991): *Lücken im Völkerrecht*, Berlin: Duncker & Humblot.

Fidler, David P. (2003): »Developments Involving SARS, International Law, and Infectious Disease Control at the Fifty-Sixth Meeting of the World Health Assembly«, in: *ASIL insights June 2003*, abrufbar unter: ⟨www.asil.org/insights.htm⟩.

Fidler, David P. (2004a): »Global Outbreak of Avian Influenza A (H5N1) and International Law«, in: *ASIL insights January 2004*, abrufbar unter: ⟨www.asil.org/insights.htm⟩.

Fidler, David P. (2004b): »Constitutional Outlines of Public Health's ›New World Order‹«, in: *Temple Law Review* 77, 247 ff.

Fisch, Jill E. und Gentile, Caroline M. (2004): »Vultures or vanguards? The Role of Litigation in Sovereign Debt Restructuring«, in: *Emory Law Journal* 53, 1043 ff.

Fischer-Lescano, Andreas (2002): »Globalverfassung: Verfassung der Weltgesellschaft«, in: *Archiv für Rechts- und Sozialphilosophie* 88, 349 ff.

Fischer-Lescano, Andreas (2003a): »Die Emergenz der Globalverfassung«, in: *Zeitschrift für ausländisches und öffentliches Recht und Völkerrecht* 63, 717 ff.

Fischer-Lescano, Andreas (2003b): »Odious Debts und das Weltrecht«, in: *Kritische Justiz* 36, 223 ff.

Fischer-Lescano, Andreas (2004a): »Angriff auf die Verteidigung«, in: Kai Ambos und Jörg Arnold (Hg.), *Der Irak-Krieg und das Völkerrecht*, Berlin: Berliner Wissenschaftsverlag, 33 ff.

Fischer-Lescano, Andreas (2004b): »Nolenti fit iniuria: Sittenwidrige Schulden im Weltrecht«, in: Hauke Brunkhorst, Gerd Grözinger und Wenzel Matiaske (Hg.), *Peripherie und Zentrum in der Weltgesellschaft*, München: Rainer Hampp, 88 ff.

Fischer-Lescano, Andreas (2004c): »Bericht über die völkerrechtliche Praxis der Bundesrepublik Deutschland. Allgemeine Fragen des Völkerrechts und Individualrechte«, in: *Zeitschrift für ausländisches und öffentliches Recht und Völkerrecht* 64, 195 ff.

Fischer-Lescano, Andreas (2005a): »Redefining Sovereignty via International Constitutional Moments?«, in: Mary Ellen O'Connell, Michael Bothe und Natalino Ronzitti (Hg.), *Redefining Sovereignty: The Use of Force after the End of the Cold War. New Options, Lawful and Legitimate?*, Ardsley: Transnational Publishers, 313 ff.

Fischer-Lescano, Andreas (2005b): *Globalverfassung: Die Geltungsbegründung der Menschenrechte*, Weilerswist: Velbrück.

Fischer-Lescano, Andreas (2005c): »Weltrecht als Prinzip. Die Strafanzeige gegen Donald Rumsfeld in der Bundesrepublik«, in: *Kritische Justiz* 38, 72 ff.

Fischer-Lescano, Andreas (2006): »Monismus, Dualismus? – Pluralismus. Selbstbestimmung des Weltrechts bei Hans Kelsen und Niklas Luhmann«, in: Hauke Brunkhorst (Hg.), *Völkerrechtspolitik. Hans Kelsens Staatsverständnis,* Baden-Baden: Nomos, i.E.

Fischer-Lescano, Andreas und Christensen, Ralph (2005): »Auctoritatis interpositio. Die Dekonstruktion des Dezisionismus durch die Systemtheorie«, in: *Der Staat* 44, 213 ff.

Fitzpatrick, Peter (1984): »Law and Societies«, in: *Osgoode Hall Law Journal* 22, 115 ff.

Fox, Gregory H. (2001): »International Organizations: Conflicts of International Law«, in: *American Society of International Law Proceedings* 95, 183 ff.

Franck, Thomas (1992): »›Power of Appreciation‹: Who is the ultimate Guardian of UN Legality«, in: *American Journal of International Law* 86, 519 ff.; 638 ff.

Frankenberg, Günter und Knieper, Rolf (1983): »Rechtsprobleme der Überschuldung von Ländern der Dritten Welt«, in: *Recht der internationalen Wirtschaft*, 569 ff.

Friedman, Lawrence M. (1996): »Borders: On the Emerging Sociology of Transnational Law«, in: *Stanford Journal of International Law* 32, 65 ff.

Friedman, Lawrence M. (2001): »Erewhon: The Coming Global Legal Order«, in: *Stanford Journal of International Law* 37, 347 ff.

Fritz, Barbara (2004): »Wie tragbar sind Schulden? Debt Sustainability, Insolvenzrecht für Staaten und die neue Rolle des IWF«, in: Hauke Brunkhorst, Gerd Grözinger und Wenzel Matiaske (Hg.), *Peripherie und Zentrum in der Weltgesellschaft,* München: Rainer Hampp, 67 ff.

Garcia, Carlos G. (2004): »All the Other Dirty Little Secrets: Investment Treaties, Latin America, and the Necessary Evil of Investor-State Arbitration«, in: *Florida J. Int'l L.* 16, 301 ff.

García-Castrillón Otero, Carmen (2002): »An Approach to the WTO Ministerial Declaration on the TRIPS Agreement and Public Health«, in: *Journal of International Economic Law* 5, 212 ff.

García Hamilton, José, Olivares Caminal, Rodrigo und Zenarruza, Octavio M. (2003): »Juicios contra la República Argentina, class actions y embargo de bienes públicos«, in: *Revista Juridica La Ley November 2003. Suplemento sobre Reestructuración de Deuda Publica,* 134 ff.

Garnier, François (1839): *Régime des eaux, ou traité des eaux de la mer, des fleuves, rivières navigables et flottables, et autres eaux de toute espéce, Band 1-4*, Paris: Selbstverlag.

Gehring, Thomas und Oberthür, Sebastian (2004): »Exploring Regime Interaction: A Framework of Analysis«, in: Arild Underdal und Oran R.

Young (Hg.), *Regime Consequences: Methodological Challenges and Research Strategies,* New York: Springer, 247 ff.

Gerhardt, Volker (1984): »Die Macht im Recht. Wirksamkeit und Geltung bei Hans Kelsen«, in: Werner Krawietz und Helmut Schelsky (Hg.), *Rechtssystem und gesellschaftliche Basis bei Hans Kelsen, Rechtstheorie – Beiheft 5,* Berlin: Duncker & Humblot, 485 ff.

Gianviti, François (2002): *Economic, Social and Cultural Rights and the International Monetary Fund,* abrufbar unter: ⟨www.imf.org/external/np/leg/sem/2002/cdmfl/eng/gianv3.pdf⟩: IMF: General Counsel.

Gohlke, David E. (1995): »Clearing the Air or Muddying the Waters? Defining ›A Direct Effect in the United States‹ Under the Foreign Sovereign Immunities Act after Republic of Argentina v. Weltover«, in: *Houston Journal of International Law* 18, 261 ff.

Goldman, Samuel (2000): »Mavericks in the Market: The Emerging Problem of Holdouts in Sovereign Debt restructuring«, in: *UCLA Journal of International Law and Foreign Affairs* 5, 159 ff.

Goldstone, David J. (1998): »A Funny Thing Happened on the Way to the Cyber Forum: Public v. Private in Cyberspace Speech«, in: *Colorado Law Review* 69, 1 ff.

Gordon, Robert (1994): »Hayek and Cooter on Custom and Reason«, in: *Southwestern University Law Review* 23, 453 ff.

GRAIN (2002): *WIPO Moves Toward ›World‹ Patent System,* abrufbar unter: ⟨www.grain.org/briefings/?id=26⟩.

Grätz, Jonas (2006): »Kollision oder Komplement? Zur Kompatibilität von WTO-Recht mit umweltvölkerrechtlichen Regimen«, in: *Kritische Justiz* 38, i. E.

Greenberg, Marc H. (2003): »A Return to Lilliput: The LICRA v. Yahoo! Case and the Regulation of Online Content in the World Market«, in: *Berkeley Technology Law Journal* 18, 1191 ff.

Griffiths, John (1986): »What is Legal Pluralism?«, in: *Journal of Legal Pluralism* 24, 1 ff.

Grigera Naon, Horacio A. (1992): *Choice-of-Law Problems in International Commercial Arbitration,* Tübingen: J.C.B. Mohr.

Gruson, Michael (1988): »The Act of State Doctrine in Contract Cases as a Conflict-of-Laws Rule«, in: *University of Illinois Law Review,* 519 ff.

Grüttner, Anne (2004): »Wie pfändet man ein Land? Argentinien ist pleite«, in: *Die Zeit,* 9.9.2004, 39.

Guder, Leonie (2004): »Völkerrechtliche Praxis der Bundesrepublik in den Jahren 2000 – 2002. Wirtschaft, Umwelt und Entwicklung«, in: *Zeitschrift für ausländisches und öffentliches Recht und Völkerrecht* 64, 795 ff.

Guillaume, Gilbert (1995): »The Future of International Judicial Institutions«, in: *International and Comparative Law Quarterly* 44, 861 ff.

Günther, Klaus und Randeria, Shalini (2001): *Recht, Kultur und Gesellschaft im Prozeß der Globalisierung*, Bad Homburg: Reimers.

Guruswamy, Lakshman (1998): »Should UNCLOS or GATT/WTO decide trade and environment disputes?«, in: *Minnesota Journal of Global Trade* 7, 287 ff.

Gurvitch, Georges (1947): *The Sociology of Law*, London: Keagan & Co.

Guzman, Andrew T. (2000): »Arbitrator Liability: Reconciling Arbitration and Mandatory Rules«, in: *Duke Law Journal* 49, 1279 ff.

Haas, Ernst (1975a): »Is there a Hole in the Whole? Knowledge, Technology, Interdependence, and the Construction of International Regimes«, in: *International Organisation* 29, 827 ff.

Haas, Ernst (1975b): »On Systems and International Regimes«, in: *World Politics* 27, 147 ff.

Habermas, Jürgen (1995): »Kants Idee des Ewigen Friedens – Aus dem historischen Abstand von 200 Jahren«, in: *Kritische Justiz* 28, 293 ff.

Hadfield, Gillian K. (1992): »Biases in the Evolution of Legal Rules«, in: *Geo. Law Journal* 80, 583 ff.

Hafner, Gerhard (2000): »Risks Ensuing from Fragmentation of International Law«, in: *Official Records of the General Assembly, Fifty-fifth session, Supplement Nr. 10 (A/55/10)*, 321 ff.

Hafner, Gerhard (2004): »Pros and Cons Ensuing from Fragmentation of International Law«, in: *Michigan Journal of International Law* 25, 849 ff.

Halfmann, Jost (2006): »Nationalstaat und Recht der Weltgesellschaft«, in: Martin Schulte und Rudolf Stichweh (Hg.), *Weltrecht*, Berlin: Duncker & Humblot, i.E.

Halfmeier, Axel (2004): »Menschenrechte und Internationales Privatrecht im Kontext der Globalisierung«, in: *Rabels Zeitschrift für ausländisches und internationales Privatrecht* 68, 653 ff.

Hans, Monika (2002): »Providing for Uniformity in the Exercise of Universal Jurisdiction«, in: *Transnational Law* 15, 357 ff.

Hanschel, Dirk (2000): *Environment and Human Rights – Cooperative Means of Regime Implementation, Arbeitspapiere,* Mannheimer Zentrum für Europäische Sozialforschung, Nr. 29.

Hanschmann, Felix (2006): »Theorie transnationaler Rechtsprozesse«, in: Sonja Buckel, Ralph Christensen und Andreas Fischer-Lescano (Hg.), *Neue Theorien des Rechts*, Stuttgart: Lucius & Lucius (UTB), 349 ff., i.E.

Hardt, Michael und Negri, Antonio (2000): *Empire*, Cambridge: Harvard University Press.

Harrison, Bennett (1994): *Lean and Mean: The Changing Landscape of Corporate Power in an Age of Flexibility*, New York: Basic Books.

Hasenclever, Andreas, Mayer, Peter und Rittberger, Volker (1997): *Theories of International Regimes*, Cambridge: Cambridge University Press.

Hasenclever, Andreas, Mayer, Peter und Rittberger, Volker (2000): »Integrating theories of international regimes«, in: *Review of International Studies* 26, 3 ff.

Hauriou, Maurice E. (1933): *Aux sources du droit*, Paris: Bloud & Gay.

Häusler, Gerd, Gianviti, François und Geithner, Timothy (2003): *Reviewing the Process for Sovereign Debt Restructuring within the Existing Legal Framework*, abrufbar unter: ⟨http://www.imf.org/external/np/pdr/sdrm/2003/080103.pdf⟩.

Hayek, Friedrich A. (1973): *Law, Legislation and Liberty*, Band 1: *Rules and Order*, London: Routledge & Paul.

Heinen, Antje (2004): *Zwangslizenzerteilung gemäß Artikel 31 TRIPS-Übereinkommen im Hinblick auf den Zugang zu essentiellen Medikamenten*, Frankfurt/M.: Lang.

Held, David (1995): *Democracy and the Global Order: From the Modern State to Cosmopolitan Governance*, Cambridge: Polity Press.

Held, David (2003): »From Executive to Cosmopolitan Multilateralism«, in: David Held und Mathias Koenig-Archibugi (Hg.), *Taming Globalization, Frontiers of Governance,* Cambridge: Polity Press, 160 ff.

Helfer, Laurence (2004a): »Regime Shifting: The TRIPs Agreement and New Dynamics of International Intelectual Property Lawmaking«, in: *Yale Journal of International Law* 29, 1 ff.

Helfer, Laurence (2004b): »Constitutional Analogies in the International Legal System«, in: *Loyola Los Angeles Law Review* 37, 193 ff.

Helfer, Laurence (2004c): »Politics, Power, and Public Health: A Comment on Public Health's ›New World Order‹«, in: *Temple Law Review* 77, 291 ff.

Helfer, Laurence und Slaughter, Anne-Marie (1997): »Toward a Theory of Effective Supranational Adjudication«, in: *Yale Law Journal* 107, 273 ff.

Henkin, Luis (1967): »Act of State Today: Recollections in Tranquility«, in: *Columbia Journal of Transnational Law* 6, 175 ff.

Herberg, Martin (2001): »Codes of conduct und kommunikative Vernunft: rechtssoziologische Überlegungen zu den umweltbezogenen Selbstverpflichtungen transnationaler Chemiekonzerne«, in: *Zeitschrift für Rechtssoziologie* 22, 25-52.

Herberg, Martin (2005): »Erzeugen multinationale Unternehmen ihr eigenes Umweltrecht? Bausteine zu einer Theorie transnationaler Regulative«, in: Gerd Winter (Hg.), *Die Umweltverantwortung multinationaler Unternehmen. Selbststeuerung und Recht bei Auslandsdirektinvestitionen*, Baden-Baden: Nomos, 73 ff.

Herdegen, Matthias (1994): »The ›Constitutionalization‹ of the UN Security System«, in: *Vanderbilt Journal of Transnational Law* 27, 135 ff.
Hesse, Konrad (1999): *Grundzüge des Verfassungsrechts der Bundesrepublik Deutschland*, 20. Aufl., Heidelberg: C.F. Müller.
Hestermeyer, Holger (2004a): »Access to Medication as a Human Right«, in: *Max Planck Yearbook of United Nations Law* 8, 103 ff.
Hestermeyer, Holger (2004b): »Flexible Entscheidungsfindung in der WTO – Die Rechtsnatur der neuen WTO Beschlüsse über TRIPS und Zugang zu Medikamenten«, in: *Gewerblicher Rechtschutz und Urheberrecht International* 53, 194 ff.
Heymann, David (2003): »The Evolving Infectious Disease Threat: Implications for National and Global Security«, in: *Journal of Human Development* 4, 192 ff.
Hirsch-Kreinsen, Hartmut (2002): »Unternehmensnetzwerke – revisited«, in: *Zeitschrift für Soziologie* 31, 106 ff.
Höffe, Otfried (2002): *Demokratie im Zeitalter der Globalisierung*, 2. Aufl., München: C.H. Beck.
Holstein, Miriam (1998): *Act of State im U.S.-amerikanischen Recht: Eine Doktrin vor dem Zerfall?*, Münster: LIT.
Hornbeck, J.F. (2004): »Argentina's Sovereign Debt Restructuring«, in: *Congressional Research Servive, CRS RL32637*, 19. Oktober.
Howse, Robert (2000): »The Canadian Generic Medicines Panel: A Dangerous Precedent in Dangerous Times«, in: *Journal of World Intellectual Property* 3, 493 ff.
Howse, Robert (2001): »From Politics to Technocracy – and Back Again: The Fate of the Multilateral Trading Regime«, in: *American Journal of International Law* 96, 94 ff.
Hu, Jiaxiang (2004): »The Role of International Law in the Development of WTO Law«, in: *Journal of International Economic Law* 7, 143 ff.
Hudes, Karen (1986): »Co-ordination of Paris and London Club Reschedulings«, in: Daniel D. Bradlow (Hg.), *International Borrowing: Negotiating and Structuring, International Debt Transactions,* Washington: International Law Institute, 451 ff.
Hunter, David, Salzman, James und Zaelke, Durwood (2002): *International Environmental Law and Policy*, 2. Aufl., New York: Foundation Press.
Huntington, Samuel P. (1993): »The Clash of Civilizations«, in: *Foreign Affairs* 72, 22 ff.
Hurell, Andrew (1993): »International Society and the Study of Regimes«, in: Volker Rittberger und Peter Mayer (Hg.), *Regime Theory and International Relations,* Oxford: Calderon Press, 49 ff.

International Council on Human Rights Policy (2002): *Beyond Voluntarism:*

human rights and the developing international legal obligations of companies, Versoix: Aplin Clark.
International Labor Organization (2001): *An ILO Code of Practice on HIV/AIDS and the World of Work*, Genf: ILO.
International Military Tribunal (IMT) (1985): *Der Prozeß gegen die Hauptkriegsverbrecher vor dem Internationalen Militärgerichtshof: Nürnberg, 14. November 1945 – 1. Oktober 1946*, München: Delphin.
International Monetary Fund, Independent Evaluation Office (2004): *The IMF and Argentina 1991-2001*, Washington D.C.: IMF.
Ipsen, Hans Peter (1972): *Europäisches Gemeinschaftsrecht*, Tübingen: Mohr & Siebeck.
Ipsen, Hans Peter (1994): »Zehn Glossen zum Maastricht-Urteil«, in: *Europarecht* 29, 1 ff.

Jenks, Wilfred (1953): »The Conflict of Law-Making Treaties«, in: *The British Yearbook of International Law* 30, 401 ff.
Jessup, Philip C. (1950): *Modernes Völkerrecht*, Wien: Humboldt.
Jessup, Philip C. (1956): *Transnational Law*, New Haven: Yale University Press.
Joerges, Christian (1971): *Zum Funktionswandel des Kollisionsrechts: Die ›Governmental Interest Analysis‹ und die ›Krise des Internationalen Privatrechts‹*, Tübingen: Mohr & Siebeck.
Joerges, Christian (1997): »The Impact of European Integration on Private Law: Reductionist Perceptions, True Conflicts and a New Constitutional Perspective«, in: *European Law Journal* 3, 378 ff.
Joerges, Christian (2003): »Zur Legitimität der Europäisierung des Privatrechts. Überlegungen zu einem Recht-Fertigungs-Recht für das Mehrebenensystem der EU«, in: Christian Joerges und Gunther Teubner (Hg.), *Rechtsverfassungsrecht*, Baden-Baden: Nomos, 183 ff.
Joerges, Christian und Godt, Christine (2005): »Free trade: the erosion of national, and the birth of transnational governance«, in: *European Review* 13, 93 ff.
Joerges, Christian, Schepel, Harm und Vos, Ellen (1999): »The Law's Problems with the Involvement of Non-Governmental Actors in Europe's Legislative Processes: The Case of Standardisation under the ›New Approach‹«, in: European University Institute (Hg.), *EUI Working Papers No. 99/9*, San Domenico: Badia Fiesolana, 1 ff.

Kadelbach, Stefan (2004): »Ethik des Völkerrechts unter Bedingungen der Globalisierung«, in: *Zeitschrift für ausländisches und öffentliches Recht und Völkerrecht* 64, 1 ff.
Kagan, Robert (2002): »Macht und Schwäche. Was die Vereinigten Staaten

und Europa auseinander treibt«, in: *Blätter für deutsche und internationale Politik* 47, 1195 ff.
Kahn, Paul W. (1999): »On Pinochet«, in: *Boston Review* 24, abrufbar unter: ⟨www.bostonreview.net⟩.
Kälin, Walter (1994): »Menschenrechtsverträge als Gewährleistung einer objektiven Ordnung«, in: *Berichte der deutschen Gesellschaft für Völkerrecht* 33, 9 ff.
Kämper, Eckard und Schmidt, Johannes F. K. (1999): »Netzwerke als strukturelle Kopplung: Systemtheoretische Überlegungen zum Netzwerkbegriff«, in: Johannes Weyer (Hg.), *Soziale Netzwerke: Konzepte und Methoden der sozialwissenschaftlichen Netzwerkforschung,* München: Oldenbourg, 211 ff.
Kanwar, Vik (2004): »International Emergence Governance: Fragments of a Driverless System«, in: *Critical Sense* 12, 47 ff.
Katz, Michael und Shapiro, Carl (1985): »Network Externalities, Competition, and Compatibility«, in: *American Economic Review* 75, 424 ff.
Kegel, Gerhard und Schurig, Klaus (2004): *Internationales Privatrecht,* 9. Aufl., München: C.H. Beck.
Keller, Christoph (2003): »Neuere Entwicklungen im Bereich der emerging-markets-Staatsanleihen«, in: *Zeitschrift für Bank- und Kapitalmarktrecht* 8, 313 ff.
Keller, Christoph und Kolling, Annabella (2005): »Neuere Entwicklungen im Zusammenhang mit Klagen aus Argentinien-Anleihen«, in: *Zeitschrift für Bank- und Kapitalmarktrecht* 1, 1 ff.
Kelly, Claire R. (2001): »The Value Vacuum: Self-Enforcing Regimes and the Dilution of the Normative Feedback Loop«, in: *Michigan Journal of International Law* 22, 673 ff.
Kelsen, Hans (1929): »Wesen und Entwicklung der Staatsgerichtsbarkeit«, in: *Veröffentlichungen der Vereinigung der deutschen Staatsrechtslehrer* 5, 30 ff.
Kelsen, Hans (1968): »Wer soll der Hüter der Verfassung sein?« (1931), in: Hans Klecatsky, René Marcic und Herbert Schambeck (Hg.), *Die Wiener Rechtstheoretische Schule: ausgewählte Schriften von Hans Kelsen, Adolf Julius Merkl und Alfred Verdross,* Wien: Europa, 1873 ff.
Kenny, Mel (2003): »Globalization, interlegality, and Europeanized contract law«, in: *Penn State International Law Review* 21, 569 ff.
Keohane, Robert und Nye, Joseph (1977): *Power an Interdependence: World Politics in Transition*, Boston: Little Brown.
Kerber, Wolfgang und Budzinski, Oliver (2003): »Towards a Differentiated Analysis of Competition of Competition Laws«, in: *Zeitschrift für Wettbewerbsrecht* 1, 411 ff.
Kerwer, Dieter (2004): »Banking on Private Actors. Financial Market Re-

gulation and the Limits of Transnational Governance«, in: Adrienne Héritier, Michael Stolleis und Fritz Scharpf (Hg.), *European and International Regulation after the Nation State, Different Scopes and Multiple Levels,* Baden-Baden: Nomos, 205 ff.

Khalfan, Ashfaq, King, Jeff und Thomas, Bryan (2002): *Advancing the Odious Debt Doctrine*, abrufbar unter: ⟨http://www.odiousdebts.org/odiousdebts/publications/Advancing_the_Odious_Debt_Doctrine.pdf⟩. Center for International Sustainable Development Law. McGill University.

King, Henry (2001): »Universal Jurisdiction: Myths, Realities, Prospects, War Crimes and Crimes against Humanity«, in: *New England Law Review* 35, 281 ff.

Kischel, Uwe (2001): »The State as a non-unitary actor: The role of the judicial branch in international negotiations«, in: *Archiv des Völkerrechts* 39, 269 ff.

Kiss, Alexandre und Shelton, Dinah (2004): *International Environmental Law*, 3. Aufl., Ardsley: Transnational Publishers.

Kissinger, Henry (2001): »The Pitfalls of Universal Jurisdiction«, in: *Foreign Affairs* 80, 86 ff.

Klabbers, Jan (2003): »Book Review«, in: *Leiden Journal of International Law* 16, 201 ff.

Klein, Eckart (1986): »International Regimes«, in: Rudolf Bernhardt (Hg.), *Encyclopedia of Public International Law (EPIL),* Band 2, Amsterdam: North-Holland, 1354 ff.

Klotz, Audie (1995): *Norms in International Relations. The Struggle against Apartheid,* Ithaca: Cornell University Press.

Koh, Harold Hongju (1996): »Transnational Legal Process«, in: *Nebraska Law Review* 75, 181 ff.

Koh, Harold Hongju (1998): »Bringing International Law Home«, in: *Houston Law Review* 35, 623 ff.

Koskenniemi, Martti (1989): *From Apology to Utopia. The Structure of International Legal Argument*, Helsinki: Lakimiesliiton Kustannus. The Finish Lawyers' Publishing Company.

Koskenniemi, Martti (1995): »The Police in the Temple: Order, Justice and the UN: A Dialectical View«, in: *European Journal of International Law* 6, 325 ff.

Koskenniemi, Martti (1997): »Hierarchy in International Law: A Sketch«, in: *European Journal of International Law* 8, 566 ff.

Koskenniemi, Martti (2000): »Carl Schmitt, Hans Morgenthau, and the Image of Law in International Relations«, in: Michael Byers (Hg.), *The Role of Law in International Politics,* Oxford: Oxford Universitiy Press, 17 ff.

Koskenniemi, Martti (2002): *The Gentle Civilizer of Nations: The Rise and*

Fall of International Law 1870-1960, Cambridge: Cambridge University Press.

Koskenniemi, Martti (2003): *Outline of the Chairman of the ILC Study Group on Fragmentation of International Law. The Function and Scope of the lex specialis rule and the question of ›self-contained regimes‹*, abrufbar unter: ⟨www.un.org/law/ilc/sessions/55/fragmentation_outline.pdf⟩.

Koskenniemi, Martti (2004a): »Global Governance and Public International Law«, in: *Kritische Justiz* 37, 241 ff.

Koskenniemi, Martti (2004b): »International Law and Hegemony: A Reconfiguration«, in: *Cambridge Review of International Affairs* 17, 197 ff.

Koskenniemi, Martti (2005): »Global Legal Pluralism. Multiple Regimes and Multiple Modes of Thought«, Vortrag, Harvard, März 2005, abrufbar unter: ⟨http://www.valt.helsinki.fi/blogs/eci/PluralismHarvard.pdf⟩.

Koskenniemi, Martti und Leino, Päivi (2002): »Fragmentation of International Law? Postmodern Anxieties«, in: *Leiden Journal of International Law* 15, 553 ff.

Krasner, Stephen D. (1983): »Structural causes and regime consequences: regimes as intervening variables«, in: Stephen D. Krasner (Hg.), *International Regimes* Ithaca: Cornell University Press, 1 ff.

Krasner, Stephen D. (1993): »Sovereignty, Regimes and Human Rights«, in: Volker Rittberger (Hg.), *Regime Theory and International Relations,* Oxford: Oxford University Press, 139 ff.

Krasner, Stephen D. (2004): »The Hole in the whole: Sovereignty, Shared Sovereignty and International Law«, in: *Michigan Journal of International Law* 25, 1075 ff.

Kratochwil, Friedrich und Ruggie, John (1986): »International Organization: A State of the Art on an Art of the State«, in: *International Organisation* 40, 753 ff.

Kremer, Michael und Jayachandran, Seema (2002): »Odious Debt«, in: *Finance & Development,* Magazin of the IMF 39, abrufbar unter: ⟨www.imf.org/external/pubs/ft/ fandd/2002/06/kremer.htm⟩.

Kreß, Claus (2003): »Strafrecht und Angriffskrieg im Licht des Falles ›Irak‹«, in: *Zeitschrift für die gesamte Strafrechtswissenschaft* 115, 294 ff.

Krim, Mathilde und Ward, Darrell E. (1999): »The Emergence and Early Years of the HIV/AIDS Epidemic«, in: Darrell E. Ward (Hg.), *The AmFAR AIDS Handbook: The complete guide to understanding HIV and AIDS*, New York: Norton, 381 ff.

Krisch, Nico (2004): »Amerikanische Hegemonie und liberale Revolution im Völkerrecht«, in: *Der Staat* 43, 267 ff.

Krueger, Anne (2002): *Sovereign Debt Restructuring and Dispute Resolution. First Deputy Managing Director, International Monetary Fund Bretton*

Woods Committee Annual Meeting, 6.6.2002, abrufbar unter: ⟨http://www. imf.org/external/np/speeches/2002/060602.htm⟩.
Kulfas, Matías und Schorr, Martín (2004): *Die argentinische Auslandsverschuldung: Überlegungen zur Umstrukturierung und Tragfähigkeit der Schulden*, Buenos Aires: Facultad Latinoamericana de Ciencias Sociales.

Ladeur, Karl-Heinz (1986): »›Prozedurale Rationalität‹ – Steigerung der Legitimationsfähigkeit oder der Leistungsfähigkeit des Rechtssystems?«, in: *Zeitschrift für Rechtssoziologie* 7, 265 ff.
Ladeur, Karl-Heinz (1992): *Postmoderne Rechtstheorie: Selbstreferenz – Selbstorganisation – Prozeduralisierung*, Berlin: Duncker & Humblot.
Ladeur, Karl-Heinz (2000a): *Negative Freiheitsrechte und gesellschaftliche Selbstorganisation*, Tübingen: Mohr & Siebeck.
Ladeur, Karl-Heinz (2000b): »Das Bundesverfassungsgericht als ›Bürgergericht‹? Rechtstheoretische Überlegungen zur Einzelfallorientierung der Entscheidungspraxis des Bundesverfassungsgerichts«, in: *Rechtstheorie* 31, 67 ff.
Ladeur, Karl-Heinz (2001): »Die Regulierung von Selbstregulierung und die Herausbildung einer ›Logik der Netzwerke‹«, in: *Die Verwaltung*, Beiheft 4, 59 ff.
Ladeur, Karl-Heinz (2004): *Kritik der Abwägung in der Grundrechtsdogmatik*, Tübingen: Mohr & Siebeck.
Lange, Roel de (1995): »Divergence, Fragmentation, and Pluralism. Notes on Polycentricity and Unity in Law«, in: Hanne Petersen und Henrik Zahle (1995), *Legal Polycentricity: Consequences of Pluralism in Law*, Aldershot: Dartmouth, 103 ff.
Lauterpacht, Hersch (1933): *The Function of Law in the International Community*, Oxford: Clarendon.
Lauterpacht, Hersch (1949): »Restrictive Interpretation and the Principle of Effectiveness in the Interpretation of Treaties«, in: *The British Yearbook of International Law*, 48 ff.
Law and Treatment Access Unit of the AIDS Law Project and Treatment Action Campaign (Juli 2003): *The Price of Life. Hazel Tau and Others vs GlaxoSmithKline and Boehringer Ingelheim: A report on the excessive pricing complaint to South Africa's Competition Commission*, abrufbar unter: ⟨http://www.alp.org.za/view.php?file=/resctr/pubs/20030813_PriceCover.xml⟩.
Lehmkuhl, Dirk (2002): »The Resolution of Domain Names v. Trademark Conflicts: A Case Study on Regulation beyond the Nation State, and Related Problems«, in: *Zeitschrift für Rechtssoziologie* 23, 61 ff.
Lemley, Mark A. und McGowan, David (1998): »Legal Implications of Network Economic Effects«, in: *California Law Review* 86, 479 ff.

Lew, Avi (1994): »Republic of Argentina v. Weltover, Inc.: Interpreting the Foreign Sovereign Immunity Act's Commercial Activity Exception to Jurisdictional Immunity«, in: *Fordham International Law Journal* 17, 726 ff.

Lewis, Theresa Beeby (1996): »Patent Protection for the Pharmaceutical Industry: A Survey of Patent Laws of Various Countries«, in: *International Law* 30, 835 ff.

Liebowitz, Stan J. und Margolis, Stephen E. (1994): »Network Externality: An Uncommon Tragedy«, in: *Journal of Economic Perspectives, American Economic Association* 8, 133 ff.

Lischinsky, Bernardo (2003): »The Puzzle of Argentina's Debt Problem: Virtual Dollar Creation?«, in: Jan Teunissen und Age Akkerman (Hg.), *The Crisis that was not Prevented – Lessons for Argentina, the IMF, and Globalization*, Den Haag: FONDAD, 81 ff.

List, Martin und Zangl, Bernhard (2003): »Verrechtlichung internationaler Politik«, in: Gunther Hellmann, Klaus Dieter Wolf und Michael Zürn (Hg.), *Die neuen Internationalen Beziehungen: Forschungsstand und Perspektiven in Deutschland,* Baden-Baden: Nomos, 361 ff.

Little, Richard (2001): »International Regimes«, in: John Baylis und Steven Smith (Hg.), *The Globalization of World Politics: An introduction to international relations,* Oxford: Oxford University Press, 299 ff.

Littmann, Peter und Jansen, Stephan A. (2000): *Oszillodox: Virtualisierung – die permanente Neuerfindung der Organisation*, Stuttgart: Klett.

Lobel, Jules (2004): *Courts as Forums for Protest,* abrufbar unter: ⟨http://law.bepress.com/expresso/eps/213⟩: ExpressO Reprint Service. Working Paper 213.

Love, James Packard (2003): *Expert Declaration. Center for the Study of Responsive Law*, abrufbar unter: ⟨http://www.cptech.org/ip/health/cl/cl-cases/rsa-tac/love02032003.doc⟩.

Lowenfeld, Andreas F. (2003): »Investment Agreements and International Law«, in: *Columbia Journal of Transnational Law* 123, 42 ff.

Luhmann, Niklas (1965): *Grundrechte als Institution: Ein Beitrag zur politischen Soziologie*, Berlin: Duncker & Humblot.

Luhmann, Niklas (1971): »Die Weltgesellschaft«, in: *Archiv für Rechts- und Sozialphilosophie* 57, 1 ff.

Luhmann, Niklas (1981a): *Politische Theorie im Wohlfahrtsstaat*, München: Olzog.

Luhmann, Niklas (1981b): »Grundwerte als Zivilreligion«, in: Niklas Luhmann (Hg.), *Soziologische Aufklärung,* Band 3, *Soziales System, Gesellschaft, Organisation*, Opladen: Leske und Budrich, 293 ff.

Luhmann, Niklas (1983): »Individuum und Gesellschaft«, in: *Universitas* 39, 1 ff.

Luhmann, Niklas (1984): *Soziale Systeme: Grundriß einer allgemeinen Theorie*, Frankfurt/M.: Suhrkamp.

Luhmann, Niklas (1986): »Die Weltgesellschaft«, in: Niklas Luhmann (Hg.), *Soziologische Aufklärung,* Band 2, *Aufsätze zur Theorie der Gesellschaft*, 3. Aufl., Opladen: Westdeutscher Verlag, 51 ff.

Luhmann, Niklas (1990a): *Die Wissenschaft der Gesellschaft*, Frankfurt/M.: Suhrkamp.

Luhmann, Niklas (1990b): »Verfassung als evolutionäre Errungenschaft«, in: *Rechtshistorisches Journal* 9, 176 ff.

Luhmann, Niklas (1990c): »The World Society as a Social System«, in: Niklas Luhmann, *Essays on Self-Reference,* New York: Columbia University Press, 175 ff.

Luhmann, Niklas (1991): *Soziologie des Risikos*, Berlin: de Gruyter.

Luhmann, Niklas (1993a): *Das Recht der Gesellschaft*, Frankfurt/M.: Suhrkamp.

Luhmann, Niklas (1993b): *Gibt es in unserer Gesellschaft noch unverzichtbare Normen?,* Heidelberg: Müller Jur. Verlag.

Luhmann, Niklas (1994): *Die Wirtschaft der Gesellschaft*, Frankfurt/M.: Suhrkamp.

Luhmann, Niklas (1995a): »Das Paradox der Menschenrechte und drei Formen seiner Entfaltung«, in: Niklas Luhmann (Hg.), *Soziologische Aufklärung,* Band 6: *Die Soziologie und der Mensch,* Opladen: Westdeutscher Verlag, 229 ff.

Luhmann, Niklas (1995b): »Gesellschaft als Differenz«, unveröffentlichtes Manuskript.

Luhmann, Niklas (1997a): *Die Gesellschaft der Gesellschaft*, Frankfurt/M.: Suhrkamp.

Luhmann, Niklas (1997b): »Globalization or World Society«, in: *International Review of Sociology* 7, 67 ff.

Luhmann, Niklas (1998): »Der Staat des politischen Systems: Geschichte und Stellung in der Weltgesellschaft«, in: Ulrich Beck (Hg.), *Perspektiven der Weltgesellschaft,* Frankfurt/M.: Suhrkamp, 345 ff.

Luhmann, Niklas (2000a): *Die Politik der Gesellschaft*, Frankfurt/M.: Suhrkamp.

Luhmann, Niklas (2000b): *Organisation und Entscheidung*, Opladen: Westdeutscher Verlag.

Lutz, Carsten (2003): *Kompetenzkonflikte und Aufgabenverteilung zwischen nationalen und internationalen Gerichten. Erste Bausteine einer Weltgerichtsordnung*, Berlin: Duncker & Humblot.

Lutz-Bachmann, Matthias (1999): »Weltstaatlichkeit und Menschenrechte nach dem Ende des überlieferten ›Nationalstaats‹«, in: Hauke Brunkhorst, Wolfgang Köhler und Matthias Lutz-Bachmann (Hg.), *Recht auf Menschenrechte. Menschenrechte, Demokratie und internationale Politik,* Frankfurt/M.: Suhrkamp, 199 ff.

Lutz-Bachmann, Matthias (2002): »Weltweiter Frieden durch eine Weltrepublik? Probleme internationaler Friedenssicherung«, in: Matthias Lutz-Bachmann und James Bohmann (Hg.), *Weltstaat oder Staatenwelt? Für und wider die Idee einer Weltrepublik,* Frankfurt/M.: Suhrkamp, 32 ff.

Lyotard, Jean-François (1989): *Der Widerstreit,* 2. Aufl., München: Wilhelm Fink, 9 ff.

Madrid, Raul (1990): *Over-Exposed: U.S. Banks Confront 3rd World Debt Crisis,* New York: Investor Responsibility.

Manguel, Alberto (2002): »Argentinien war einmal«, in: *Lettre International 1/2002* 56, 28 ff.

Maniruzzaman, Abul (1999): »The Lex Mercatoria and International Contracts: A Challenge for International Commercial Arbitration?«, in: *American University International Law Review* 14, 657 ff.

Marceau, Gabrielle (2001): »Conflicts of Norms and Conflicts of Jurisdictions. The Relationship between the WTO Agreement and MEAS and other Treaties«, in: *Journal of World Trade* 35, 1081 ff.

Marschik, Axel (1997): *Subsysteme im Völkerrecht. Ist die Europäische Union ein ›Self-Contained Regime‹?,* Berlin: Duncker & Humblot.

Marschik, Axel (1998): »Too Much Order? The Impact of Special Secondary Norms on the Unity and Efficacy of the International Legal System«, in: *European Journal of International Law* 9, 212 ff.

Martenczuk, Bernd (1996): *Rechtsbindung und Rechtskontrolle des Weltsicherheitsrats. Die Überprüfung nichtmilitärischer Zwangsmaßnahmen durch den Internationalen Gerichtshof,* Berlin: Duncker & Humblot.

Martinez, Jenny S. (2003): »Towards an International Judicial System«, in: *Stanford Law Review* 56, 429 ff.

Maschke, Günther (1994): »Freund und Feind – Schwierigkeiten mit einer banalité supérieure«, in: *Der Staat* 33, 286 ff.

Matthews, Duncan (2004): »WTO Decision on Implementation of Paragraph 6 of the Doha Declaration on the TRIPS Agreement and Public Health: A Solution to the Access to Essential Medicines Problem?«, in: *Journal of International Economic Law* 7, 73 ff.

Matz, Nele (2005): *Wege zur Koordinierung völkerrechtlicher Verträge. Völkervertragsrechtliche und institutionelle Ansätze,* Berlin: Springer.

Maus, Ingeborg (1999): »Menschenrechte als Ermächtigungsnormen internationaler Politik«, in: Hauke Brunkhorst, Wolfgang Köhler und Matthias Lutz-Bachmann (Hg.), *Recht auf Menschenrechte: Menschenrechte, Demokratie und internationale Politik,* Frankfurt/M.: Suhrkamp, 276 ff.

Maus, Ingeborg (2004): »Vom Rechtsstaat zum Verfassungsstaat«, in: *Blätter für deutsche und internationale Politik* 49, 835 ff.

May, Christopher (2000): *A Global Political Economy of Intellectual Property Rights: The new enclosures?,* London: Routledge.

Mayer, Franz C. (2000): *Kompetenzüberschreitung und Letztentscheidung. Das Maastricht-Urteil des Bundesverfassungsgerichts und die Letztentscheidung über Ultra-vires-Akte in Mehrebenensystemen*, München: C.H. Beck.

Mayer, Pierre (1986): »Mandatory Rules of Law in International Arbitration«, in: *Arbitration International* 2, 274 ff.

Mayer-Ladewig, Jens und Petzold, Herbert (2005): »Die Bindung deutscher Gerichte an Urteile des EGMR. Neues aus Straßburg und Karlsruhe«, in: *Neue Juristische Wochenschrift* 58, 15 ff.

Mayntz, Renate (1992a): »Interessenverbände und Gemeinwohl: Die Verbändestudie der Bertelsmann Stiftung«, in: Renate Mayntz (Hg.), *Verbände zwischen Mitgliederinteressen und Gemeinwohl*, Gütersloh: Bertelsmann Stiftung, 11 ff.

Mayntz, Renate (1992b): »Modernisierung und die Logik von interorganisatorischen Netzwerken«, in: *Journal für Sozialforschung* 32, 19 ff.

McConnaughay, Philip J. (2001): »Rethinking the Role of Law and Contracts in East-West Commercial Relationships«, in: *Virginia Journal of International Law* 41, 427 ff.

McDougal, Myres (1941): »Fuller v. The American Legal Realists: An Intervention«, in: *Yale Law Journal* 50, 827 ff.

Mearsheimer, John (1995): »The False Promise of International Institutions«, in: *International Security* 19, 5 ff.

Medicins sans Frontiers (2003): *Open Letter to the Members of the WTO*, 8. Februar 2003, abrufbar unter: ⟨http://www.msf.or.jp/access/pdf/a_030214-2.pdf⟩.

Meinke, Britta (2002): *Multi-Regime-Regulierung. Wechselwirkungen zwischen globalen und regionalen Umweltregimen*, Wiesbaden: Deutscher Universitäts-Verlag.

Melissaris, Emmanuel (2004): »The More the Merrier? A New Take on Legal Pluralism«, in: *Social & Legal Studies* 13, 57 ff.

Merkel, Reinhard (2000): *Der Kosovo-Krieg und das Völkerrecht*, Frankfurt/M.: Suhrkamp.

Merle, Jean-Christophe und Gosepath, Stefan (2002): »Einführung«, in: Stefan Gosepath und Jean-Christophe Merle (Hg.), *Weltrepublik. Globalisierung und Demokratie*, München: C.H. Beck, 7 ff.

Messner, Dirk (1995): *Die Netzwerkgesellschaft: Wirtschaftliche Entwicklung und internationale Wettbewerbsfähigkeit als Probleme gesellschaftlicher Steuerung*, Köln: Weltforum.

Meyer, John W., Boli, John, Thomas, George M. und Ramirez, Francisco O. (1997): »World Society and the Nation-State«, in: *American Journal of Sociology* 103, 144 ff.

Michaelis, Nina Veronique (2003): *Nachhaltige Entwicklung und programm-*

gebundene Kreditvergabe der Weltbank. Eine theoretische und konzeptionelle Analyse, Regensburg: Trans.
Michaels, Ralf (2005): »The Re-State-ment of Non-State Law: The State, Choice of Law, and the Challenge from Global Legal Pluralism«, in: *Duke Law School Working Paper Series, Paper 21*, abrufbar unter: ⟨http://lsr.nellco.org/duke/fs/papers/21⟩; zgl. *Wayne Law Review* 51, i.E.
Mitchell, Ronald B. (1998): »Sources of Transparency: Information Systems in International Regimes«, in: *International Studies Quarterly* 42, 109 ff.
Morgan-Foster, Jason (2003): »The Relationship of IMF Structural Adjustment Programs to Economic, Social, and Cultural Rights: The Argentine Case Revisited«, in: *Michigan Journal of International Law* 24, 577 ff.
Morgenthau, Hans (1929): *Die internationale Rechtspflege, ihr Wesen und ihre Grenzen, Frankfurter Abhandlungen zum Kriegsverhütungsrecht* 12, Leipzig: Noske.
Morgenthau, Hans (1934) : *La Réalité des normes. En particulier des normes du droit international*, Paris: Alcan.
Morgenthau, Hans (1940): »Positivism, Functionalism and International Law«, in: *American Journal of International Law* 34, 261 ff.
Muchlinski, Peter (2001): »Human rights and multinationals: is there a problem?«, in: *International Affairs* 77, 31 ff.
Mueller, Milton (2002): *Rooling the Root: Internet Governance and the Taming of Cyberspace*, Cambridge/Mass.: MIT Press.
Mukherjee, Santanu (2004): »The Journey of Indian Patent Law towards TRIPS Compliance«, in: *International Review of Intellectual Property and Competition Law* 35, 125 ff.
Müller, Friedrich (1979): *Einheit der Verfassung*, Berlin: Duncker & Humblot.
Müller, Harald (1993a): *Die Chance der Kooperation: Regime in den internationalen Beziehungen*, Darmstadt: Wissenschaftliche Buchgesellschaft.
Müller, Harald (1993b): »The Internationalizations of Principles, Norms, and Rules by Governments: The Case of Security Regimes«, in: Volker Rittberger (Hg.), *Regime Theory and International Relations*, Oxford: Oxford University Press, 361 ff.

Nadelman, Ethan (1990): »Global Prohibition Regimes: The Evolution of Norms in International Society«, in: *International Organisation* 44, 479 ff.
Nanda, Ved P. und Pring, George (2003): *International Environmental Law and Policy for the 21st Century*, Ardseley: Transnational Publishers.
Nassehi, Armin (2002): »Politik des Staates oder Politik der Gesellschaft? Kollektivität als Problemformel des Politischen«, in: Kai-Uwe Hellmann und Rainer Schmalz-Bruns (Hg.), *Theorie der Politik. Niklas Luhmanns politische Soziologie*, Frankfurt/M.: Suhrkamp, 38 ff.

Neumann, Jan (2001): »Die materielle und prozessuale Koordination völkerrechtlicher Ordnungen. Die Problematik paralleler Streitbeilegungsverfahren am Beispiel des Schwertfisch-Falls«, in: *Zeitschrift für ausländisches und öffentliches Recht und Völkerrecht* 61, 529 ff.

Neumann, Jan (2002): *Die Koordination des WTO-Rechts mit anderen Ordnungen: Konflikte des materiellen Rechts und Konkurrenzen der Streitbeilegung*, Berlin: Duncker & Humblot.

Neves, Marcelo (1992): *Verfassung und Positivität des Rechts in der peripheren Moderne*, Berlin: Duncker & Humblot.

Nicolaidis, Kalypso und Tong, Joyce (2004): »Diversity or Cacophony? The Continuing Debate over New Sources of International Law«, in: *Michigan Journal of International Law* 25, 1349 ff.

Oehler, Dietrich (1983): *Internationales Strafrecht*, 2. Aufl., Köln: Heymann.

Oellers-Frahm, Karin (2001): »Multiplication of International Courts«, in: *Max Planck UNYB* 5, 67 ff.

Oeter, Stefan (2002): »Terrorismus und Menschenrechte«, in: *Archiv des Völkerrechts* 40, 422 ff.

Oeter, Stefan (2005): »Vielfalt der Gerichte – Einheit des Prozessrechts?«, in: *Berichte der Deutschen Gesellschaft für Völkerrecht*, i.E.

Ohler, Christoph (2005): »Der Staatsbankrott«, in: *Juristenzeitung* 60:12, 590 ff.

Ottolia, Andrea und Wielsch, Dan (2004): »Mapping the Information Environment: Legal Aspects of Digitalization and Modularization«, in: *Yale Journal of Law and Technology* 6, 174 ff.

Paulus, Andreas L. (2001): *Die internationale Gemeinschaft im Völkerrecht. Eine Untersuchung zur Entwicklung des Völkerrechts im Zeitalter der Globalisierung*, München: H. C. Beck.

Paulus, Andreas L. (2004a): »Commentary to Andreas Fischer-Lescano and Gunther Teubner. The Legitimacy of International Law and the Role of the State«, in: *Michigan Journal of International Law* 25, 1047 ff.

Paulus, Andreas L. (2004b): »The War Against Iraq and the Future of International Law: Hegemony or Pluralism?«, in: *Michigan Journal of International Law* 25, 691 ff.

Paulus, Christoph (2002): »Überlegungen zu einem Insolvenzverfahren für Staaten«, in: *Wertpapiermitteilungen*, 725 ff.

Paust, Jordan (2004): »After 9/11. ›No Neutral Ground‹ with Respect to Human Rights«, in: *Wayne Law Review* 50, 79 ff.

Pauwelyn, Joost (2001): »The Role of Public International Law in the WTO: How Far Can We Go?«, in: *American Journal of International Law* 95, 535 ff.

Pauwelyn, Joost (2003): *Conflict of Norms in Public International Law: How WTO Law Relates to Other Rules of International Law*, Cambridge: Cambridge University Press.

Pauwelyn, Joost (2004): »Bridging Fragmentation and Unity: International Law as a Universe of Inter-Connected Islands«, in: *Michigan Journal of International Law* 25, 903 ff.

Pawlowski, Hans-Martin (1991): *Methodenlehre für Juristen: Theorie der Norm und des Gesetzes*, 2. Aufl., Heidelberg: C.F. Müller.

Perez, Antonio F. (1998): »WTO and U.N. Law: Institutional Comity in National Security«, in: *Yale Journal of International Law* 23, 301 ff.

Perez, Oren (2003): »Normative Creativity and Global Legal Pluralism: Reflections on the Democratic Critique of Transnational Law«, in: *Indiana Journal of Global Studies* 10, 25 ff.

Perez, Oren (2004): *Ecological Sensitivity and Global Legal Pluralism Rethinking the Trade and Environment Conflict*, Oxford: Hart Publishing.

Perritt, Henry H. (2000a): »Economic and Other Barriers to Electronic Commerce«, in: *U. Pa. J. Int'l Econ. L.* 21, 563 ff.

Perritt, Henry H. (2000b): »Dispute Resolution in Cyberspace: Demand for New Forms of ADR«, in: *Ohio State Journal on Dispute Resolution* 15, 675 ff.

Perrow, Charles (1992): »Small-Firm Networks«, in: Nitin Nohria und Robert G. Eccles (Hg.), *Networks and Organizations: Structure, Form and Action*, Boston: Harvard Business School Press, 445 ff.

Petersen, Hanne und Zahle, Henrik (1995): *Legal Polycentricity: Consequences of Pluralism in Law*, Aldershot: Dartmouth.

Petersmann, Ernst-Ulrich (1999): »Constitutionalism and International Adjudication: How to Constitutionalize the U.N. Dispute Settlement System?«, in: *New York University Journal of International Law and Politics* 31, 753 ff.

Petersmann, Ernst-Ulrich (2002a): »Time for a United Nations ›Global Compact‹ for Integrating Human Rights into the Law of Worldwide Organizations: Lessons from European Integration«, in: *European Journal of International Law* 13, 621 ff.

Petersmann, Ernst-Ulrich (2002b): »Taking Human Rights, Poverty and Empowerment of Individuals More Seriously: Rejoinder to Alston«, in: *European Journal of International Law* 13, 845 ff.

Petersmann, Ernst-Ulrich (2004a): *Justice as Conflict Resolution: Proliferation, Fragmentation and Decentralization of Dispute Settlement in International Trade*, Florenz: EUI Working Paper 2004/10.

Petersmann, Ernst-Ulrich (2004b): »The ›Human Rights Approach‹ Advocated by the UN High Commissioner for Human Rights and by the International Labour Organization: Is it relevant for WTO Law and Policy?«, in: *Journal of International Economic Law* 7, 605 ff.

Pfeiffer, Thomas (2003): »Zahlungskrisen ausländischer Staaten im deutschen und internationalen Rechtsverkehr«, in: *Zeitschrift für vergleichende Rechtswissenschaft* 102, 141 ff.

Pogge, Thomas (2002): *World Poverty and Human Rights: Cosmopolitan Responsibilities and Reforms*, Cambridge: Cambridge University Press.

Polanyi, Karl (1995): *The Great Transformation: Politische und Ökonomische Ursprünge von Gesellschaften und Wirtschaftssystemen* (1944), 2. Aufl., Frankfurt/M.: Suhrkamp.

Posner, Eric A. (1999): »Arbitration and Harmonization of International Commercial Law: A Defense of Mitsubishi«, in: *Vanderbilt Journal of International Law* 39, 647 ff.

Posner, Richard A. (1987): »The Decline of Law as an Autonomous Discipline: 1982-1987«, in: *Harvard Law Review* 100, 761 ff.

Posner, Richard A. (2004): »No Thanks, We Already have our own Laws. The court should never view a foreign legal decision as a precedent in any way«, in: *Legal Affairs Juli/August 2004*, abrufbar unter: ⟨http://www.legal affairs.org/issues/July-August-2004/feature_posner_julaug04.html⟩.

Post, David N. (1995): »Anarchy, State, and the Internet: An Essay on Law-Making in Cyberspace«, in: *Journal of Online Law*, abrufbar unter: ⟨http://warthog.cc.wm.edu/law/publications/jol/post.html⟩, art. 3.

Post, David N. (1998): »The ›Unsettled Paradox‹: The Internet, the State, and the Consent of the Governed«, in: *Indiana Journal of Global Law Review* 5, 521 ff.

Post, David N. (2000): »Of Black Holes and Dezentralized Law-Making«, in: *Vanderbilt Journal of Enterprise Law and Practice* 70, 2 ff.

Powell, Walter (1996): »Weder Markt noch Hierarchie: Netzwerkartige Organisationsformen«, in: Patrick Kenis und Volker Schneider (Hg.), *Organisation und Netzwerk. Institutionelle Steuerung in Wirtschaft und Politik*, Frankfurt am Main: Campus, 213 ff.

Princen, Thomas und Finger, Mathias (1994): *Environmental NGOs in World Politics: Linking the Local and the Global*, London: Routledge.

Provan, Keith G. (2001): *Conceptualizing and Assessing Network Effectiveness: The Evaluation Perspective*, Lyon: European Group for Organizational Studies, 17. Kolloquium, 5.-7. Juli 2001, Manuskript.

Provan, Keith G. und Milward, H. Brinton (1995): »A Preliminary Theory of Interorganizational Network Effectiveness. A Comparative Study of Four Community Mental Health Systems«, in: *Administrative Science Quarterly* 40, 1 ff.

Pulkowski, Dirk (2005): »Book Review«, in: *European Journal of International Law* 16, 153 ff.

Rawls, John (1996): *Political Liberalism*, New York: Columbia University Press.
Reimann, Mathias (2004): »From the Law of Nations to Transnational Law: Why We Need a New Basic Course for the International Curriculum«, in: *Penn State International Law Review* 22, 397 ff.
Reinisch, August (1995): *State Responsibility for Debts: International Law Aspects of External Debt and Debt Restructuring*, Köln: Böhlau.
Reisman, Michael (1984): »The Incident as a Decisional Unit in International Law«, in: *Yale Journal of International Law* 10, 1 ff.
Report of the High-level panel on threats, challenges and change (2004): *A more secure World: Our shared Responsibility*, New York: United Nations.
Reuter, Dieter (1996): »Das selbstgeschaffene Recht des internationalen Sports im Konflikt mit dem Geltungsanspruch des nationalen Rechts«, in: *Deutsche Zeitschrift für Wirtschaftsrecht* 6, 1 ff.
Riedel, Eibe (1991): »Standards and Sources. Farewell to the Exclusivity of the Sources Triad in International Law«, in: *European Journal of International Law* 2, 58 ff.
Rieffel, Alexis (1984): »The Paris Club 1978-1983«, in: *Columbia Journal of Transnational Law* 23, 83 ff.
Rieth, Lothar (2003): *Deutsche Unternehmen, Soziale Verantwortung und der Global Compact,* abrufbar unter: ⟨http://www.uni-tuebingen.de/gk.globale-herausforderungen/papers/rieth/052003_Lothar_Rieth_SV_Dt_Unt_GC.pdf⟩.
Rigaux, François (1995): »Internationale Tribunale nach den Nürnberger Prozessen«, in: Gerd Hankel (Hg.), *Strafgerichte gegen Menschheitsverbrechen,* Hamburg: Hamburger Ed., 142 ff.
Rigaux, François (1998): »Hans Kelsen on International Law«, in: *European Journal of International Law* 9, 325 ff.
Roe, Mark (1995): »Chaos and Evolution in Law and Economics«, in: *Harvard Law Review* 109, 641 ff.
Rogoff, Kenneth und Zettelmeyer, Jeromin (2002): »Bankruptcy Procedures for Sovereigns: A History of Ideas, 1976-2002«, in: *IMF Working Paper 2/133*.
Romano, Cesare P. (1999): »The Proliferation of International Judicial Bodies: The Pieces of the Puzzle«, in: *New York University Journal of International Law and Politics* 31, 709 ff.
Romano, Frank (1998): »International Conventions and Treaties, Global Trademark and Copyright 1998: Protecting intellectual property rights in the International Marketplace«, in: *PLI/Pat,* 536 ff.
Romano, Santi (1918): *L'ordinamento giuridico*, 2. Aufl., Firenze: Sansoni.
Rosatti, Horazio (2004): »Globalization, Statism and Law. Argentina and ICSID«, in: *Oil, Gas & Energy Law Intelligence* 1, abrufbar unter: ⟨www.gasandoil.com/ogel⟩, 1 ff.

Rousseau, Charles (1932): »De la compatibilité des norms juridiques contradictoires dans l'ordre international«, in : *Revue Général de Droit International Public* 39, 133 ff.

Ruffert, Matthias (2000): »Zuständigkeitsgrenzen internationaler Organisationen im institutionellen Rahmen der internationalen Gemeinschaft«, in: *Archiv des Völkerrechts* 38, 129 ff.

Ruggie, John (1975): »International Responses to Technology: Concepts and Trends«, in: *International Organisation* 29, 557 ff.

Ruggie, John und Haas, Ernst (1975): »Preface«, in: *International Organisation* 29, 1 ff.

Rumsfeld, Donald (Mai/Juni 2002): »Transforming the Military«, in: *Foreign Affairs* 81, 20 ff.

Rupp-Swienty, Annette (1999): *Die Doktrin von der margin of appreciation in der Rechtsprechung des Europäischen Gerichtshofs für Menschenrechte*, München: Herbert Utz.

Sack, Alexander N. (1927) : *Les effets des transformations des états sur leurs dettes publiques et autres obligations financières*, Paris: Sirey.

Santiago Tawil, Guido (2000): »Los tratados de protección y promoción recíproca de inversiones, la responsabilidad del Estado y el arbitraje internacional«, in: *La Ley, Buenos Aires*, August 2000, 1 ff.

Santos, Boaventura de Sousa (1987): »Law: A Map of Misreading. Toward a Postmodern Conception of Law«, in: *Journal of Law and Society* 14, 279 ff.

Santos, Boaventura de Sousa (1992): »State Transformation, Legal Pluralism and Community Justice«, in: *Social and Legal Studies* 2, 131 ff.

Santos, Boaventura de Sousa (2002): *Toward a New Legal Common Sense: Law, Globalization and Emancipation*, 2. Aufl., London: Butterworths Lexis Nexis.

Scelle, Georges (1932) : *Précis de droit des gens,* Band 1: *Principes et systématique*, Paris: Libr. du Recueil Sirey.

Schachter, Oscar (1977): »The Invisible College of International Lawyers«, in: *Northwestern University Law Review* 72, 217 ff.

Scharpf, Fritz W. (1991): »Die Handlungsfähigkeit des Staates am Ende des Zwanzigsten Jahrhunderts«, in: *Politische Vierteljahresschrift* 32, 621 ff.

Schepel, Harm (2004): »Constituting Private Governance Regimes: Standards Bodies in American Law«, in: Christian Joerges und Gunther Teubner (Hg.), *Constitutionalism and Transnational Governance,* Oxford: Hart Publishing, 161 ff.

Schilling, Theodor (2005): »On the Constitutionalization of General International Law«, in: *Jean Monnet Working Paper* 06/2005.

Schircks, Rhea (2002): *Die Martens'sche Klausel. Rezeption und Rechtsgeltung*, Baden-Baden: Nomos.

Schluchter, Wolfgang (1988): *Religion und Lebensführung*, Band 1, Frankfurt/M.: Suhrkamp.

Schmierer, Joscha (1996): *Mein Name sei Europa. Einigung ohne Mythos und Utopie*, Frankfurt/M.: Fischer.

Schmitt, Carl (1930): »Staatsethik und pluralistischer Staat«, in: *Kant-Studien 1/1930*, 28 ff.

Schmitt, Carl (1967): »›Die Tyrannei der Werte‹. Säkularisation und Utopie«, in: *Ebracher Studien. Ernst Forsthoff zum 65. Geburtstag*, Stuttgart: Kohlhammer, 37 ff.

Schmitt, Carl (1994a): »Völkerrechtliche Formen des modernen Imperialismus (1932)«, in: Carl Schmitt (Hg.), *Positionen und Begriffe im Kampf mit Weimar, Genf, Versailles, 1923–1939*, Berlin: Duncker & Humblot, 184 ff.

Schmitt, Carl (1994b): »Der Führer schützt das Recht (1934)«, in: Carl Schmitt (Hg.), *Positionen und Begriffe im Kampf mit Weimar – Genf – Versailles, 1923 – 1939*, Berlin: Duncker & Humblot, 227 ff.

Schmitt, Carl (1996): *Der Hüter der Verfassung (1931)*, 4. Aufl., Berlin: Duncker & Humblot.

Schmitz, Hans-Peter (2001): »Menschenrechtswächter: partielle Midlifecrisis. INGOs, Vereinte Nationen und Weltöffentlichkeit«, in: *Vereinte Nationen* 49, 7 ff.

Schneider, Jakob (2004): *Die Justiziabilität wirtschaftlicher, sozialer und kultureller Menschenrechte*, Berlin: Deutsches Institut für Menschenrechte.

Schramm Stokke, Olav (2001): *The Interplay of International Regimes: Putting Effectivness Theory into Work*, abrufbar unter: ⟨www.fni.no⟩: The Fridtjof Nansen Institute. FINI Report 14/2001.

Schulz, Andrea (2003): *The Relationship Between The Judgments Project And Other International Instruments. Hague Conference on Private International Law, Preliminary Document No. 24*, abrufbar unter: ⟨http://www.hcch.net/doc/jdgm_pd24e.pdf⟩.

Schütz, Anton (1997): »The Twilight of the Global Polis: On Losing Paradigms, Environing Systems, and Observing World Society«, in: Gunther Teubner (Hg.), *Global Law Without A State*, Aldershot: Dartmouth Gower, 257 ff.

Schütz, Anton (2000): »Thinking the Law with and against Luhmann, Legendre, Agamben«, in: *Law and Critique* 11, 107 ff.

Sciulli, David (1992): *Theory of Societal Constitutionalism*, Cambridge: Cambridge University Press.

Sciulli, David (2001): *Corporate Power in Civil Society: An Application of Societal Constitutionalism*, New York: New York University Press.

Scott, Craig, Qureshi, Abid und Michell, Paul u. a. (1994): »A memorial for

Bosnia: Framework of Legal Arguments Concerning the Lawfulness of the Maintenance of the United Nations Security Council's Arms Embargo on Bosnia and Herzegovina«, in: *Michigan Journal of International Law* 16, 1 ff.

Scott, Craig und Wai, Robert (2004): »Transnational Governance of Corporate Conduct through the Migration of Human Rights Norms: The Potential Contribution of Transnational ›Private‹ Litigation«, in: Christian Joerges und Gunther Teubner (Hg.), *Constitutionalism and Transnational Governance,* Oxford: Hart Publishing, 287 ff.

Seibert-Fohr, Anja (2004): »The Relevance of International Human Rights Standards for Prosecuting Terrorists«, in: Christian Walter, Silja Vöneky, Volker Röben und Frank Schorkopf (Hg.), *Terrorism as a Challenge for National and International Law: Security versus Liberty?,* Wien: Springer, 125 ff.

Sell, Susan K. (2002): »TRIPs and the Access to Medicines Campaign«, in: *Wisconsin International Law Journal* 20, 481 ff.

Semlinger, Klaus (1993): »Effizienz und Autonomie in Zulieferungsnetzwerken: Zum strategischen Gehalt von Kooperation«, in: Wolfgang H. Staehle und Jörg Sydow (Hg.), *Managementforschung 3,* Berlin: de Gruyter, 309 ff.

Shahabuddeen, Mohamed (2002): »Consistency in Holdings by International Tribunals«, in: Nisuke Ando, Edward McWhinney und Rüdiger Wolfrum (Hg.), *Liber Amicorum Judge Shigeru Oda*, Den Haag: Kluwer Law International, 633 ff.

Shanker, Daya (2002): »The Vienna Convention on the Law of Treaties, the Dispute Settlement System of the WTO and the Doha Declaration on the TRIPs Agreement«, in: *Journal of World Trade* 36, 721 ff.

Shanker, Daya (2004): »Argentina-US Mutually Agreed Solution, Economic Crisis in Argentina and Failure of the WTO Dispute Settlement System«, in: *Journal of Law and Technology* 35, 565 ff.

Shaw, Martin (1995): *Global Society and International Relations: Sociological Concepts and Political Perspectives,* Cambridge: Cambridge Polity Press.

Shaw, Martin (1998): »Die Repräsentation ferner Konflikte und die globale Zivilgesellschaft«, in: Ulrich Beck (Hg.), *Perspektiven der Weltgesellschaft,* Frankfurt/M.: Suhrkamp, 221 ff.

Shelton, Dinah (1999): *Remedies in International Human Rights Law*, Oxford: Oxford University Press.

Simma, Bruno (1972): »Völkerrechtswissenschaft und Lehre von den internationalen Beziehungen: Erste Überlegungen zur Interdependenz zweier Disziplinen«, in: *Österreichische Zeitschrift für Öffentliches Recht* 23, 293 ff.

Simma, Bruno (1985): »Self-Contained Regimes«, in: *Netherlands Yearbook of International Law* 16, 111 ff.

Simma, Bruno (1999): »NATO, the UN and the Use of Force: Legal Aspects«, in: *European Journal of International Law* 10, 1 ff.
Simmons, Beth und Martin, Lisa (2002): »International Organizations and Institutions«, in: Walter Carlsnaes, Thomas Risse und Beth Simmons (Hg.), *Handbook of International Relations,* London: Sage, 192 ff.
Simpson, Gerry (2001): »Two Liberalisms«, in: *European Journal of International Law* 12, 537 ff.
Sinclair, Ian (1994): *The Vienna Convention on the Law of Treaties,* 2. Aufl., Manchester: Manchester University Press.
Sinha, Surya P. (1995): »Legal Polycentricity«, in: Hanne Petersen und Henrik Zahle (Hg.), *Legal Polycentricity: Consequences of Pluralism in Law,* Aldershot: Dartmouth, 31 ff.
Slaughter, Anne-Marie (1995): »International Law in a World of Liberal States«, in: *European Journal of International Law* 6, 503 ff.
Slaughter, Anne-Marie (1997): »A Real New World Order«, in: *Foreign Affairs* 76, 183 ff.
Slaughter, Anne-Marie (2003): »A Global Community of Courts«, in: *Harvard International Law Journal* 44, 191 ff.
Slaughter, Anne-Marie (2004a): *A New World Order*, Princeton: Princeton University Press.
Slaughter, Anne-Marie (2004b): »Sovereignty and Power in a Networked World Order«, in: *Stanford J Int'l L.* 40, 283 ff.
Slaughter, Anne-Marie und Burke-White, William (2003): »An International Constitutional Moment«, in: *Harvard International Law Journal* 43, 1 ff.
Slaughter, Anne-Marie, Tulumello, Andrew und Wood, Stepan (1998): »International Law and International Relations Theory: A New Generation of Interdisciplinary Scholarship«, in: *American Journal of International Law* 92, 367 ff.
Slye, Ronald C. (2002): »The legitimacy of amnesties under international law and general principles of Anglo-American law«, in: *Virginia Journal of International Law* 43, 173 ff.
Snyder, Francis (1999): »Globalisation and Europeanisation as Friends and Rivals: European Union Law in Global Economic Networks«, in: European University Institute (Hg.), *EUI Working Papers No. 99/8,* San Domenico: Badia Fiesolana.
Snyder, Francis (2004): »Economic Globalization and the Law in the Twenty-first Century«, in: Austin Sarat (Hg.), *The Blackwell Companion to Law and Society,* London: Blackwells, 624 ff.
Steindorff, Ernst (1958): *Sachnormen im internationalen Privatrecht*, Frankfurt/M.: Klostermann.
Stern, Brigitte (1980): »Trois arbitrages, un même problème, trois solutions: les nationalisations pétrolières libyennes devant l'arbitrage international«, in: *Revue de l'Arbitrage*, 3 ff.

Stichweh, Rudolf (1994): *Wissenschaft, Universität, Professionen*, Frankfurt/M.: Suhrkamp.
Stichweh, Rudolf (2000): *Die Weltgesellschaft: Soziologische Analysen*, Frankfurt/M.: Suhrkamp.
Stichweh, Rudolf (2001): Strukturen der Weltgesellschaft, in: *Frankfurter Rundschau* 13.03.2001, 22.
Stoll, Peter-Tobias (2003): »How to Overcome the Dichotomy Between WTO Rules and MEAs?«, in: *Zeitschrift für ausländisches öffentliches Recht und Völkerrecht* 63, 439 ff.
Stoll, Peter-Tobias (2004): »Biotechnologische Innovationen: Konflikte und rechtliche Ordnung«, in: Adrienne Hèritier, Michael Stolleis und Fritz Scharpf (Hg.), *European and International Regulation after the Nation State. Different Scopes and Multiple Levels,* Baden-Baden: Nomos, 261 ff.
Stolleis, Michael (2004): »Was kommt nach dem souveränen Nationalstaat? Und was kann die Rechtsgeschichte dazu sagen?«, in: Adrienne Héritier, Michael Stolleis und Fritz Scharpf (Hg.), *European and International Regulation after the Nation State. Different Scopes and Multiple Levels,* Baden-Baden: Nomos, 17 ff.
Sydow, Jörg (1992): *Strategische Netzwerke: Evolution und Organisation*, Wiesbaden: Gabler.
Sydow, Jörg (1999): »Management von Netzwerkorganisationen: Zum Stand der Forschung«, in: Jörg Sydow (Hg.), *Management von Netzwerkorganisationen,* Wiesbaden: Westdeutscher Verlag, 279 ff.
Sydow, Jörg und Windeler, Arnold (1998): »Organizing and Evaluating Interfirm Networks«, in: *Organization Science, Special Issue: Managing Partnership and Strategic Alliances* 9, 265 ff.
Sydow, Jörg und Windeler, Arnold, (2000): »Steuerung von und in Netzwerken«, in: Jörg Sydow und Arnold Windeler (Hg.), *Steuerung von Netzwerken: Konzepte und Praktiken,* Opladen: Westdeutscher Verlag, 1 ff.
Sykes, Alan (2002): »TRIPs, Pharmaceuticals, Developing Countries and the Doha ›Solution‹«, in: John M. Olin, *Law and Economics Working Paper No. 140,* University of Chicago Law School September 2002.

Tacke, Veronika (2000): »Netzwerk und Adresse«, in: *Soziale Systeme* 6, 1 ff.
Tayler, Wilder (2001): »Background to the elaboration of the draft international convention for the protection of all persons from forced disappearance«, in: *Review of the International Commission of Jurists* 62-63, 63 ff.
Teubner, Gunther (1980): »Die Generalklausel von ›Treu und Glauben‹«, in: Rudolf Wassermann (Hg.), *Alternativkommentar zum Bürgerlichen*

Gesetzbuch, Band 2: *Allgemeines Schuldrecht,* Neuwied: Luchterhand, 32 ff.

Teubner, Gunther (1989): *Recht als autopoietisches System*, Frankfurt/M.: Suhrkamp.

Teubner, Gunther (1995): »Die zwei Gesichter des Janus: Rechtspluralismus in der Spätmoderne«, in: Eike Schmidt und Hans-Leo Weyers (Hg.), *Liber Amicorum Josef Esser,* Heidelberg: Müller, 191 ff.

Teubner, Gunther (1996a): »Globale Bukowina: Zur Emergenz eines transnationalen Rechtspluralismus«, in: *Rechtshistorisches Journal* 15, 255 ff.

Teubner, Gunther (1996b): »Altera pars audiatur: Das Recht in der Kollision unterschiedlicher Universalitätsansprüche«, in: *Archiv für Rechts- und Sozialphilosophie*, Beiheft 65, 199 ff.

Teubner, Gunther (1996c): »Des Königs viele Leiber: Die Selbstdekonstruktion der Hierarchie des Rechts«, in: *Soziale Systeme* 3, 229 ff.

Teubner, Gunther (1996d): »De Collisione Discursuum: Communicative Rationalities in Law, Morality, and Politics«, in: *Cardozo Law Review* 17, 901 ff.

Teubner, Gunther (1997): *Global Law without a State*, Aldershot: Dartmouth.

Teubner, Gunther (1999): »Eigensinnige Produktionsregimes: Zur Ko-evolution von Wirtschaft und Recht in den varieties of capitalism«, in: *Soziale Systeme* 5, 7 ff.

Teubner, Gunther (2000a): »Privatregimes: Neo-Spontanes Recht und duale Sozialverfassung in der Weltgesellschaft«, in: Dieter Simon und Manfred Weiss (Hg.), *Zur Autonomie des Individuums. Liber Amicorum Spiros Simitis,* Baden-Baden: Nomos, 437 ff.

Teubner, Gunther (2000b): »Des Königs viele Leiber: Die Selbstdekonstruktion des Rechts«, in: Hauke Brunkhorst und Matthias Kettner (Hg.), *Globalisierung und Demokratie: Wirtschaft, Recht, Medien,* Frankfurt/M.: Suhrkamp, 240 ff.

Teubner, Gunther (2000c): »Ein Fall von struktureller Korruption? Die Familienbürgschaft in der Kollision unverträglicher Handlungslogiken«, in: *Kritische Vierteljahresschrift für Gesetzgebung und Rechtswissenschaften* 83, 388 ff.

Teubner, Gunther (2001a): »Rechtsirritationen: Zur Koevolution von Rechtsnormen und Produktregimes«, in: Günther Dux und Frank Welz (Hg.), *Moral und Recht im Diskurs der Moderne: Zur Legitimation gesellschaftlicher Ordnung,* Opladen: Leske und Budrich, 351 ff.

Teubner, Gunther (2001b): »Das Recht hybrider Netzwerke«, in: *Zeitschrift für das gesamte Handelsrecht und Wirtschaftsrecht* 165, 550 ff.

Teubner, Gunther (2003a): »Globale Zivilverfassungen? Alternativen zum staatszentrierten Konstitutionalismus«, in: *Zeitschrift für ausländisches und öffentliches Recht und Völkerrecht* 63, 1 ff.

Teubner, Gunther (2003b): »Der Umgang mit Rechtsparadoxien: Derrida, Luhmann, Wiethölter«, in: Christian Joerges und Gunther Teubner (Hg.), *Rechtsverfassungsrecht: Recht-Fertigungen zwischen Sozialtheorie und Privatrechtsdogmatik,* Baden-Baden: Nomos, 25 ff.

Teubner, Gunther (2004): *Netzwerk als Vertragsverbund: Virtuelle Unternehmen, Franchising, Just-in-Time in sozialwissenschaftlicher und juristischer Sicht,* Baden-Baden: Nomos.

Teubner, Gunther (2005): »The Anonymous Matrix. Human Rights Violations by ›Private‹ Transnational Actors«, in: Manuel Escamilla und Modesto Saavedra (Hg.), *Law and Justice in a global society, International Association for philosophy of law and social sociology,* Granada, 547 ff.

Teubner, Gunther und Zumbansen, Peer (2000): »Rechtsverfremdungen: Zum gesellschaftlichen Mehrwert des zwölften Kamels«, in: Gunther Teubner (Hg.), *Die Rückgabe des zwölften Kamels: Niklas Luhmann in der Diskussion über Gerechtigkeit,* Stuttgart: Lucius & Lucius, 189 ff.

Thomas, Urs (2004): »Trade and the Environment: Stuck in a Political Impasse at the WTO after the Doha and Cancun Ministerial Conferences«, in: *Global Environmental Politics* 4, 9 ff.

Thürer, Daniel (2003): »Irak-Krise: Anstoß zu einem Neuüberdenken der völkerrechtlichen Quellenlehre«, in: *Archiv des Völkerrechts* 41, 314 ff.

Tiebout, Charles (1956): »A Pure Theory of Local Expenditures«, in: *Journal of Political Economy* 64, 416 ff.

Tietje, Christian (1999): »The Changing Legal Structure of International Treaties as an Aspect of an Emerging Global Governance Architecture«, in: *German Yearbook of International Law* 42, 26 ff.

Tietje, Christian (2005): »Die Argentinien-Krise aus rechtlicher Sicht: Staatsanleihen und Staateninsolvenz«, in: *Beiträge zum transnationalen Wirtschaftsrecht* 37, abrufbar unter: ⟨http://www.wirtschaftsrecht.uni halle.de/body_publikationen.html⟩.

Tomuschat, Christian (1993): »Obligations Arising for States Without or Against Their Will«, in: *Recueil des Cours* 241, 195 ff.

Tomuschat, Christian (1997): »International Law as the Constitution of Mankind«, in: United Nations (Hg.), *International Law on the Eve of the Twenty-first Century,* New York: United Nations Publications, 37 ff.

Tomuschat, Christian (1999): »International Law: Ensuring the Survival of Mankind on the Eve of a New Century, General Course on Public International Law«, in: *Recueil des Cours* 281, 23 ff.

Tomuschat, Christian (2002): »The duty to prosecute international crimes committed by individuals«, in: Hans-Joachim Cremer (Hg.), *Festschrift für Helmut Steinberger. Tradition und Weltoffenheit des Rechts,* Berlin: Springer-Verlag, 315 ff.

Trachtman, Joel P. (2000): »Regulatory Competition and Regulatory Juris-

diction«, in: *Journal of International Economic Law* 3, 331 ff.
Trachtman, Joel P. (2002): »Institutional Linkage: Transcending Trade and ...«, in: *American Journal of International Law* 96, 77 ff.
Treves, Tullio (1999): »Conflicts between the International Tribunal for the Law of the Sea and the International Court of Justice«, in: *New York University Journal of International Law and Politics* 31, 809 ff.
Triepel, Heinrich (1929): »Wesen und Entwicklung der Staatsgerichtsbarkeit«, in: *Veröffentlichungen der Vereinigung der deutschen Staatsrechtslehrer* 5, 2 ff.

Uerpmann, Robert (2001): »Internationales Verfassungsrecht«, in: *Juristenzeitung* 11, 565 ff.
UK Commission on Intellectual Property Rights and Development Policy (CIPRDP) (2002): *Report: Integrating Intellectual Property Rights and Development Policy*, London, abrufbar unter: 〈http://www.iprcommission.org〉.
Underdahl, Arild (2002): »Patterns of Regime Effectiveness«, in: Edward Miles (Hg.), *Environmental Regime Effectiveness,* Cambridge/Mass.: MIT, 433 ff.

Vagts, Detlev (2001): »Hegemonic International Law«, in: *American Journal of International Law* 94, 843 ff.
Vanberg, Viktor (1986): »Spontaneous Market Order and Social Rules: A Critical Examination of F.A. Hayek's Theory of Cultural Evolution«, in: *Economics and Philosophy* 2, 75 ff.
Vec, Milos (2004): »Das selbstgeschaffene Recht der Ingenieure. Internationalisierung und Dezentralisierung am Beginn der Industriegesellschaft«, in: Adrienne Héritier, Michael Stolleis und Fritz Scharpf (Hg.), *European and International Regulation after the Nation State. Different Scopes and Multiple Levels,* Baden-Baden: Nomos, 93 ff.
Verdross, Alfred (1953/54): »Die Wertgrundlagen des Völkerrechts«, in: *Archiv des Völkerrechts* 4, 129 ff.
Verdross, Alfred (1964): *Völkerrecht*, 5. Aufl., Wien: Springer.
Vesting, Thomas (2000): »Subjektive Freiheitsrechte als Elemente von Selbstorganisations- und Selbstregulierungsprozessen in der liberalen Gesellschaft – dargestellt am Beispiel der Bedeutung der Intellectual Property Rights in der neuen Netzwerkökonomie«, in: *Regulierte Selbstregulierung, Die Verwaltung, Beiheft aus Anlass des 60. Geburtstags von Wolfgang Hoffmann-Riem*, 21 ff.
Vöneky, Silja (2001): *Die Fortgeltung des Umweltvölkerrechts in internationalen bewaffneten Konflikten,* Band 145, Wien: Springer.
Voser, Nathalie (1996): »Mandatory Rules of Law as a Limitation on the Law

Applicable in International Commercial Arbitration«, in: *The American Review of International Arbitration* 7, 319 ff.
Vyver, Johan David van der (1999): »Truth commissions, state sovereignty and an emerging international criminal justice system for the new millennium«, in: *Tydskrif vir Regswetenskap* 24, 5 ff.

Wai, Robert (2005): »Transnational Private Law and Private Ordering in a Contested Global Society«, in: Harvard International Law Journal 46, 471 ff.
Walker, Neil (2001): »The EU and the WTO: Constitutionalism in a New Key«, in: Grainne de Burca und Joanne Scott (Hg.), *The EU and the WTO. Legal and Constitutional Issues,* London: Hart Publishing, 31 ff.
Walker, Neil (2002): »The Idea of Constitutional Pluralism«, in: *Modern Law Review* 65, 317 ff.
Walter, Christian (2001): »Constitutionalizing (Inter)national Governance: Possibilities for and Limits to the Development of an International Constitutional Law«, in: *German Yearbook of International Law* 44, 170 ff.
Walter, Christian (2004): »(Inter)national Governance in verfasungsrechtlicher Perspektive: Überlegungen zu Möglichkeiten und Grenzen der Entwicklung eines ›Internationalen Verfassungsrechts‹«, in: Adrienne Héritier, Michael Stolleis und Fritz Scharpf (Hg.), *European and International Regulation after the Nation State. Different Scopes and Multiple Levels,* Baden-Baden: Nomos, 31 ff.
Wapner, Paul (1995): »Politics Beyond the State: Environmental Activism and World Civic Politics«, in: *World Politics* 47, 311 ff.
Watson, Geoffrey (1993): »Constitutionalism, Judicial Review, and the World Court«, in: *Harvard International Law Journal* 34, 1 ff.
Weber, Max (1968): *Gesammelte Aufsätze zur Wissenschaftslehre*, 3. Aufl., Tübingen: Mohr & Siebeck.
Weil, Prosper (1982): »Vers une normativité relative en droit international?«, in: *Revue Generale De Droit International Public* 86, 5 ff.
Weiler, Joseph (1996): »Der Staat ›über alles‹. Demos, Telos und die Maastricht-Entscheidung des Bundesverfassungsgerichts«, in: *Jahrbuch des öffentlichen Rechts der Gegenwart* 44, 91 ff.
Weinberger, Sheila (1996): »The Wimbledon Paradox and the World Court: Confronting Inevitable Conflicts between Conventional and Customary International Law«, in: *Emory International Law Review* 10, 1 ff.
Weinstein, Michael M. und Charnovitz, Steve (2001): »The Greening of the WTO«, in: *Foreign Affairs* 80, 147 ff.
Weisbrod, Carol (2002): *Emblems of Pluralism: Cultural Differences and the State*, Princeton: Princeton University Press.
Weissman, Robert (1996): »A Long, Strange TRIPs: The Pharmaceutical

Industry Drive to Harmonize Global Intellectual Property Rules, and the Remaining Legal Alternatives Available to Third World Countries«, in: *University of Pennsylvania Journal of International Economic Law* 17, 1069 ff.

Weltkommission für die soziale Dimension der Globalisierung (2004): *Eine faire Globalisierung: Chancen für alle schaffen*, Genf: ILO.

Wendt, Alexander (1992): »Anarchy is what states make of it: the social construction of power politics«, in: *International Organisation* 46, 391 ff.

Wendt, Alexander (2003): »Why a World State is Inevitable. Teleology and the Logic of Anarchy«, in: *European Journal of International Relations* 9, 491 ff.

Werle, Gerhard (2003): *Völkerstrafrecht*, Tübingen: Mohr & Siebeck.

Wiener, Jarrod: *The ›Transnational‹ Political Economy: A Framework for Analysis*, abrufbar unter: ⟨http://www.kent.ac.uk/politics/research/kentpapers/weiner1.html⟩: The Kent Papers in Politics and International Relations.

Wiethölter, Rudolf (1988): »Zum Fortbildungsrecht der (richterlichen) Rechtsfortbildung: Fragen eines lesenden Recht-Fertigungslehrers«, in: *Kritische Vierteljahreszeitschrift für Gesetzgebung und Rechtswissenschaft* 3, 1 ff.

Wiethölter, Rudolf (2003): »Recht-Fertigungen eines Gesellschafts-Rechts«, in: Christian Joerges und Gunther Teubner (Hg.), *Rechtsverfassungsrecht: Rechtfertigung zwischen Privatrechtsdogmatik und Gesellschaftstheorie*, Baden-Baden: Nomos, 1 ff.

Willke, Helmut (1992): *Ironie des Staates: Grundlinien einer Staatstheorie polyzentrischer Gesellschaft*, Frankfurt/M.: Suhrkamp.

Willke, Helmut (1997): *Supervision des Staates*, Frankfurt/M.: Suhrkamp.

Willke, Helmut (2003): *Heterotopia. Studien zur Krisis der Ordnung moderner Gesellschaften*, Frankfurt/M.: Suhrkamp.

Windeler, Arnold (2001): *Unternehmungsnetzwerke: Konstitution und Strukturation*, Wiesbaden: Westdeutscher Verlag.

Winham, Gilbert R. (2003): »International Regime Conflict in Trade and Environment: The Biosafety Protocol and the WTO«, in: *World Trade Review* 2, 131 ff.

Winter, Gerd (2005): »Einführung«, in: Gerd Winter (Hg.), *Die Umweltverantwortung multinationaler Unternehmen. Selbststeuerung und Recht bei Auslandsdirektinvestitionen*, Baden-Baden: Nomos, 3 ff.

World Bank (2002): *Global Economic Prospects 2002: Making Trade Work for the World's Poor*, Washington D.C.

World Health Organisation (2001): *Macroeconomics and Health. Investing in Health for Economic Development, Report of the Commission Macroeconomics and Health*, Genf: WHO.

World Health Organisation (2003): *World Health Report 2003*, Genf: WHO.
World Health Organisation (2004): *UNAIDS. 2004 Report on the global HIV/AIDS Epidemic: 4th global Report*, Genf: WHO.
World Health Organisation (2005): *Treat 3 Million by 2005 Initiative,* Genf: WHO.

Yamin, Alicia Ely (2003): »Not Just a Tragedy: Access to Medications as Right under International Law«, in: *Boston University International Law Journal* 21, 101 ff.
Young, Oran (1986): »International Regimes: Toward a New Theory of Institutions«, in: *World Politics* 39, 104 ff.
Young, Oran (1994): *International Governance. Protecting the Environment in a Stateless Society*, Ithaca: Cornell University Press.

Zangl, Bernhard (2005): »Is there an emerging international rule of law?«, in: *European Review* 13, 73 ff.
Ziegert, Klaus A. (2000): »Globalisierung des Rechts aus der Sicht der Rechtssoziologie«, in: Rüdiger Voigt (Hg.), *Globalisierung des Rechts,* Baden-Baden: Nomos, 69 ff.
Zumach, Andreas (2003): »Medikament vor Ort, Patient tot«, in: *die tageszeitung,* 13.9.2003, 13.
Zumbansen, Peer (2000): *Ordnungsmuster im modernen Wohlfahrtsstaat: Lernerfahrungen zwischen Staat, Gesellschaft und Vertrag*, Baden-Baden: Nomos.
Zumbansen, Peer (2004): »Globalization and the Law: Deciphering the Message of Transnational Human Rights Litigation«, in: *German Law Journal* 5, 1499 ff.

Danksagung

Für Anregungen und Kritik danken wir Mathias Albert, Marc Amstutz, Michael Bothe, Sonja Buckel, Hauke Brunkhorst, Gralf-Peter Calliess, Anthony D'Amato, Ralph Christensen, Andreas Hasenclever, Christian Joerges, David Kennedy, Martti Koskenniemi, Philip Liste, Junichi Murakami, Saskia Sassen, Craig Scott, Achilles Skordas, Rudolf Stichweh, Robert Wai, Rudolf Wiethölter und Helmut Willke. Für gründliche editorische Arbeiten bedanken wir uns bei Anna Beckers, Susana Campos Nave, Cordula Heldt, Isabell Hensel und Soo-Hyun Oh.

Sachregister

Abwägung 72, 88, 108 f., 116
act of state 128 ff., 151
acta iure gestionis 139
acta iure imperii 138
Aids (s. HIV)
Akteure, weltrechtliche 13, 17 ff., 39, 45 f., 70, 138 ff., 162
Allgemeine Erklärung der Menschenrechte 103, 108
Amerikanischer Menschenrechtsgerichtshof 114
Amnestie 113 ff.
Angriffskrieg 119
Anstaltsstaat, globaler 13 ff.
Antiretrovirale 76 ff.
Ausdifferenzierung des Rechts 17, 28 f., 59, 100, 165 ff.
Auslandsverschuldung 133 ff.
Auslegung
  richtlinienkonforme 122
  völkerrechtskonforme 87
Ausnahmezustand 15 ff., 150
aut dedere aut iudicare 116
Autarkie der Regimes 99
Autokonstitutionalisierung 54 ff.
Autonomiesicherung 56 f., 64, 165 ff.
Autopoiesis 34 ff.

Beobachtung zweiter Ordnung 43, 60
Berner Konvention 66 f.
Binnendifferenzierungen 26 ff., 35 ff., 56, 109, 163
Brady-Bonds 133, 140

clash of rationalities 27
clash of civilizations 14, 27
Codierung 34, 43, 163
collective action clause 152 f.
comity 128, 131, 151
Copyright 66 ff., 73, 78, 160
Cybercrime 158 ff.

default deference (s. Präjudizienlehre)
Dejuridifizierung, juridifizierte 128 ff., 150 ff.
Deliberation 66
Demokratiedefizit 158 ff., 168 f.
Deparadoxierung 110, 164
Desaparición (s. Verschwindenlassen)
Dezisionismus 16, 88
Differenzierung 26 ff., 109 f.
  binnensystemische 26 ff., 35 ff., 56, 109, 163
  funktionale 34 ff.
  segmentäre 37, 72
Differenztheorie 109
Digitalverfassung 56
Diplomatenrecht 48 f., 139
Dispute Settlement Body 75, 78, 80
Doha-Erklärung 80 ff.
Dominia 24
Drittwirkung 159 ff.

EAPO 96 f.
Eigendynamik der Systeme 16, 28, 38, 166
Eigenrationalitätsmaximierung 25 ff., 155
Einheit des Rechts 10 ff., 21, 34 f.
Einschätzungsprärogative 81
Erga-omnes-Rechte/-Pflichten 21, 105
Ethikkommissionen 132 f.

EU 13, 67, 73, 86 f., 146, 167
EuGH 8, 105, 122
Europäische Menschenrechtskonvention 122 f., 162
Europäischer Menschenrechtsgerichtshof 108, 114 f., 122 f.
Evolution (s. Koevolution)
ex facto ius oritur 38
Exklusion 26, 166
Expropriationsverbot 148

FAO 144 f.
Folterverbot 119
Form (s. Rechtsform)
Formation, postnationale 35, 46 f., 136
FSIA 138
Funktionssystem 26 ff., 30 ff., 50 ff., 129 f., 163

GATT 67
Geltung 34 ff., 41 ff., 107 ff., 165
  Geltungsbedingungen 41 ff.
  mittelbare/unmittelbare 87, 103 f., 121 f.
Gemeinschaft
  epistemische 21, 39
  Gerichtsgemeinschaft 57 f.
  internationale 107, 110, 125, 160, 166, 169
  transnationale 41 f.
  Völkergemeinschaft 21, 23
Generika 74 ff.
Genfer Konventionen 117 ff.
Genozid 32, 107, 115, 118, 142 f., 165
gentle civilizer 170
Gerechtigkeit 26 f.
Gerichte 48 ff., 68 ff., 111 ff., 147 ff.
  als Zentrum des Rechts 48 ff., 109, 111
  Bereichsobergerichte 12
  gesellschaftliche 142
  internationale 8 f., 10 ff., 57 ff., 72, 126
  nationale/dezentrale 17, 57 ff., 71 f., 75, 89, 112, 119, 121, 147
  Schiedsgerichte 29, 44, 106 ff., 147 ff.
Geschlossenheit
  autopoietische 34 ff.
  strukturelle 35, 49
Gesellschaft (s. Weltgesellschaft)
Gesellschaftssektoren 7 ff., 36 f., 41, 48 ff., 53, 68, 72, 97
Gesundheitsversorgung 80 ff.
Gewaltenteilung 104, 168 f.
Gewaltverbot 15 f., 51, 104 f.
Gewohnheitsrecht
  weltgesellschaftliches 17, 35, 43
  völkerrechtliches 11, 16, 114, 117, 119, 139, 149, 162
Globalisierung 25 ff.
global governance 19, 25
Globalverfassung, politische 56, 163
Grundnorm 35, 43, 109, 124

Haager Jurisdiktionskonvention 96, 103
Hegemonie 15 ff., 39, 169
Heterarchie 19, 48 ff., 57 ff., 62 ff., 73, 99, 169
Hierarchie
  Institutionenhierarchie 10 ff., 21, 33, 61, 120 ff.
  Normenhierarchie 10, 21, 48
  Stufenbau des Rechts 10, 35, 48, 120, 126
HIPC 93, 141, 145
HIV 73 ff.
hold out 152, 155, 157
Homogenität 35, 158 ff.

ICANN 36, 44, 72, 109, 164
ICSID 147 ff.

ICTR 8, 120, 125
ICTY 8 f., 49, 72, 102 ff., 120, 125 f.
IGH 8, 10 ff., 16, 21, 72, 104 f., 107, 155, 157, 164
ILC 119, 139
  Arbeitsgruppe zur Fragmentierung 9 ff., 22, 49 f.
  Entwurf zur Staatenverantwortlichkeit 50
Immunität
  diplomatische 115 ff.
  Jurisdiktionsimmunität 137 ff.
  Vollstreckungsimmunität 139
Individualbeschwerdeverfahren 146
Inkommensurabilität 7, 26, 72, 94, 127
Inkorporationsnorm 123 f., 87, 103, 121 ff.
Insolvenzregime 136 ff.
Instanzenzug 51
Instrumentalismus 38, 78, 89
Interdependenzreduktion 124
Interlegalität 34 ff.
Intern. Bill of Rights 103, 107, 163
Intern. Privatrecht 7, 66 ff.
Intern. Strafgerichtshof 8, 11, 17, 119 f.
Intern. Pakt über bürgerl. und polit. Rechte 103, 108 f., 114 f., 162
Intern. Pakt über wirtschaftl., soz. und kult. Rechte 90 f., 103, 144 f.
Intervention, humanitäre 51
Investmentabkommen, bilaterale 147 ff.
Irritation 165
Iteration 113 ff.
iurisdictio 24
ius
  cogens 21, 99 ff., 115, 163, 165
  contra bellum 15 f., 51, 104 f.
  in bello 51, 125 f.
  non dispositivum 99 ff.
IWF 133 ff., 167

Jugoslawientribunal (s. ICTY)

Koevolution 23, 38
Kollisionen
  Normenkollisionen 34 ff., 127 ff.
  Rationalitätenkollisionen 7 ff., 72 ff., 127 ff.
  Wertekollisionen 107 ff.
Kollisionsrecht, transnationales 7 ff., 57 ff., 127 ff., 170 f.
  act of state 128 ff., 151
  comity 128, 131, 151
  Metakollisionsrecht 127 ff.
  primary coverage 69
  quaestio iuris 87, 89, 170
  Sachnormen 70 f.
Konflikte
  interinstitutionelle 78 ff.
  internationale 66 ff.
  Policy-Konflikte 72 ff.
  Rationalitätenkonflikte 7 ff., 72 ff., 127 ff.
  Regimekonflikte 66 ff., 72 ff., 127 ff.
Konditionalkredit 143
Konkordanz, praktische 88, 108 f.
Konsensunterstellung 48, 107, 110, 114, 141, 158 ff., 165 f.
Konstitutionalisierung 53 ff., 136 f., 146, 163
Kontingenz 23, 32, 95, 113
Kooperationsvölkerrecht 166
Koordinationsvölkerrecht 165
Kopplung, strukturelle 24, 46, 54 ff., 100, 104, 164 ff.
Kriegsverbrechen 117 ff.

Lando-Prinzipien 44
lex
  digitalis 44, 56, 103

constructionis 101 ff.
financiaria 133 ff.
generalis 50
humana 18
mercatoria 44, 50, 101 ff.
specialis 50
sportiva 103
liberal peace 166
linkages 144
local remedies 119
Londoner Club 138, 141

Macht, politische 14 ff., 28 f., 64, 130, 132
margin of appreciation 108
Massenmedien 28, 42
Meinung, öffentliche 104
Menschenrechte 7 ff., 14, 17, 21 ff., 102 ff., 109, 115 ff., 149
Menschenrechtskataloge 107
Menschenrechtsregime 51, 66, 89 ff., 96 ff., 115 ff., 163
soziale 144 ff.
Menschenrechtsausschuss Bosnien-Herzegowina 114 f.
Motta-Text 83

Nachahmemedikament (s. Generika)
Netzwerk 57 ff., 62 ff.
Beobachtungsbeziehungen 111 ff., 121 ff.
Netzwerkbildung 57 ff.
Netzwerkgesellschaft 59
New Haven School 38, 128

odious debts 140, 157
Öffentlichkeiten, transnationale 48, 101, 146, 168 f.
ordre public transnational 99 ff.
Ordnung, spontane 61
Ordnung, konkrete 169

pacta sunt servanda 157
pactum de negotiando 152
Paradoxie 58 ff., 89, 107, 128, 130, 164 f.
Pariser Club 137 f.
Partizipationsrechte 132 f., 168 f.
Patentrecht 73 ff.
Patentkooperationsvertrag 96 f.
Patentrechtsvertag 95 f.
Patentrechtsvertrag, materieller 96 f.
pax americana 15
Peripherie (s. Zentrum)
Persistent objection 165
Pluralismus, konstitutioneller 53 ff.
political questions 128 ff.
Politisches System 15 ff., 25 ff., 53 ff., 127 ff.
Polykontextualisierung 51, 136, 159
Polytheismus, gesellschaftlicher 27, 30
Postmoderne 22, 25, 35
Präjudizienlehre 111 ff.
primary coverage 69
Primat, strukturelles 7 ff., 17, 33, 168

quaestio iuris 87, 89, 170

Rationalitäten 7 ff., 72 ff., 127 ff.
Recht
als autopoietisches System 34 ff.
als kommunikative Einheit 163
Code 34, 43, 163
Geltung 34 ff., 41 ff., 107 ff., 165
Kompensationsansprüche 171
reflexives 54 f., 57, 109, 146, 164, 168
Rechtsform 20, 64, 89
Rechtskulturalismus 128
Rechtspluralismus 18, 23 ff., 35, 41 f., 59, 89

Rechtsstaat 136
re-entry 87, 110, 164
Reflexivität 54 f., 57, 109, 146, 164, 168
Regime 18 ff., 25 ff. 34 ff., 48 ff., 54, 68 ff., 72 ff., 89 ff.
autarkes 99
autokonstitutionelles 54 ff.
autonomes 25 ff.
interplay 127
Interregimekonflikte 66 ff.
als Prinzipienensemble 45
Rechtsregime 18 ff., 25 ff., 38 ff., 42, 50, 54
regulatorisches 34 ff., 104 ff.
u. Sekundärnormen 43 f., 48 ff., 54, 141, 148
u. Sonderbereichsrecht 54 f.
self contained regime 48 ff., 55, 103, 139
Privatregime 41 ff., 45, 48 ff., 99 ff.
Vernetzung 57 ff.
Wettbewerb der Regimes 61 f.
Repressalie 49 f.
Responsivität 87, 97, 103, 148 f., 157, 164
Retorsion 49 f.
Revolution, liberale 15
Risikosteigerung 27 ff.
Risikozuweisung 102 f.
Ruandatribunal (s. ICTR)
Russell-Tribunal 142

Sanktionen 36, 41, 54
Schuldenrestrukturierung 133 ff.
Securitization 32
Sekundärnormen 43 f., 48 ff., 54, 141, 148
Selbstregulierung / Fremdregulierung 127 ff.
Sicherheit 14 f., 31, 32, 160
Skandalisierung 18, 28, 38, 79, 101, 104
Sonderbereichsrecht 54
Souveränität 63, 69, 141, 158
Spontanbereich / Organisationsbereich 168 f.
Staatenkonsens 158 ff.
Staatenverantwortlichkeit 22, 49 f., 54
Staatsnotstand 149 ff.
Staatsverschuldung, argentinische 133 ff.
Standardisierung 101 ff.
stare decisis (s. Präjudizienlehre)
Steuerung 132
System / Umwelt 26 ff., 109 f.

Teilbereichsverfassungen 54 f.
Terrorismus 31 ff., 105, 113
Totalisierungstendenzen 105 ff.
TRIPS-Abkommen 51, 66 ff., 73 ff.

UDRP 44
Umwelten, gesellschaftliche 21, 27, 31 ff., 39 f., 46 f., 50, 60 f., 87, 104, 130 ff., 168 f.
Umweltrecht 17, 66, 99, 101 ff.
UN
1503-Verfahren 146
Generalversammlung 11, 74, 79, 89, 103, 144, 155
Menschenrechtskommission 79, 89 f., 112 f., 146
Sicherheitsrat 104 f.
UNAIDS 78
UNCTAD 93, 138
Unidroit-Prinzipien 44, 101
Unabhängigkeitserklärung Cyberspace 162
Universaljurisdiktion (s. Weltrechtsprinzip)
Unsicherheitsabsorption 113 ff.

Vereinte Nationen (s. UN)
Verbrechen gegen die Menschlichkeit 119
Verfassung
Autokonstitutionalismus 53 ff.
Dualverfassung 168 f.
als strukturelle Kopplung 24, 46, 54 ff., 100, 104, 164 ff.
Teilbereichsverfassung 54 f.
Verhandlungsprozesse 21, 62, 80, 127 ff.
Verschwindenlassen 111 ff.
Völkermord (s. Genozid)
Völkerrecht
Barcelona-Traction-Fall 158
Haftbefehlfall 115 ff., 120
humanitäres 51, 125 f.
ius cogens 21, 99 ff., 115, 163, 165
Nicaraguafall 9, 125 f.
Pinochet-Fall 112 ff.
Tadic-Fall 9, 49, 103 f., 125 f.
Teheraner Geiselfall 48 f.
Völkergewohnheitsrecht 11, 16, 114, 117, 119, 139, 149, 162
Völkerrechtseinheit 10 ff.
Völkervertragsrecht 104, 107, 117
Yahoo-Fall 159 ff.
Völkerstrafrecht 111 ff.
Immunität 115 ff.
Jurisdiktionsgrundsätze 117 ff.
Völkerstrafgesetzbuch 118
Völkertribunal, internationales 142

Weltbank 40, 93, 101, 134 ff.
Weltgesellschaft 7 ff., 25 ff., 158 ff.
Weltöffentlichkeit
Partizipationsmöglichkeiten 132 f., 168 f.
Skandalisierungsprozesse 18, 28, 38, 79, 101, 104
Weltrechtsprinzip 115 ff.
Weltstaat 14, 166
Werteordnung 88, 107 ff.
Wiener Vertragskonvention 71, 81, 100, 102 ff., 115, 156, 158, 163, 165
WIPO 66 ff., 82, 95 ff.
WTO 8, 15, 51, 73 ff., 147, 158

Zentrum / Peripherie 48 ff., 109, 111
Zivilgesellschaft 17, 25 ff. 53 ff., 79, 142, 168 f.
Zugangsrechte 132 ff., 159 ff.
Zwangslizenz 73 ff.
Zweckverband, funktionaler 169

Namenregister

Abbott, F. 81
Abbott, K. 20, 36
Abegg, A. 38
Abi-Saab, G. 8 f.
Aceves, W. 58
Agamben, G. 26, 31
Akande, D. 116
Albert, M. 19, 25, 34, 55, 147
Aleinikoff, T. 42, 159
Alexander, B. 91, 93
Alfonsín, R. 139
Alford, R. 8, 17, 123 f.
Allain, J. 119
Allott, P. 20, 62 f., 167
Alston, P. 78, 99
Altvater, E. 59
Alvarez, J. 15
Ambos, K. 112
Amstutz, M. 34 f., 61 f., 64, 122
Anderson, B. 23
Appadurai, A. 46
Arangio-Ruiz, G. 50
Arthurs, H. 53
Arts, B. 46
Auyang, S. 34
Aviram, A. 43

Baars, A. 147
Baecker, D. 59
Ballestero, J. 156
Barcroft, P. 112
Barlow, J. 162
Barton, J. 93, 96
Bass, N. 75, 77, 80
Beck, U. 14, 27
Becker, D. 89
Becker, F. 44
Benvenisti, E. 108
Benz, A. 60
Berger, J. 92, 94
Berman, H. 41
Berman, P. 23, 41 f., 44 f., 68 f., 162
Bernstein, E. 46
Betlem, G. 87
Bieber, D. 60
Blumenwitz, D. 108
Böckel, M. 147
Böckenförde, E.-W. 33, 88, 165
Böckenförde, M. 51, 87, 103
Bodeker, G. 51
Bogdandy, A. von 87, 166
Boli, J. 25
Bothe, M. 37 f., 51, 116, 118, 138 f., 150
Böttger, K. 152
Branstetter, L. 93
Bratton, W. 61
Braune, F. 74
Brems, E. 108
Brilmayer, L. 72
Brink, J. 138, 150
Brock, L. 16
Brodocz, A. 59
Brownlie, I. 119
Brunkhorst, H. 25, 53 f., 59, 101
Brunnée, J. 38
Brunnengräber, A. 59
Bucher, A. 106
Buckel, S. 166
Budzinski, O. 61
Buergenthal, T. 8, 120
Bull, H. 20
Burke-White, W. 20, 57, 111
Buzan, B. 32
Byers, M. 15, 112

Cafiero, M. 156
Calliess, G.-P. 34, 43, 53, 132

Camano, E. 135
Camdessus, M. 138
Cameron, E. 92, 94
Campagna, J. 113
Carr, E. 19
Carreau, D. 138
Cass, D. 53
Cassese, A. 51, 116, 163
Castells, M. 59, 61
Chanfreau, A.-R. 112
Charney, J. 9
Charnovitz, S. 51, 81, 144
Chaumont, C. 107, 110
Chaytor, B. 127
Checkel, J. 19
Chimni, B. 166
Christensen, R. 35, 88
Christie, N. 29
Conway, G. 50
Cooter, R. 61
Correa, C. 81, 93 f., 96 f.
Cottier, T. 53
Crawford, J. 50
Cutler, C. 46

Dahrendorf, R. 26
D'Amato, A. 34
Darcy de Oliveira, M. 42
Day, A. 117
Deitelhoff, N. 17
Delaume, G. 139
Deleuze, G. 100
Dennis, M. 145
Derrida, J. 26, 32
Dicke, K. 103
Dickinson, L. 8
Diehl, P. 38
Dinwoodie, G. 67 f.
Di Rosa, P. 147
Dolzer, R. 137, 154
Dorigo, S. 151
Douglas, M. 31
Duhalde, E. 135
Dupuy, P.-M. 9, 10
Durner, W. 51

Eckersley, R. 51
Eco, U. 24
Ehrlich, E. 34
Eichel, H. 152 f.
Ellickson, R. 46
Engel Merry, S. 41
Evans, T. 19

Falcone, J. 141
Falkner, R. 51
Fassbender, B. 22, 99
Fastenrath, U. 130
Fidler, D. 78
Finger, M. 42
Fisch, J. 141, 154
Fitzpatrick, P. 22
Foucault, M. 26
Fox, G. 78
Franck, T. 104
Frankenberg, G. 140
Friedman, L. 44
Fritz, B. 136

Garcia, C. 149
García-Castrillón Otero, C. 82
García Hamilton, J. 147
Garcon, B. 112
Garnier, F. 18
Gehring, T. 127
Geithner, T. 157
Gentile, C. 141, 154
Gerhardt, V. 129
Gianviti, F. 145, 157
Godt, C. 62
Gohlke, D. 138
Goldman, S. 150
Goldstone, D. 159
Gordon, R. 61 f.

Gosepath, S. 14
Grätz, J. 51
Greenberg, M. 159
Griffiths, J. 42
Grigera Naon, H. 100
Gruson, M. 128
Grüttner, A. 155
Guattari, F. 100
Guder, L. 79
Guillaume, G. 9 f., 120, 164
Günther, K. 25
Guruswamy, L. 132
Gurvitch, G. 34
Guzman, A. 106

Haake, M. 59
Haas, E. 18
Habermas, J. 14
Hadfield, G. 46
Hafner, G. 9 f., 12 f.
Halfmann, J. 36
Halfmeier, A. 120 f.
Hans, M. 118
Hanschel, D. 51
Hanschmann, F. 44, 70
Hardt, M. 18, 59
Harrison, B. 64
Hartmann, N. 88
Hasenclever, A. 14, 19, 36, 39, 45
Hauriou, M. 34
Häusler, G. 157
Hayek, F. 61
Heinen, A. 77
Held, D. 25 f., 166
Helfer, L. 57, 78, 95, 97, 103, 127
Henkin, L. 128, 131
Herberg, M. 36, 39
Herdegen, M. 102, 104
Hertig, M. 53
Hesse, K. 108
Hessler, S. 147
Hestermeyer, H. 76, 81, 84, 86, 89, 91
Heymann, D. 73
Higgins, R. 120
Hirsch-Kreinsen, H. 63
Höffe, O. 14, 166
Holstein, M. 131
Hornbeck, J. 136
Howse, R. 86, 88
Hu, J. 87
Hudes, K. 138
Hunter, D. 51
Huntington, S. 14
Hurell, A. 14

Ipsen, H. 169

Jansen, S. 60
Jayachandran, S. 140
Jenks, W. 9
Jessup, P. 43, 71
Joerges, C. 54, 62, 71 f.
Jones, J. 119

Kadelbach, S. 107
Kagan, R. 14
Kahn, P. 113, 128
Kälin, W. 100
Kämper, E. 59
Kanwar, V. 19
Katz, M. 63
Kegel, G. 70
Keller, C. 147, 152
Kelly, C. 36
Kelsen, H. 43, 48, 109, 129, 130
Kenny, M. 34
Keohane, R. 18, 20, 36
Kerber, W. 61
Kerwer, D. 137
Khalfan, A. 157
King, H. 118, 157
King, J. 157
Kirchner, C. 135, 138 f., 150
Kirchner, N. 135

Kischel, U. 159
Kiss, A. 51
Kissinger, H. 113
Klabbers, J. 21
Klein, E. 36
Klotz, A. 19
Knieper, R. 140
Koh, H. 44, 70
Kolling, A. 147
Kooijmans, P. 120
Koskenniemi, M. 9, 19 ff., 32, 36, 49 ff., 54, 104, 126, 128 f., 164, 170
Krasner, S. 14 f., 18, 45, 127
Kratochwil, F. 19
Kreklewich, R. 53
Kremer, M. 140
Kreß, C. 119
Krim, M. 76
Krisch, N. 15
Krueger, A. 141, 143
Ku, C. 38
Kulfas, M. 134, 136

Ladeur, K.-H. 52, 59, 64, 66, 88, 109, 132, 170
Lange, R. d. 53
Lauterpacht, E. 104 f.
Lauterpacht, H. 87, 120, 130
Lehmkuhl, D. 36, 44
Leino, P. 9, 20 ff., 126, 164
LeLoire, R. 112
Lemley, M. 63
Lew, A. 138
Lewis, T. 77
Liebowitz, S. 63
Lischinsky, B. 136
List, M. 17
Little, R. 19
Littmann, P. 60
Love, J. 76
Lowenfeld, A. 148
Luhmann, N. 7, 17, 25 ff., 30 ff., 37 f., 40, 48, 54 ff., 59 f., 107 ff., 124 f., 130, 164 f.
Lutz, C. 8
Lutz-Bachmann, M. 14
Lyotard, J.-F. 26 f.

Madrid, R. 140
Manguel, A. 136
Maniruzzaman, A. 44
Marceau, G. 51
Margolis, S. 63
Marschik, A. 49, 87, 104
Martenczuk, B. 104
Martin, L. 19
Martinez, J. 34, 72, 123
Marx, K. 27
Maschke, G. 129
Matthews, D. 85
Matz, N. 36
Maus, I. 32, 88
May, C. 94
Mayer, F. 122
Mayer, Peter 14, 19, 36, 39, 45
Mayer, Pierre 106
Mayer-Ladewig, J. 122
Mayntz, R. 59
McCahery, J. 61
McConnaughay, P. 44
McDougal, M. 38
McGowan, D. 63
Mearsheimer, J. 127
Meinke, B. 127
Melissaris, E. 41
Menem, C. 135
Menezes, N. 74
Merle, J.-C. 14
Merkl, J. 48
Messner, D. 59
Meyer, J. 25
Michaelis, N. 143
Michaels, R. 69

Mitchell, P. 102, 104
Mitchell, R. 36
Moravcsik, A. 20, 36
Morgan-Foster, J. 145
Morgenthau, H. 128 ff.
Muchlinski, P. 46
Mueller, M. 36
Mukherjee, S. 86
Müller, F. 170
Müller, H. 14, 19, 127
Musungu, S. 94, 96, 97

Nadelman, E. 36
Nanda, V. 51
Nassehi, A. 23, 46
Negri, A. 18, 59
Neumann, J. 20, 121
Neves, M. 109
Nicolaidis, K. 9
Nollkaemper, A. 87
Nowak, M. 113
Nye, J. 18

Oberthür, S. 127
O'Connor, S. 131
Oehler, D. 117
Oellers-Frahm, K. 8, 10 ff., 12
Oeter, S. 2, 32
Ohler, C. 150
Olivares Caminal, R. 147
Ottolia, A. 168

Palmer, A. 127
Paulus, A. 15, 21, 100, 107, 163, 166
Paulus, C. 141
Paust, J. 113
Pauwelyn, J. 9 f., 51, 87, 103
Pawlowski, H.-M. 108
Perez, A. 128
Perez, O. 102, 168
Peron, J. 135, 137
Perritt, H. 37, 44
Perrow, C. 64
Petersmann, E.-U. 9, 75, 78, 99
Petzold, H. 122
Pfeiffer, T. 150
Pinochet, A. 112, 115 f.
Pogge, T. 141
Polanyi, K. 27
Posner, E. 106
Posner, R. 46, 124
Post, D. 37
Powell, W. 59
Princen, T. 42
Provan, K. 63
Puerta, R. 135
Pulkowski, D. 10

Qureshi, A. 102, 104

Ramirez, F. 25
Randeria, S. 25
Rawls, J. 110
Reimann, M. 137
Reinisch, A. 152
Reisman, M. 38
Reuter, D. 41
Riedel, E. 91
Rieffel, A. 138
Rieth, L. 101
Rigaux, F. 35, 142
Riphagen, W. 50
Rittberger, V. 14, 19, 36, 39, 45
Roe, M. 23
Rogoff, K. 141
Romano, C. 9
Romano, F. 78
Romano, S. 34
Rosatti, H. 147
Rousseau, C. 71
Rua, F. de la 134 f.
Ruffert, M. 36, 103
Ruggie, J. 18, 19
Rumsfeld, D. 30, 130 f.

Rupp-Swienty, A. 108

Saá, A. 135
Sack, A. 140
Salzman, J. 51
Santiago Tawil, G. 148
Santos, B. de Sousa 22, 25, 34 f.
Scelle, G. 34
Schachter, O. 21
Scharpf, F. 59
Schepel, H. 53 f.
Schilling, T. 158
Schircks, R. 18
Schluchter, W. 27
Schmidt, J. 59
Schmierer, J. 24
Schmitt, C. 15 f., 88, 129 f.
Schmitz, H.-P. 112
Schneider, J. 145
Schorr, M. 134, 136
Schramm Stokke, O. 45, 127, 170
Schulz, A. 103
Schurig, K. 70
Schütz, A. 16, 25 f.
Sciulli, D. 53 f.
Scott, C. 53 f., 102, 104
Seibert-Fohr, A. 32
Sell, S. 79
Semlinger, K. 60, 63
Shahabuddeen, M. 9, 125
Shanker, D. 80, 147
Shapiro, C. 63
Shaw, M. 25, 42
Shelton, D. 8, 51
Simma, B. 16, 38, 49 ff., 54
Simmons, B. 19
Simpson, G. 166
Sinclair, I. 103
Sinha, S. 41
Slaughter, A.-M. 15, 20, 36, 57 f., 111, 159, 166
Slye, R. 116
Snidal, D. 20, 36
Snyder, F. 25, 59
Steindorff, E. 70
Stern, B. 149
Stewart, D. 145
Stichweh, R. 25, 37, 39, 64
Stockmayer, A. 138 f., 150
Stoll, P.-T. 51, 97
Stolleis, M. 37
Sydow, J. 62 f.
Sykes, A. 81

Tacke, V. 64
Tandon, R. 42
Tayler, W. 112
Thomas, B. 157
Thomas, G. 25
Thomas, U. 51
Thürer, D. 18
Tiebout, C. 61
Tietje, C. 36, 139, 150
Tomuschat, C. 99, 107, 110, 116, 158
Tong, J. 9
Toope, S. 38
Trachtman, J. 39, 61, 69, 144
Treves, T. 9
Triepel, H. 129
Tschanz, P.-Y. 106

Uerpmann, R. 53
Underdahl, A. 36

Vagts, D. 15
Vanberg, V. 61
Vec, M. 101
Verdross, A. 107
Vesting, T. 132
Vöneky, S. 51
Vos, E. 54, 100
Voser, N. 100, 105 f.
Vyver, J. 118

Waever, O. 32
Wai, R. 53 f., 128
Walk, H. 59
Walker, N. 53
Walter, C. 36, 53
Wapner, P. 42
Ward, D. 76
Watson, G. 104
Weber, M. 14, 27
Weil, P. 9
Weiler, J. 122
Weinberger, S. 49
Weinstein, M. 51
Weisbrod, C. 41
Weissman, R. 95
Wendt, A. 14, 15
Werksman, J. 127
Werle, G. 119
Wielsch, D. 168
Wiener, J. 140
Wiethölter, R. 64, 89
Wilde, J. de 32
Willke, H. 20, 25, 27, 59
Wilson, P. 19
Windeler, A. 62 f.
Winham, G. 127
Winter, G. 46
Wyngaert, C. van den 117

Yamin, A. 76, 91
Young, O. 36, 42, 45 f.

Zaelke, D. 51
Zamora, D. 38
Zangl, B. 17, 53
Zenarruza, O. 147
Zettelmeyer, J. 141
Ziegert, K. 34
Zumach, A. 92
Zumbansen, P. 29, 64, 122

NF 124/1/4.05

Günter Frankenberg
- Autorität und Integration. Zur Grammatik von Recht und Verfassung. stw 1622. 418 Seiten
- Die Verfassung der Republik. Autorität und Solidarität in der Zivilgesellschaft. stw 1331. 264 Seiten

Johan Galtung. Menschenrechte – anders gesehen. stw 1084. 235 Seiten

Werner Gephart. Gesellschaftstheorie und Recht. Das Recht im soziologischen Diskurs der Moderne. 640 Seiten. Gebunden

Ute Gerhard/Jutta Limbach (Hg.). Rechtsalltag von Frauen. es 1423. 251 Seiten

Oliver Gerstenberg. Bürgerrechte und deliberative Demokratie. Elemente einer pluralistischen Verfassungstheorie. stw 1298. 143 Seiten

Stefan Gosepath/Georg Lohmann (Hg.). Philosophie der Menschenrechte. stw 1338. 417 Seiten

Günther Grewendorf (Hg.). Rechtskultur als Sprachkultur. Zur forensischen Funktion der Sprachanalyse. stw 1030. 376 Seiten

Dieter Grimm. Die Zukunft der Verfassung. stw 968. 447 Seiten

Klaus Günther. Der Sinn für Angemessenheit. Anwendungsdiskurse in Moral und Recht. 411 Seiten. Kartoniert

Jürgen Habermas. Faktizität und Geltung. Beiträge zur Diskurstheorie des Rechts und des demokratischen Rechtsstaats. stw 1361. 704 Seiten

NF 124/2/4.05

Georg Wilhelm Friedrich Hegel. Die Philosophie des Rechts. Vorlesung von 1821/22. Herausgegeben von Hansgeorg Hoppe. stw 1721. 237 Seiten

Materialien zu Hegels Rechtsphilosophie. Herausgegeben von Manfred Riedel. Band 1: stw 88. 437 Seiten

Otfried Höffe
- Gibt es ein interkulturelles Strafrecht? Ein philosophischer Versuch. stw 1396. 180 Seiten
- Kategorische Rechtsprinzipien. Ein Kontrapunkt der Moderne. stw 1170. 431 Seiten. Gebunden
- Strategien der Humanität. Zur Ethik öffentlicher Entscheidungsprozesse. Mit einem neuen Nachwort. stw 540. 373 Seiten
- Vernunft und Recht. Bausteine zu einem interkulturellen Rechtsdiskurs. stw 1270. 296 Seiten

Herbert Jäger
- Makrokriminalität. Studien zur Kriminologie kollektiver Gewalt. stw 845. 216 Seiten
- Verbrechen unter totalitärer Herrschaft. Studien zur nationalsozialistischen Gewaltkriminalität. Mit einem Nachwort zur Neuauflage von Adalbert Rückerl. stw 388. 410 Seiten

Wolfgang Kersting. Recht, Gerechtigkeit und demokratische Tugend. Abhandlungen zur praktischen Philosophie der Gegenwart. stw 1332. 498 Seiten

Wolfgang Kersting (Hg.). Gerechtigkeit als Tausch? Auseinandersetzungen mit der politischen Philosophie Otfried Höffes. stw 1297. 375 Seiten

Rainer Maria Kiesow. Das Naturgesetz des Rechts. 160 Seiten. Gebunden

NF 124/3/4.05

Friedrich Kübler (Hg.). Verrechtlichung von Wirtschaft, Arbeit und sozialer Solidarität. Vergleichende Analysen. Mit Beiträgen von Hans F. Zacher, Spiros Simitis, Friedrich Kübler, Klaus Hopt und Gunther Teubner. stw 537. 345 Seiten

Ernst-Joachim Lampe (Hg.). Zur Entwicklung von Rechtsbewußtsein. stw 1315. 520 Seiten

Klaus Lüderssen

- Abschaffen des Strafens? es 1914. 427 Seiten
- Erfahrung als Rechtsquelle. Abduktion und Falsifikation von Hypothesen im juristischen Entscheidungsprozeß. Eine Fallstudie aus dem Kartellstrafrecht. 259 Seiten. Gebunden
- Genesis und Geltung in der Jurisprudenz. es 1962. 365 Seiten
- Kriminalpolitik auf verschlungenen Wegen. Aufsätze zur Vermittlung von Theorie und Praxis. stw 347. 483 Seiten

Klaus Lüderssen/Fritz Sack (Hg.)

- Seminar: Abweichendes Verhalten
  Band 1: Die selektiven Normen der Gesellschaft. stw 84. 508 Seiten
  Band 2: Die gesellschaftliche Reaktion auf Kriminalität. Band 1. Strafgesetzgebung und Strafrechtsdogmatik. stw 85. 387 Seiten
  Band 4: Kriminalpolitik und Strafrecht. stw 87. 362 Seiten

Niklas Luhmann

- Ausdifferenzierung des Rechts. Beiträge zur Rechtssoziologie und Rechtstheorie. stw 1418. 459 Seiten
- Das Recht der Gesellschaft. stw 1183. 598 Seiten

Ingeborg Maus. Zur Aufklärung der Demokratietheorie. Rechts- und demokratietheoretische Überlegungen im Anschluß an Kant. stw 1153. 336 Seiten.

NF 124/4/4.05

Franz L. Neumann. Die Herrschaft des Gesetzes. Eine Untersuchung zum Verhältnis von politischer Theorie und Rechtssystem in der Konkurrenzgesellschaft. Übersetzt und mit einem Nachwort von Alfons Söllner. 380 Seiten. Gebunden

Bernhard Peters. Rationalität, Recht und Gesellschaft. 366 Seiten. Gebunden

Ulrich K. Preuß
- Die Internalisierung des Subjekts. Zur Kritik der Funktionsweise des subjektiven Rechts. 356 Seiten. Kartoniert
- Legalität und Pluralismus. Beiträge zum Verfassungsrecht der Bundesrepublik Deutschland. es 626. 186 Seiten

John Rawls
- Gerechtigkeit als Fairneß. Ein Neuentwurf. Herausgegeben von Erin Kelly. Übersetzt von Joachim Schultze. 316 Seiten. Gebunden
- Eine Theorie der Gerechtigkeit. Übersetzt von Hermann Vetter. stw 271. 674 Seiten

Ludwig Salgo. Der Anwalt des Kindes. Die Vertretung von Kindern in zivilrechtlichen Kindesschutzverfahren. Eine vergleichende Studie. stw 1220. 632 Seiten

Karl F. Schumann. Der Handel mit Gerechtigkeit. Funktionsprobleme der Strafjustiz und ihre Lösungen – am Beispiel des amerikanischen plea bargaining. stw 214. 264 Seiten

Rudolf Steinberg. Der ökologische Verfassungsstaat. 480 Seiten. Gebunden

Rainer Wahl. Verfassungsstaat, Europäisierung, Internationalisierung. stw 1623. 442 Seiten

NF 124/5/4.05

Uwe Wesel

- Juristische Weltkunde. Eine Einführung in das Recht. stw 467. 213 Seiten
- Der Mythos vom Matriarchat. Über Bachofens Mutterrecht und die Stellung von Frauen in frühen Gesellschaften vor der Entstehung staatlicher Herrschaft. stw 333. 168 Seiten

NF 124/6/4.05

Niklas Luhmann im Suhrkamp Verlag

Ausdifferenzierung des Rechts. Beiträge zur Rechtssoziologie und Rechtstheorie. stw 1418. 459 Seiten

Das Erziehungssystem der Gesellschaft. Herausgegeben von Dieter Lenzen. Mit zahlreichen Faksimiles des Manuskripts. stw 1593. 236 Seiten

Funktion der Religion. stw 407. 324 Seiten

Die Gesellschaft der Gesellschaft. Zwei Bände. stw 1360. 1164 Seiten

Gesellschaftsstruktur und Semantik. Studien zur Wissenssoziologie der modernen Gesellschaft.
- Band 1. stw 1091. 319 Seiten
- Band 2. stw 1092. 294 Seiten
- Band 3. stw 1093. 458 Seiten
- Band 4. stw 1438. 185 Seiten

Die Kunst der Gesellschaft. stw 1303. 517 Seiten

Legitimation durch Verfahren. stw 443. 261 Seiten

Liebe als Passion. Zur Codierung von Intimität. stw 1124. 231 Seiten

Die Politik der Gesellschaft. Herausgegeben von André Kieserling. stw 1582. 444 Seiten

Protest. Systemtheorie und soziale Bewegungen. Herausgegeben von Kai-Uwe Hellmann. stw 1256. 216 Seiten

NF 126/1/11.04

Das Recht der Gesellschaft. stw 1183. 598 Seiten

Die Religion der Gesellschaft. Herausgegeben von André Kieserling. stw 1581. 368 Seiten

Schriften zur Pädagogik. Herausgegeben und mit einem Vorwort von Dieter Lenzen. stw 1697. 350 Seiten

Soziale Systeme. Grundriß einer allgemeinen Theorie. stw 666. 675 Seiten

Theorie der Gesellschaft. Neun Bände in Kassette. 5100 Seiten

Die Wirtschaft der Gesellschaft. stw 1152. 356 Seiten

Die Wissenschaft der Gesellschaft. stw 1001. 732 Seiten

Zweckbegriff und Systemrationalität. Über die Funktion von Zwecken in sozialen Systemen. stw 12. 390 Seiten

Niklas Luhmann/Peter Fuchs. Reden und Schweigen. stw 848. 227 Seiten

Niklas Luhmann/Karl Eberhard Schorr. Reflexionsprobleme im Erziehungssystem. stw 740. 390 Seiten

Niklas Luhmann als Herausgeber

Niklas Luhmann/Stephan H. Pfürtner. Theorietechnik und Moral. stw 206. 267 Seiten

Niklas Luhmann/Karl Eberhard Schorr. Zwischen Intransparenz und Verstehen. Fragen an die Pädagogik. stw 572. 325 Seiten

NF 126/2/11.04

Zu Niklas Luhmann

Beobachter der Moderne. Niklas Luhmanns »Die Gesellschaft der Gesellschaft«. Herausgegeben von Hans-Joachim Giegel und Uwe Schimank. stw 1612. 343 Seiten

Bourdieu und Luhmann. Ein Theorienvergleich. Herausgegeben von Armin Nassehi und Gerd Nollmann. stw 1696. 350 Seiten

GLU. Glossar zu Niklas Luhmanns Theorie sozialer Systeme. Von Claudio Baraldi, Giancarlo Corsi und Elena Esposito. stw 1226. 248 Seiten

Irritationen des Erziehungssystems. Pädagogische Resonanzen auf Niklas Luhmann. Herausgegeben von Dieter Lenzen. stw 1657. 235 Seiten

Luhmann und die Kulturtheorie. Herausgegeben von Günter Burkart und Gunter Runkel. stw 1725. 289 Seiten

Rezeption und Reflexion. Zur Resonanz der Systemtheorie Niklas Luhmanns außerhalb der Soziologie. Herausgegeben von Henk de Berg und Johannes F. K. Schmidt. stw 1501. 514 Seiten

Theorie der Politik. Niklas Luhmanns politische Soziologie. Herausgegeben von Kai-Uwe Hellmann und Rainer Schmalz-Bruns. stw 1583. 320 Seiten

NF 126/3/11.04